美国制造业产业政策透视
——以半导体产业为例

王花蕾　著

电子工业出版社
Publishing House of Electronics Industry
北京·BEIJING

内 容 简 介

本书基于美国从无到有培育出半导体产业的历程，以及近几年其半导体产业政策的巨大变化，分析其背后的制造业产业政策思想，以及美国政府在产业发展过程中的作用，从中可以发现其基于市场经济的"全政府"（whole-of-government）、"举国"（whole-of-nation）式产业干预特点。通过与苏联科技举国体制的比较，可以发现美式举国体制之所以更有生命力，在于政府在推动、组织、协调科技发展的同时，在各环节均通过机制设计最大可能地激发企业、高校和科研机构的活力。相关经验对健全我国社会主义市场经济条件下，关键核心技术攻关的新型举国体制有一定的借鉴意义。

本书可作为对制造业产业政策有兴趣的读者的学习资料，也可作为制定制造业产业政策的相关人员的参考资料。

图书在版编目（CIP）数据

美国制造业产业政策透视：以半导体产业为例 / 王花蕾著. —北京：电子工业出版社，2023.6

ISBN 978-7-121-46081-4

Ⅰ. ①美… Ⅱ. ①王… Ⅲ. ①半导体工业－产业政策－研究－美国 Ⅳ. ①F471.266

中国国家版本馆 CIP 数据核字（2023）第 144786 号

责任编辑：石会敏　　特约编辑：侯学明
印　　刷：三河市鑫金马印装有限公司
装　　订：三河市鑫金马印装有限公司
出版发行：电子工业出版社
　　　　　北京市海淀区万寿路 173 信箱　　　邮编：100036
开　　本：720×1000　1/16　印张：14.75　　字数：233 千字
版　　次：2023 年 6 月第 1 版
印　　次：2023 年 6 月第 1 次印刷
定　　价：89.00 元

凡所购买电子工业出版社图书有缺损问题，请向购买书店调换。若书店售缺，请与本社发行部联系，联系及邮购电话：(010)88254888，88258888。

质量投诉请发邮件至 zlts@phei.com.cn，盗版侵权举报请发邮件至 dbqq@phei.com.cn。

本书咨询联系方式：shhm@phei.com.cn。

前　言

　　半导体作为基础性、关键性和战略性产业，被美国认为是事关经济繁荣和国家安全的重要产业，成为中美"科技战"的关键战场和地缘战略博弈的焦点之一。本书通过梳理美国半导体业的产业政策，希望可以弄清其制定相关政策的原因、目的，了解其政策发挥作用的有关机制，以期从美国这一半导体创新大国吸取产业发展的有益经验。全书共分政策历程篇、政策布局篇和政策分析篇三篇。

　　其中，政策历程篇着重分析了从 20 世纪 40 年代晶体管和硅基芯片诞生至今，美国半导体产业政策的主要演进情况。美国数十年来一直非常支持半导体技术研发，辅之以政府采购等政策，促进研发成果产业化。当美国半导体业面临日本的竞争时，美国政府对日本采取提高关税、限制市场份额等贸易措施，同时大力培育日本的竞争对手。因受传统理论的影响，美国一度将制造业视为低附加值的产业，从而将半导体制造大量转移至低成本的亚洲。从 20 世纪 90 年代开始，美国精英阶层逐步认识到制造业在整个产业创新生态中的重要性，并在 2008 年国际金融危机前后形成了对制造业重要性的共识，提出"再工业化"战略，但这一时期美国半导体政策仍将重点放在解决技术研发和产业化之间的"死亡之谷"问题上，而非直接支持制造业投资生产。随着中国半导体业的快速发展和相关产业战略的部署，美国认为中国构成了对其潜在的挑战，从 2017 年开始逐步增加了对中国产品和相关企业的限制，直至 2022 年出台《芯片和科学法案》。

　　《芯片和科学法案》被认为是美国前所未有的产业政策，对半导体前沿技术研发、生产制造和产业链布局等进行了全面部署。政策布局篇着重对该法案主要内容及其背后的考虑因素进行剖析，从中可以看出，美国政府虽然突破了以往做法，对制造环节提供补贴，但并不是以培育制造业龙头企业为主要出发点，相反，它要求申请补贴的企业与上下游企业加强产业协作，形成产业生态，获得地方政府支持，以此引导企业在产业和技术基础良好的区域集聚。如果半导体制造企业与上下游相关企业、教育科研机构之间的集聚效应不佳，即使获得地方政府的支持再多也不能获得联邦政府的补贴。在对制造企业提供补贴的同时，美国政府还投入大量资金支持国家半导体技术中心、半导体制造研究所等公共研发机构建设，支持教育系统更新科研设施和人才培养体系，支持重点领域成熟工艺供应链建设等。可以说，美国的产业政策虽然重视当下的生产制造能力，但是更重视前沿技术创新和相应的供应链建设，以期取得未来长期的产业竞争优势，实现整个产业生态的持续健康发展。

政策分析篇着重对美国各界对产业政策的认识、产业政策的特点及产业政策与创新政策的配合等进行分析。几十年来，受主流经济学的影响，美国各界将产业政策视为政府干预经济的错误行为，认为产业政策会影响市场机制发挥作用，但近几年在相关学者的大力呼吁下，美国精英阶层已经普遍接受了产业政策的概念，并认为产业政策与技术战略是同义词，产业政策主要适用于战略性产业。在产业政策的制度设计中，不论是知名智库还是政府文件，往往都会强调"全政府""举国"等特点。将这一美国式的高科技产业举国体制与苏联集中式的举国体制进行比较可以发现，美国式的举国体制主要强调的不是政府对技术研发和产业发展的行政管理，而是强调通过一定机制设计实现联邦各部门、上下级不同政府，以及政产学研不同主体间的密切协同，形成技术研发、产业发展和人才培养等方面的有机联动。基于相关机制，美国不仅能对半导体等战略性产业提供全链条的支持，而且建立了一整套鼓励初创企业和创新型小企业发展的制度，为整个产业持续创新发展提供了源源不断的动力。

近几年，我国的重要战略政策多次强调要建立健全新型举国体制。2016年5月，中共中央、国务院在《国家创新驱动发展战略纲要》中指出，要发挥社会主义市场经济条件下的新型举国体制优势，集中力量，协同攻关。党的十九大报告提出，为实现在2035年跻身创新型国家前列的战略目标，我国创新驱动发展战略亟须建立"新型举国体制"。党的二十大报告又提出"完善党中央对科技工作统一领导的体制，健全新型举国体制，强化国家战略科技力量"的重要任务。对于我国对外依存度较高的半导体产业而言，如何在有效发挥市场机制作用的情况下，更好地发挥有为政府的作用，建立适合相关产业的新型举国体制显然是一个重要问题，而美国的经验无疑能为我们提供有益借鉴，这也正是本书写作的初衷。

《芯片和科学法案》发布后，美国政府不断地推出各方面实施细则，本书涉及的主要是2023年6月以前的政策措施，后续情况还需持续关注。由于时间和个人能力原因，文中难免会存在不足之处，敬请读者批评指正，个人邮箱为 whualei@126.com。

王花蕾于北京

2023.6.20

目　　录

第二篇　政策布局篇

第三篇　政策分析篇

第一篇 政策历程篇

在第二次世界大战前,美国科技长期落后于欧洲。严格来说,美国当时没有规范的科学研究,大学更注重教学而对科研没有兴趣,美国政府在科学发展和技术应用中也很少发挥作用,只有大型企业注重应用技术研究(基础研究主要在欧洲)。第一次世界大战后,美国几乎所有大型企业都设立了研究实验室,到1940年,2/3的科研经费都掌握在企业手中[①]。但是,第二次世界大战改变了这一切。在英国提供的技术基础和战争需求的带动下,美国积累了技术基础,从无到有地促进了半导体业发展,并成为现代数字世界的核心技术。哈佛大学经济学家乔恩·塞缪尔斯(Jon Samuels)估计,美国半导体行业的全要素生产率在1960—2007年增长了近9%(是整体经济增长率的25倍),美国半导体行业占这一时期经济创新总量的近30%。从行业贡献来看,1960—2007年,半导体占美国通信设备制造业增长的37%左右,占电气设备和电器行业增长的14%,占电子设备行业增长的24%。从全球范围看,牛津经济研究院估计,半导体行业帮助创造了7万亿美元的全球经济活动,并直接贡献了2.7万亿美元的全球年度国内生产总值(GDP)。[②]美国促进半导体产业发展的整个历程,有助于我们更好地理解相关产业及政府在其中的作用。

[①] 乔纳森·格鲁伯,西蒙·约翰逊. 美国创新简史:科技如何助推经济增长. 穆凤良,译. 北京:中信出版集团,2021.

[②] STEPHEN EZELL. An Allied Approach to Semiconductor Leadership, 2020.09.

第一章

20 世纪 40—80 年代美国的半导体政策

20 世纪 40 年代,美国半导体技术开始萌芽,到六七十年代半导体市场高度繁荣,但也正是从 70 年代起,日本开始引进并追赶美国的半导体技术,到 80 年代美国不得不采取政策应对日本的竞争。

一、20 世纪 40—60 年代,美国晶体管和硅基芯片成功研发并应用

从半导体技术的产生看,半导体完全是国防产业发展的产物,同时离不开政府在资金、订单、技术转让等方面提供的诸多支持。

(一)晶体管研发成功

在第二次世界大战期间,德军对英国的轰炸使英国承受了巨大压力。为了获得美国的物资援助,英国无条件地对美国提供了多种技术资料。当时,英国迫切需要的是能够侦测轰炸机的小型雷达系统,尤其是其核心部件——

共振磁控管。美国为了适应战争期间的技术需要，于 1940 年成立了万尼瓦尔·布什（Vannevar Bush）领导的国防研究委员会。布什不仅担任过麻省理工学院副院长、卡内基科学研究院院长，而且是雷神公司的创始人，在科研领域和产业界都颇有经验。布什领导了当时的雷达研究，他认为雷达研究需要的不是渐进式改进而是根本性突破，依靠企业从事这样的研究先天不足，因此他选择与麻省理工学院合作，代表政府与之签约并提供相应研究经费，而麻省理工学院为此专门设立了辐射实验室。最终，在 1945 年盟军使用的所有雷达系统中，有一半的设计来自辐射实验室。雷达研究衍生了大量相关技术，如晶体管、阴极射线管、存储器、粒子加速器、微波光谱仪、核磁共振器、微波激射器、微波炉等，还产生了 10 位诺贝尔奖获得者。其中，晶体管的研究直接促进了半导体业的发展。

　　1925 年，AT&T 公司设立了贝尔实验室，并参与了战时雷达系统和晶体管的研究。在第二次世界大战前，贝尔实验室的经费只有 1%来自政府项目。在第二次世界大战期间，贝尔实验室获得的政府经费迅速增加，一度达到其全部经费的 80%以上。第二次世界大战后，贝尔实验室在军方支持下继续从事晶体管研究，1949—1958 年其研究预算的 25%仍由军方资助[1]。贝尔实验室进行了大量创新性研究，开创了晶体管等变革性技术，以及第一个电气数字计算机、卫星通信系统、硅太阳能电池、电子电话交换系统和蜂窝电话系统等。1947 年，该实验室两位研究人员约翰·巴登（John Barden）和沃尔特·布雷丹（Walter Bradan）发明了点接触晶体管。1948 年威廉·肖克利（William Shockley）发明了结型晶体管（junction transistor）并申请了专利。1956 年，三人因晶体管的发明而共同获得诺贝尔物理学奖。之后，威廉·肖克利离开贝尔实验室在美国圣何塞贝克曼（Beckman Instrument）仪器公司设立了肖克利半导体实验室。但是，该实验室的八名主要员工难以忍受他的专制管理方式，要求贝克曼辞退威廉·肖克利，被拒绝后八人集体于 1958 年辞职成立了仙童半导体公司，肖克利实验室的不少员工也跟随加入。

　　当时，美国国防部的采购协议和准监管措施对于促进技术进步、扩散起到了重要作用，为早期公司创造了一个现成的市场。作为许多企业的核心客

---

① 乔纳森·格鲁伯，西蒙·约翰逊. 美国创新简史：科技如何助推经济增长. 穆凤良，译. 北京：中信出版集团，2021.

户，美国国防部对该行业的最新技术发展有明确的看法，并利用这一观点直接促进企业和研究机构间加强技术交流和知识共享。美国国防部的"第二来源"合同原则要求国防部购买的任何芯片必须由至少两家公司生产，并将采购与技术转让联系起来。美国国防部甚至要求贝尔实验室和其他大型研发部门公布技术细节，并对企业广泛授予技术使用权，以确保相关技术能被提供给国防部可能委托的所有企业。同时，贝尔实验室所在的 AT&T 公司作为当时美国工业界的龙头企业，1949 年就被美国政府提起反垄断诉讼，并面临被分拆的可能。因此，贝尔实验室较好地执行了美国国防部的要求，从 1952 年开始通过标准化的非歧视性许可合同，以 2.5 万美元的低价向其他企业转让专利。当年，共有 26 家企业获得了专利，包括 IBM、通用电气、雷神、德州仪器等美国企业，也包括东京通信工业株式会社(索尼的前身)等国外企业，大大促进了半导体技术的扩散和发展。

(二)硅基芯片成功产业化

1957 年 10 月，苏联人造卫星发射成功，美国朝野震动。作为应对举措之一，1958 年 10 月，美国成立国家航空航天局(NASA)，1961 年宣布启动"阿波罗登月计划"，并于 1969 年实现了载人登月。为了将庞大的计算机装进阿波罗飞行器中，负责阿波罗计划航天器制导系统设计的麻省理工学院计算机专家使用了集成电路这一新技术，可以在不影响性能的情况下缩小其体积。当时，他们订购了多个供应商的芯片，并进行测试，然而通用电器、西格尼蒂克(Signetics)、摩托罗拉和西屋等强大的竞争对手交付的芯片，要么进度落后，要么存在性能缺陷，只有不知名的仙童公司准时提交了订单，且价格远远低于竞争对手，所以仙童成了最终的选择。为了帮助仙童快速完善产品性能，国家航空航天局共订购了 100 万个芯片。此外，仙童还从美国国防部获得了大量订单。政府的订单支持极大地促进了仙童的业务发展，在该公司成立的第三年年末，其年收入超过 2000 万美元，到 20 世纪 60 年代中期则达到了每年 9000 万美元[①]。

1957 年，苏联除了发射人造卫星，还发射了全球第一款液体燃料洲际导弹 SS-6。为了应对这一挑战，美国除了开发同样技术的大力神导弹，还开发

① GABRIELLE ATHANASIA. The Lessons of Silicon Valley: A World-Renowned Technology Hub, 2022.02.

了结构更简单、更安全、反应更迅速的固体燃料民兵系列洲际导弹。在开发民兵导弹的过程中，空军也在寻求计算机小型化的方法，当时德州仪器发明了硅基芯片且开发了一台只有 587 个电路的计算机，从而赢得了民兵 II 洲际弹道导弹制导计算机的相关合同。1959 年，德州仪器和仙童公司都申请了硅芯片专利，只是工艺略有不同，并在政府订单的支持下获得了进一步发展。

美国国防部和国家航空航天局一直是硅基芯片的重要需求方，1962 年几乎购买了美国生产的所有集成电路，1966 年购买了一半，1968 年仍然购买了40%，极大地促进了相关行业的发展。[1]军事采购不仅为美国半导体工业提供了市场，而且深刻影响了美国企业的技术创新路线。不同于民用需求，美国军方在选用新技术时更看重性能而非成本，愿意为性能优异的产品支付较高价格。在半导体技术发展的早期，欧洲与日本厂商都选择了易加工、主要应用在消费市场上的锗晶体管技术，而在军用订单的支持下美国则选择了硅晶体管技术[2]。硅晶体管虽然价格昂贵，但稳定性更高，适用范围更广。

虽然政府采购为仙童和德州仪器的半导体产品提供了最初的市场，但他们从事的研究均不是政府合同资助的。当时，相对于晶体管技术，美国许多政府部门更看好"分子电子学"技术，但这一技术最终却被市场淘汰了。即使在仙童和德州仪器已经完成第一批半导体产品生产后，其从事的研究也不被认为是行业主流方向。1959 年，美国国防部就微电子技术的发展趋势进行研究，调研对象涉及 15 家公司和实验室，既包括德州仪器、仙童、休斯飞机公司和洛克希德·马丁公司等主要国防承包商，也包括美国无线电公司和Philco 等生产收音机和真空管的企业，但这些业内龙头均不认为仙童和德州仪器正在开辟一个非常有前景的新行业[3]。

二、20 世纪 70 年代，美国芯片民用市场繁荣发展

20 世纪 50 年代，阿波罗项目和氢弹、导弹等产品研发在促进半导体技

① CHRIS MILLER. Rewire: Semiconductors and U.S. Industrial Policy, 2022.09.

② 李寅. 重塑技术创新优势？——美国半导体产业政策回归的历史逻辑. 文化纵横，2021(4): 50-60, 158.

③ MARTIJN RASSER, MEGAN LAMBERTH, HANNAH KELLEY, et al. Reboot: Framework for a New American Industrial Policy, 2022.05.

术发展的同时，也促进了整个信息技术和产业的发展。以阿波罗项目为例，其制导计算机可以同时管理飞船周围几十个不同的外围设备，并可进行大量的实时控制，从而开创了远程"任务控制"模型的先例，促进了相关技术的迅速发展。20世纪70年代的袖珍计算器、80年代的家用计算机、90年代的互联网，以及21世纪的流媒体、社交网络和手机、无线设备、iPad、虚拟现实等很多技术源头都可以追溯到阿波罗项目。有人认为，阿波罗项目产生的技术创新推动计算机技术发展进程加快了10年到15年。①阿波罗计划还带动和促进了其他高新技术的快速发展，如数据传输与通信、光学通信、高性能计算机、自动控制、人工智能、自动化加工、超高强度和耐高温材料、生物工程、深空测控、大推力运载火箭、光伏（太阳能）板等。

氢弹和弹道导弹的发展对强大计算能力的需求催生了冯·诺依曼结构的大型计算机，SAGE 半自动地面防空系统的开发则推动了软件业的发展。软件的早期开发由国防需求驱动，即使到了20世纪80年代初，国防需求仍占据软件市场一半以上。美国大学的计算机系经常得到美国国防部高级研究计划局（DARPA）的支持，到20世纪80年代中期，其研发工作有一半以上服务于美国国防部。②在 DARPA 的支持下，个人计算机也成功开发。与同时期美国联邦政府倾向于扶持大企业不同，军队在采购中主要考虑产品性能，较少歧视初创企业，不但促进了技术进步，而且鼓励了新企业进入半导体和相关产业。在军事采购的带动下，1960—1965年硅谷迎来了第一波创业热潮。计算机产业的迅速发展和创业浪潮的兴起又为芯片提供了更大的市场空间。

当时，仙童公司在其负责人罗伯特·诺伊斯（Robert Noyce）的主导下，开始大幅降低价格以进入民用市场，为企业寻找更广阔的发展空间。之后，更多的企业开始发展民用产品。到1968年，75%的芯片都进入了民用消费领域。随着产量的增加，芯片的价格迅速下降。1962年售价50美元的芯片，到十年后的1972年已跌至1美元左右③。同时，芯片的种类日益丰富。IBM 设计了第一个动态随机存取存储器（Dynamic Random Access Memory，DRAM）；

① NICK SPALL. How the Apollo Moon landings changed the world forever, 2019.07.

② 威廉姆·邦维利安，彼得·辛格. 先进制造：美国的新创新政策. 沈开艳，译. 上海：上海社科院出版社，2019.

③ MARTIJN RASSER, MEGAN LAMBERTH, HANNAH KELLEY, et al. Reboot: Framework for a New American Industrial Policy, 2022.05.

英特尔率先推出了第一款商用通用逻辑芯片(微处理器),为计算机和智能手机提供动力,并与一家日本公司签订了一份为袖珍计算器制造芯片的合同。随着相关企业的发展和市场的繁荣,美国政府对半导体产业的直接支持开始下降。到 20 世纪 70 年代,虽然军事领域仍然对半导体有一定需求,但半导体的主要市场已经变为民用领域了。

民用市场发展后,美国政府对半导体业的支持在保留部分政府订单的同时开始转向共性技术研发,尤以 DARPA 最有代表性。与国家航空航天局一样,DARPA 也是因应苏联人造卫星发射而于 1958 年新设立的机构,着重支持从国防需求出发的蓝天研究(blue-sky thinking),并采取相对自由的支持举措。尤其是 DARPA 微系统技术办公室在电子、光电子和微电子机械系统的异构芯片集成方面,支持了许多创新性研究。例如,半导体材料砷化镓是 DARPA 从 20 世纪 70 年代中期开始支持的,计算机辅助设计(CAD)软件也是 DARPA 支持下的研发成果。1976 年,DARPA 资助三位著名学者对半导体组件小型化的局限性进行研究,并确定了六个挑战:极限特征尺寸、芯片尺寸、组件数量、复制精度、系统能力和晶圆尺寸。其中,有两个挑战可以依靠产业界解决,而组件数量、最佳特征尺寸、芯片尺寸和晶圆尺寸这四个行业性挑战难以依靠产业界的力量自发解决,三位学者建议政府每年拨款 50 万美元以资助对这四个问题的研究[①]。其中,组件数量问题涉及如何设计由数百万个组件组成的芯片,且这些组件不能手工设计。基于这一问题的研究最终产生了被称为电子设计自动化(Electronic Design Automation,EDA)的芯片设计软件,至今全球的芯片设计软件仍主要由三家美国公司主导,分别为新思科技(Synopsys)、锂腾电子(Cadence)和明导国际(Mentor Graphics,目前已被西门子收购)。虽然 DARPA 是从军事用途出发资助相关研究的,但结果却使美国所有芯片制造商受益,促进了整个芯片行业的发展。

三、20 世纪 80 年代,美国面临日本的竞争并积极应对

为了发展半导体业,从 20 世纪 60 年代开始日本就采取了半导体技术转

[①]　I. E. SUTHERLAND, C. A. MEAD, THOMAS E. EVERHART, "Basic Limits in Microcircuit Fabrication Technology", RAND, 1976.11.

让政策，要求进入日本市场的外国公司与当地企业组建合资企业，以促进知识扩散。该政策在很大程度上取得了成功。20 世纪 70 年代，日本半导体业开始迅速发展，到 80 年代，已经对美国形成竞争压力，美国不得不采取应对举措。

（一）日本对美国形成巨大的竞争压力

20 世纪六七十年代，除了半导体制造技术，美国其他半导体技术发展得也非常迅速。例如，1961 年美国 GCA（Geophysical Corporation of America）公司制造出了第一台接触式光刻机，其掩膜版与光刻胶图层直接接触，光线透过掩膜进行曝光时可以避免衍射。不久，GCA 又制造出了接近式光刻机，其掩膜和表面光刻胶之间存在微小空隙。美国另一家公司珀金埃尔默（Perkin Elmer）在 1973 年推出了世界首台投影式光刻机 Micralign100。1978 年，GCA 公司推出了首款步进式光刻机 DSW 4800，其结构相对简单，成本相对较低，性能更加稳定，并迅速占领了 70%的市场。又如，1966 年，IBM 公司率先发明了 DRAM。这种存储器具有能耗低、读写速度快且集成度高的特点，是计算机内存、手机内存、显卡内存等的基础技术。1968 年 6 月，IBM 注册了 DRAM 专利，但因司法部对其展开反垄断调查，IBM 对 DRAM 产业化的进程受到影响。同年，仙童创始人罗伯特·诺伊斯和戈登·摩尔（摩尔定律的提出者）等人共同创办了英特尔公司（Intel），其主要业务就是研制 DRAM 芯片。1969 年，加州的先进内存系统公司（Advanced Memory System）也成功生产出世界上第一款 DRAM 芯片。于是，美国的 DRAM 产业也迅速发展起来。

面对美国技术的快速进步，日本官员认识到自身技术落后面临的危险，希望建立一个更统一、更综合的超大规模集成电路技术开发组织。1976 年，通产省投资 3 亿美元与日本五大计算机公司：富士通、日立、日本电气、三菱电机和东芝建立了名为"超大规模集成电路技术研究协会"的研究组合，承担超大规模集成电路计划（Very Large Scale Integration Circuit，VLSI）的公私联合技术研究项目。研究组合的最高领导决策机构是理事会，由 5 家公司的领导及通产省的官员构成。通产省所属的电子技术综合研究所牵头，与 5 家公司联合在日本神奈川县设立了共同研究所，从事超大规模集成电路技术开发所需的具有最根本性、基础性、共同性研究，商业化开发则由各公司独自承担。共同研究所设立了六个实验室，确立了六项课题：微精细加工技术；结晶技术；设计技术；工艺技术；检验评价；元件技术。[①]同时，明确了各家机构的研究重点，如，富士通负责研发可变尺寸矩形电子束扫描装置，日立负责研发电子束扫描装置和微缩投影紫外线曝光装置，东芝负责研发电子束扫描装置和制版复印装置，通产省电子技术综合研究所负责对硅材料进行技术开发，三菱电机负责研发工艺技术和投影曝光装置，日本电气负责进行封装测试和评估研究。这个联合研究项目的研究内容纵向覆盖了半导体产业各关键环节，为行业内企业提供了一个共同的技术开发平台，有利于彼此间协同工作并共享信息，加快推动创新。除了最初参与的几家机构，其他涉及半导体制造设备和原材料生产的日本公司也加入了 VLSI 计划，推动了与半导体设计和制造相关的各种新发明。VLSI计划开展的联合研究工作产生了 1000 多项专利申请，其中 16% 由不同公司的成员合作完成[②]。

这个联合研发体成功攻克了电子束光刻机、干式蚀刻装置等半导体核心加工设备，以及领先的工艺和半导体设计能力，为日本半导体行业的腾飞奠定了基础。20 世纪 80 年代初，美国的珀金埃尔默和 GCA 公司主导着全球光刻机市场，但是到 80 年代中后期，珀金埃尔默的市场份额因日本的冲击从30% 骤减至 5%，被迫将半导体光刻机事业部卖给了硅谷集团（Silicon Valley Group，SVG），SVG 在 2001 年又被阿斯麦以 16 亿美元收购。相反，在 VLSI计划的协助下，日本设备企业发展迅速。1980 年，尼康推出了首台步进式光刻机，1984 年尼康的出货量基本和 GCA 打平。1980 年，佳能也推出了自己的首款步进式光刻机。1985 年，在光刻机市场，尼康超过了 GCA，特别是在日本市场，拿到了 65% 的市场份额。20 世纪 70 年代后期，美国供应商曾占据全球近 90% 的市场份额，然而，到 1989 年，日本公司却占据了全球 70%的市场份额，成为主要的半导体设备生产国之一。

在 VLSI 计划的帮助下，1977 年，日本也成功研制出了 64K DRAM，追平了美国公司的研发进度。到 80 年代，日本厂商（富士通、日立、三菱、NEC、东芝等）继续发力，凭借质量和价格优势，开始反超美国公司。1986 年，日

---

① 樊春良. 全球化时代的科技政策. 北京：北京理工大学出版社，2005.

② CHRIS MILLER.Rewire: Semiconductors and U.S. Industrial Policy, 2022.09.

本存储器产品的全球市场占有率上升至 65%，而美国则降低至 30%。美国学者认为，日本的 DRAM 芯片生产有两个主要优势。其一，日本企业专注于提高制造质量，并形成了诸多创新性的管理方法，以至于后来美国企业高管开始拜访日本企业学习其精益制造等方法。其二，日本企业受益于较低的资金成本。20 世纪 70 年代末到 80 年代初，美联储一直实施货币紧缩政策，通过提高利率以降低通货膨胀率。但日本银行却存款充裕，贷款利率较低，加上日本厂商的高强度投资，很快取得了领先优势。东芝和 NEC 等日本企业生产的 DRAM 芯片与美国生产的一样先进，但价格较低，缺陷率也更低。一项研究发现，日本 DRAM 芯片的平均缺陷率是美国的十分之一[①]。当时，日本产业链上下游相关企业习惯于组织为密切协作的"经连会"（keiretsu），便于彼此间加强技术研发与协作，且它们往往都与同一家大银行建立融资关系，银行可以根据供应链的业务情况及时提供融资。

日本的半导体产品从 20 世纪 70 年代开始通过贸易进入美国市场。从 1981 年到 1984 年，美国从日本进口的半导体产品几乎每年翻一番，而美国的半导体产品则很难进入日本市场。随着日本半导体业的崛起，美国半导体企业节节败退。技术上，作为半导体产业发源地的美国也仅仅在微处理器、专用逻辑电路等方向上保持领先，而日本已经在 DRAM、SRAM（静态随机存储器，Static Random Access Memory）、双极电路、存储元件、光电子、砷化镓和硅材料等关键技术上都开始领先于美国，且日本的良品率远远高于美国。在日本的竞争下，曾经占有 DRAM 市场 80% 份额的英特尔不得不关闭工厂并裁员，最终于 1985 年彻底退出了 DRAM 市场，市场上仅剩德州仪器与美光（Micron）两家美国内存厂商。美国厂商在全球 DRAM 市场上的份额则从最高时的 95% 跌落到 1990 年的 2%[②]。美国半导体制造设备供应商以每年 3.1% 的速度失去市场份额，半导体制造商从本国设备生产厂家所购买的制造设备不足 40%，甚至连"硅谷之星"仙童半导体都传出要被日本企业收购的消息。

面对这一局面以及美国半导体行业协会（SIA）的游说，美国威胁对日本进口产品征收关税，并于 1986 年与日本达成一项协议，授权美国政府为日本芯

① CHRIS MILLER. Rewire: Semiconductors and U.S. Industrial Policy, 2022.09.

② DAVID T. METHE. Technological Competition in Global Industries: Marketing and Planning Strategies for American Industry. Praeger Publishers, 1991, 69.

片设定最低公平市场价格，同时还将日本半导体市场上外国产品的份额从10%提高到20%。由于进展不明显，1987 年 4 月，美国对从日本进口的 3 亿美元产品征收 100%的关税，其中 1.35 亿美元是针对日本对第三国的倾销，1.65 亿美元是针对美国产品缺乏进入日本市场的准入。其中，对 1.65 亿美元进口商品征收的关税一直延续到 1991 年，直到美国产品在日本市场的销售最终接近 20%的目标时，双方才重新谈判并修改协议。协议的相关规定使得日本芯片供应量受限，而大多数美国芯片制造商因竞争力不敌日本而被迫退出市场。美国 DRAM 生产商唯一剩下的美光通过创新降低了成本，赢得了市场份额；光刻机巨头 GCA 被迫于 1987 年年初退市；1988 年，General Signal以 7600 万美元收购了陷入财务困境的 GCA，但最终也没能挽救 GCA[①]。随着供应量的下降，芯片价格逐步上涨，为韩国、中国大陆及中国台湾的企业加入市场竞争创造了条件。

(二)美国积极培育日本的竞争对手

在对日本采取贸易压制措施的同时，美国为了打压日本并降低对日本的依赖，积极培育日本的竞争对手——韩国、中国大陆及中国台湾的企业。韩国半导体业的发展最初源于 20 世纪 60 年代美国企业外包的组装、测试和封装业务，80 年代美、日两国在 DRAM 领域达成的较高协议价格为韩国企业的进入提供了空间。三星等韩国企业在政府扶持下采取更激进的投资策略、高薪聘请国外人才，并借助美国的技术授权迅速发展起来。1982—1986 年，韩国与美国签订了 36 笔技术转让合同；到 1985 年，韩国的三星、LG、现代在美国硅谷投资 10 亿美元用于深化与美国半导体技术、人才和业务合作[②]。相应地，韩国半导体产品在美国进口市场的份额从 1988 年的 8%左右扩大到 1989年的 15%，并在 1995—2000 年达到顶峰，占美国进口市场的 16%～18%。[③]随之，三星、SK 海力士等企业成功崛起，韩国也在 90 年代初成为东亚半导体

---

① 1993 年 1 月，General Signal 宣布其打算剥离其半导体设备公司。1993 年 5 月，因为没有找到买家，General Signal 关闭 GCA.

② 李巍,李玙译. 解析美国的半导体产业霸权:产业权力的政治经济学分析. 外交评论(外交学院学报),2022,39(1): 5-6, 22-58.

③ CHAD P. BOWN. How the United States marched the semiconductor industry into its trade war with China, 2020.12.

的重要产地。1992 年，美国政府又对韩国 DRAM 芯片征收反倾销税。

在这一过程中，日本也出现了策略失误，没有跟上产业发展的形势，竞争力开始下滑。日本制造商习惯于为大型计算机生产质保期高达 25 年的高品质 DRAM，并将其直接当作小型电脑用 DRAM(只需 5 年质保期)进行销售。日本 64MB 的 DRAM 掩膜数是韩国、中国大陆、中国台湾的 1.5 倍，是美光的 2 倍①，显然存在质量过剩、价格过高的问题。即使日本知道三星通过小型电脑用 DRAM 扩大市场占有率，也依然坚持生产高品质 DRAM，因为其主要客户依然是大型电脑制造商。最终，这种做法影响了自身竞争力。

中国台湾的半导体技术同样源自美国。20 世纪 60 年代，通用仪器、飞利浦和德州仪器等企业就在中国台湾设立了组装和封装工厂。1973 年，中国台湾成立了工业技术研究院(简称“工研院”)，1975 年与美国无线电公司(Radio Corporation of America，RCA)达成技术转让协议。虽然美国无线电公司给中国台湾提供的是落后几代的设备，但由于美国无线电公司后来退出半导体行业，中国台湾便完全获得了其互补金属氧化物半导体(Complementary Metal Oxide Semiconductor，CMOS)技术许可。当时，该技术仍处于早期开发阶段，之后却很幸运地成为主流工艺方法。工研院充分消化该技术后，1980 年，中国台湾便设立了生产企业——联电，工研院负责对其转让技术，并在工厂招聘和培训工程师方面发挥了积极作用。联电投产运营后，经济效益非常好，但技术上与外国公司仍有明显差距。1987 年，中国台湾又力邀德州仪器的张仲谋设立了台积电。虽然中国台湾当局为创建台积电提供了大量资金，但规定仅持有该公司 50%的股份，并允许荷兰飞利浦电子持有 35%的股份，条件是飞利浦需要提供其先进的 1.5 微米制造工艺②。20 世纪 90 年代，中国台湾对美国的半导体产品出口稳步增长，1989—1997 年增长了近 5 倍，占美国进口市场的 9%。1997 年，美光对从中国台湾进口的一种内存产品——SRAM 提起了倾销诉讼。随后，美国对中国台湾半导体产品征收 90%以上的关税，且一直持续到 2002 年。③

① 汤之上隆. 失去的制造业：日本制造业的败北. 林曌，等译. 北京：机械工业出版社，2015.

② MARTIJN RASSER, MEGAN LAMBERTH, HANNAH KELLEY, et al. Reboot: Framework for a New American Industrial Policy, 2022.05.

③ CHAD P. BOWN. How the United States marched the semiconductor industry into its trade war with China, 2022.12.

在光刻机领域，美国通过扶持荷兰的阿斯麦来对抗日本。1997年，美国能源部与英特尔牵头成立了极紫外线（Extreme Ultra-Violet, EUV）光刻机技术联盟，联盟成员包括能源部下属的三大国家实验室，以及摩托罗拉、超威半导体、IBM等知名科技公司。1999年，美国能源部允许荷兰的阿斯麦加入该联盟，以便其参与研发并共享研究成果，而尼康、佳能则被禁止进入该联盟。2001年，美国外国投资委员会允许阿斯麦收购美国硅谷集团光刻机业务，使阿斯麦得以掌握该公司的专业镜片技术，成为全球最大的光刻机供应商。后来，阿斯麦顺利研发了第一台EUV光刻机，并击败了日本企业成为全球光刻机霸主。为了避免美国打压，阿斯麦则允诺在美国设立工厂与研发中心，并承诺在销往美国的EUV设备中使用55%的美国零部件[①]。

美国在技术上掌控相关企业的同时，在金融上也掌握了较高的控制权。从股权结构看，尽管三星未在美国上市，但其股份的28%由美国投资者所掌握，而韩国投资者占42%的份额；美国资本在阿斯麦的股权结构中更是占据50%，相反，荷兰投资者在其中所占份额还不到1%；台积电、联发科、SK海力士、英飞凌、华虹等全球知名半导体企业都通过各种方式在美国融资，接受美国的金融监管。此外，美国是世界上第二大芯片消费国，是很多高端芯片的最大需求方，对相关企业拥有巨大的买方市场地位。美国凭借技术、金融、市场三重力量，在生产制造被分散至其他国家的情况下，仍掌握了产业霸权。

（三）建立半导体制造技术研究联合体以提高制造技术

在与日本进行贸易谈判时，美国不断对日本施加压力，称日本政府支持半导体发展的产业政策很不合理。同时，与日本谈判的美国代表克莱德·普雷斯托维茨却对美国政府表示"我们虽然指责日本政府的目标产业政策不合理，但作为国家的大政方针，这个政策是完全正确的。所以，美国政府应该采取和日本相同的政策措施"。[②]1987年，美国国防科学委员会在一份报告中也指出，美国半导体公司在大规模制造的工艺技术上已经落后，这

---

① 李巍，李珥译. 解析美国的半导体产业霸权：产业权力的政治经济学分析. 外交评论（外交学院学报），2022，39（1）：5-6，22-58.

② 汤之上隆. 失去的制造业：日本制造业的败北. 林曌，等译. 北京：机械工业出版社，2015.

对美国国家利益构成严重威胁，建议政府与产业界联合建立一家生产半导体元部件的工厂。同时，美国半导体行业协会也建议政府设立半导体制造技术研究联合体（Semiconductor Manufacturing Technology Research Consortium，SEMATECH）。此前，1984年，美国通过《国家合作研究法案》，大大削弱了反垄断法在企业合资研究中的适用范围，也为SEMATECH的设立扫清了法律障碍。

1987年8月，美国政府仿效日本的经验，由美国国防部和半导体行业协会共同牵头成立了SEMATECH。这是一个公私合作技术研究组织，成员包括占美国半导体产业产值80%的11家企业（后增加至14家），如英特尔、IBM、美光、惠普、AT&T、摩托罗拉等。1988年，美国政府通过《技术竞争力法》，规定建立"先进技术计划"（Advanced Technology Program，ATP），即由政府向私营企业研究联盟提供有限的资金，帮助他们发展在世界市场上更有竞争力的新技术，并将美国国家标准局的名字改为美国国家标准与技术研究院（NIST），由其负责监管ATP计划的实施。[①]这相当于从法律上确认了政府对SEMATECH支持的合法性。SEMATECH设立时，在得克萨斯州奥斯汀市建立了总部，以类似公司化的方式独立运营。从管理结构看，尽管SEMATECH有50%的政府资助，但它是由半导体行业的高级主管和经理领导的，注重为合作伙伴提供技术指导、经验丰富的管理和良好的灵活性。虽然DARPA参与管理，但只在SEMATECH董事会中拥有一个无投票权的席位，对其实施松散监督。此外，SEMATECH每年还要接受政府问责办公室的绩效评估。

在总部旁边，SEMATECH建立了一个半导体制造技术试验基地，随时进行新技术的生产试验。DARPA参与SEMATECH的设立，并选择了仙童和英特尔公司的创始人、美国半导体行业协会主席罗伯特·诺伊斯担任第一任CEO。诺伊斯在半导体业背景深厚，有丰富的人脉和管理经验，被尊称为"硅谷之父"。诺伊斯凭借其平易近人、务实专业的领导风格及其产业地位，使各企业愿意提供资金和研发人员，与具有竞争关系的同行共享。他将各创始成员出于自身利益提出的初始研发意向，整合提炼成了切实可行的研发方案，并确定以半导体设备为研发重点。

---

① 樊春良. 美国技术政策的演变. 中国科学院院刊，2020，35（8）：1008-1017.

📖 **专栏 1-1：SEMATECH 以半导体设备为研发重点**

SEMATECH 最初制定的目标是为各成员公司共同开发和改进工艺提供一个制造中心，并资助技术最前沿的研究工作。这一成员公司之间的"水平合作"模式有一大缺点，即它不利于成员公司保守各自的技术秘密，而且让技术各有专长、技术水平又参差不齐的公司在制造工艺技术上合作，效果也不理想。

1990 年前后，SEMATECH 的核心目标转向半导体设备的开发，它与设备供应商之间有四种互动（合作）方式：委托开发新设备；改进现有设备；统一制定下一步的技术发展战略；加强信息交流这四种方式。其中，最重要的是新设备开发。1991 年，设备开发占总预算的 60%。开发工作以"共同开发项目"的名义由设备公司承担，并得到 SEMATECH 的支持。统一的资金支持与质量检验减少了重复研究和重复投资，从而减少了设备开发的成本，同时它还纠正了美国半导体工业过去在产品设计上各自为政的倾向，增加了维修、软件等互补型产品和服务的供给。用户对于设备的熟悉程度较以前也大为提高，因而有利于加速美国半导体制造公司采用新型工艺设备的进程。设备改进工作可在 SEMATECH 的制造中心或各个成员公司进行，成果则及时通知设备制造商和其他成员公司，使得各个公司可以同步地展开新设备的开发工作，从而大大缩短了新设备的开发周期，并对设备标准的制定具有重要意义。

SEMATECH 通过强调芯片制造商与设备供应商之间的"垂直合作"关系，将重点聚焦在各成员公司共同感兴趣的公共技术知识上，而不必担心泄露自己的技术秘密。公共技术研发的知识产权也可以一定的转让费和专利使用费，向所有的美国公司开放，促进整个行业发展。SEMATECH 为复杂的半导体制造设备制定了统一的质量认证程序，提高了设备的可靠性，增加了制造商对美国设备的购买需求。1991 年的一项调查表明，本来半导体制造公司所需的新设备中，只有 40% 打算向美国设备公司购买，最后这一比例上升到 70%。SEMATECH 也加强了半导体制造商之间的合作，美国半导体产品的全球份额也迅速提高。

资料来源：和文凯，曾晓萱. 美国半导体制造技术研究联合体——SEMATECH. 科研管理，1995（3）：58-63.

SEMATECH 尽管是由美国产业界发起成立的非营利组织，但其管理和运行却是由美国政府和产业界共同实施的。DARPA 代表美国政府成为 SEMATECH 的管理机构，并为其设置了专项经费，每年 1 亿美元。SEMATECH 的首个授权运营期是 5 年（1988—1992 年），除 DARPA 投入的 1 亿美元外，各创始成员每年再集资 1 亿美元，5 年共 10 亿美元预算。除了投入经费，美国政府主要负责协调美国国防部所属机构与成员企业的关系，并以 SEMATECH 董事会和技术顾问委员会成员的身份制定规则、监督管理，以及评价技术进步状况等。SEMATECH 有一个中心管理机构，其研究人员和管理人员都来自各成员企业。该机构并不参与具体产品的设计与制造，也不为具体产品进行专门的工艺研究，而是将这些问题留给各公司自己解决。SEMATECH 的使命是开展应用研究，在工厂环境中改进、完善、标准化及展示制造工艺和工具，使美国企业重新获得 CMOS 制造技术的世界领先地位。

SEMATECH 的研发工作集中在光刻工艺（包括步进机、光刻胶、掩模制作和计量）、多级金属（蚀刻、平面化和沉积），以及制造系统和工艺集成等工艺技术上。20 世纪 80 年代末，SEMATECH 预算中约有一半用于先进光刻机研发，包括投入超过 7000 万美元资助 GCA 开发 KrF 步进式光刻机，但是没有取得成功。从这个角度来看，SEMATECH 项目失败了。相关工具或材料企业也持类似观点，如负责研发半导体检测设备的加利福尼亚科磊公司（KLA）不认为 SEMATECH 的支持对其工具开发重要，最大的半导体工具制造商应用材料公司也认为，SEMATECH 对其业务几乎没有任何影响。但是，SEMATECH 在半导体设计和制造工艺方面取得了技术突破，使濒临崩溃的行业依托共用的基础设施和研发路线重新凝聚起来，使美国半导体制造商能够在技术上与竞争对手日本平起平坐，并在今后几十年保持竞争力。到 1995 年前后，美国在全球市场的份额超过日本，重新回到领先地位。1996 年，SEMATECH 董事会投票取消了美国政府的配套资金，DARPA 退出对 SEMATECH 的管理。此后，SEMATECH 逐渐成为一个纯行业性质的组织，开始吸纳国外的会员单位，由一个美国半导体行业组织扩展为国际半导体行业组织。就这一点而言，绝大多数人认为 SEMATECH 发挥了重要作用，认为该政策是成功的。[①] 由于半导体行业的整合，2015 年，SEMATECH 与纽约

---

① CHRIS MILLER. Rewire: Semiconductors and U.S. Industrial Policy, 2022.09.

州立大学理工学院合并，并超越半导体技术，关注更广泛的绿色能源、电力电子和生物等技术的研究、开发和商业化。[①]

SEMATECH 之所以取得成功，有多方面的原因，概言之，包括以下几方面[②]。

其一，制定明确的目标和路线图。SEMATECH 从一开始就制定了一个雄心勃勃但可实现且设计精确的目标——到 1993 年在基于 0.35 微米设计规则的硅基 CMOS 制造领域恢复世界领先地位，但实际上到 1992 年市场份额就与日本持平。到 1993 年，美国设备制造商能够完全使用美国工具制造 0.35 微米节点的芯片。更重要的是，SEMATECH 创新性地提出了国际半导体技术路线图，对行业发展起到指引作用，有助于维持摩尔定律预期的效率提升。

其二，开发通用标准。SEMATECH 通过开发通用标准工具，使以前不兼容的工具和软件能够互操作，降低了设备及工具和材料企业的成本和运营负担。特别是，SEMATECH 有助于美国企业开发和部署计算机集成制造，大大提高了生产效率。

其三，促进成员绩效提高。SEMATECH 引入了一个"盲标杆"系统，成员企业可以在匿名的基础上与其他企业的绩效指标进行比较。这给落后者敲响了"警钟"，促使其采取措施改善运营。例如，"钢铁侠"项目就促进了设备制造商对工具性能的基准测试。SEMATECH 建立了专业团队，识别特定工具的常见问题，并共享工具信息以提高运行效率，促使制造产量和质量稳步提高。

其四，支持供应链。SEMATECH 加深了设备制造商与上下游企业之间的合作关系，建立了一种被称为 SEMI-SEMATECH 的持续合作工具。SEMATECH 为供应商定义了技术目标，使其能够将开发工作集中在几个可明确理解的目标上，并为供应商提供了在工厂环境中进行测试、评估并改进其设备的机会。

其五，降低成本和风险。SEMATECH 使成员企业能够通过共同努力降低

[①] STEPHEN EZELL. An Allied Approach to Semiconductor Leadership, 2020.09.

[②] SUJAI SHIVAKUMAR, CHARLES WESSNER, THOMAS HOWELL. The Pillars Necessary for a Strong Domestic Semiconductor Industry, 2022.05.

研究成本，更重要的是，该联盟在真实的工厂环境中进行新设备和流程的竞争前调试，可以大大降低与制造投资相关的风险。当成员投资自己的新设施时，他们可以直接使用验证过的设备和工艺，加速整个行业的发展，使其能够超越竞争对手日本。

其六，利用联邦实验室。联邦实验室集中代表了大量高质量的专业知识和研究基础设施，有助于恢复美国在半导体制造领域的领导地位。SEMATECH促进了行业和联邦实验室的密切合作，这对设备制造商特别有价值。

第二章

20世纪90年代至今的半导体政策

20世纪90年代中期以来，美国重新恢复了半导体产业的世界领先地位，各部门持续投入先进技术研发，以期维持领先优势。此后，半导体制造业虽然延续了产业外包的趋势，但制造业对产业生态的重要性也开始受到重视。2008年国际金融危机爆发后，产业空洞化的危害更是引起普遍关注。尤其是，2014年之后随着中国集成电路产业发展纲要和制造强国战略的发布，美国担心其领先优势受到威胁，便逐步增加了对中国半导体业的限制，同时不断强化自身的技术和生产优势，直至出台全面的《芯片和科学法案》。

一、20世纪90年代至2008年，重视研发并开始反思制造业外包

20世纪90年代，美国在半导体制造业的竞争力逐步恢复。美国延续之前的做法，持续将制造业外包的同时也开始反思制造业对整个产业生态的重要性。此外，前沿技术研发也得以持续强化。

（一）制造业加速外包

据说，美国半导体领域最早的制造外包可以追溯到1961年。当时，仙童

公司把硅片组装、封装成半导体芯片并发货给终端用户公司的业务外包给香港。以此为开端，在整个 20 世纪 60 年代和 70 年代初，这类劳动密集型的半导体加工业务大量被转移到劳动力成本较低的亚洲国家。当时，美国的管理学理论也支持制造外包的做法。1970 年，波士顿咨询公司创始人布鲁斯·亨德森(Bruce Henderson)提出了波士顿矩阵概念，如图 2-1 所示。他认为，一家企业要取得成功，应该拥有不同的产品组合。其中，市场份额高、业务增长慢的产品是"现金牛"，能够产生大量资金，超过了维持既定份额所需的再投资；市场份额低、业务增长慢的是"宠物"产品，对企业没有价值；市场份额低、增长速度快的是"问号"产品，需要投资大量的资金；份额高、增长速度快的是"明星"产品，当它增速放缓、再投资减少时，将成为现金牛产品，能够提供高利润、高稳定的现金产出。[①]

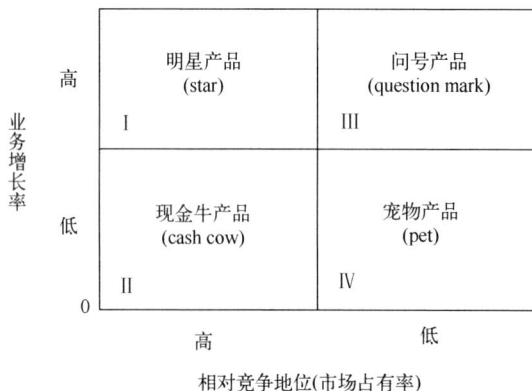

图 2-1　波士顿矩阵

资料来源：Bruce Henderson. The Product Portfolio, 1970. 01.

根据波士顿矩阵，只有拥有平衡投资组合的多元化公司才能获得增长机会。具体而言，应该将从"现金牛"产品中获得的资金再投资于"明星"产品；投资还是抛弃"问号"产品，取决于它们成为明星的概率，概率高则投资，低则抛弃；"宠物"产品毫无价值，应该被清算、剥离或重新定位。该矩阵在实践中有双重用途：一是为企业提供了一种逻辑，有助于其将资金从现金牛产品部署到具有更高增长潜力的明星产品上。二是为企业提供了一个简单而强大的工具，允许其在开发成熟业务和探索新业务之间取得平衡，以提

① BRUCE HENDERSON. The Product Portfolio, 1970. 01.

高竞争力、价值和业务的可持续性。据估计，在 20 世纪 70 年代末和 80 年代初，《财富》500 强中约有一半企业使用了波士顿矩阵[①]。

到 20 世纪 80 年代，金融机构普遍倾向于对核心能力投资，剥离盈利能力较差的业务，使公司轻资产化以获得更高的股票价值。很多公司最先剥离的是生产环节，以减少企业债务和人员。同时，从 20 世纪 80 年代开始，技术和经济因素的共同作用推动半导体业的生产经营模式发生了巨大变化，也促进了制造业外包。在技术上，1981 年，IBM 进入个人电脑市场时采用了开放式合作方式，与英特尔结成"Wintel"联盟，成为事实上的个人电脑市场标准制定者，这一做法深刻影响了半导体业的发展。美国 DARPA 提出了半导体设计规范：将芯片的制造和设计过程分离，设计人员只需将设计方案输入计算机，工厂便能按照相应的生产指令进行生产。[②] 随后，英特尔等欧美企业在半导体曝光设备、干法刻蚀、晶圆检测设备、成膜设备方面，通过标准化、平台化及模块化等手段形成了综合性的系统化能力和架构能力。当时只有清洗干燥设备、匀胶显影机和化学机械抛光等使用液体材料的设备难以标准化，其原因在于日本企业在垄断设备的同时也垄断着大部分液体材料，且液体材料难以控制，每台清洗设备的洗涤液都是特别定制的，在相关领域日本企业一直掌握领先优势，甚至垄断了世界市场。[③] 标准化、平台化和模块化使得相关生产可以方便地转移到低成本的地区。于是，美国半导体垂直一体化的经营模式开始解体，晶圆代工和无晶圆设计厂迅速增加。

20 世纪 90 年代，冷战结束带来的贸易壁垒降低和全球化扩散，以及信息技术的发展进一步加速了制造外包的进程，而台积电开创的"纯业务"晶圆代工模式，则为制造外包创造了客观条件。因此，越来越多的美国半导体企业放弃自营的晶圆厂，而专注于更有竞争优势且利润更高的芯片设计业务，很快东亚汇集了全球 75% 的半导体制造能力。为了靠近消费市场，美国半导体设备供应商也随之发生转移，如应用材料公司逐步在亚洲开展设备组装和

---

① PHILIPPE C. HASPESLAGH. Portfolio Planning: Uses and Limits, *Harvard Business Review*, January 1982.

② 加里·皮萨诺，威利·史. 制造繁荣：美国为什么需要制造业复兴. 机械工业信息研究院战略与规划研究所，译. 北京：机械工业出版社，2014.

③ 汤之上隆. 失去的制造业：日本制造业的败北. 林曌，等译. 北京：机械工业出版社，2015.

研发工作，而库力索法公司也将总部由宾夕法尼亚迁至新加坡。同期，"科学政策"成为半导体政策的新范式，其重点是培养政府与各企业的合作关系，产业应用研究与学术研究分工协作，允许新创企业轻资产运行①。该政策的目标不在于追求建立一个强大的生态系统与供应链，而在于建立公私伙伴关系来协调研究人员、无晶圆设计公司、设备供应商与生产企业的关系，使企业不需投入高额的研发费用，也可以避免政府投资支出过大。

（二）制造业对产业生态的重要性开始受到重视

20 世纪 90 年代，在波士顿矩阵和制造外包仍然盛行的同时，制造业对产业生态的重要性也开始受到重视。1994 年，克林顿政府发布一份有关科学政策的《科学与国家利益》报告，提出："今天的科学和技术事业更像一个生态系统，而不是一条生产线。"2004 年 1 月，美国总统科技顾问委员会（President's Council of Advisors on Science and Technology，PCAST）发布报告《维护国家的创新生态体系、信息技术制造和竞争力》，指出美国技术和创新领导力依赖于动态的"创新生态系统"，而非机械的端到端的过程，其中基础研发和制造构成了生态系统的主要支柱，其他组成部分也对系统健康必不可少。报告认为，研发-生产过程来自研发-制造的生态系统，其组成部分包括基础研发、竞争前开发、原型制造、产品开发和大规模制造。一个成功的创新和技术领导者具有以下属性：雄厚的基础研发投入、一大批有技能的科学家和工程师、灵活和熟练的劳动力、可靠的公用设施和其他设施、鼓励高科技制造商在国内投资的法律、有竞争力的投资者和税收环境、公平竞争的环境。同年 6 月，总统科技顾问委员会发布《维护国家的创新生态系统：保持美国科学和工程能力之实力》报告，强调美国的经济繁荣和在全球经济中的领导地位得益于创新生态系统，其组成部分包括：发明家、技术人才和创业者；积极进取的劳动力；世界水平的研究性大学；富有成效的研发中心；充满活力的风险资本产业；基础研究。

2004 年 7 月，美国竞争力委员会在《创新美国：在挑战和变化的世界中保持繁荣》中期报告中，也开始使用"创新生态"概念，并提出一个"创新

---

① ALEX WILLIAMS, HASSAN KHAN. A Brief History of Semiconductors: How The US Cut Costs and Lost the Leading Edge, 2021.05.

框架"。2005 年，在《创新美国：全国创新高峰会议和报告》中，竞争力委员会将"创新框架"改为"创新生态模型"，指出未来需要在企业、政府、教育家和工人之间建立一种新的关系，形成 21 世纪的创新生态系统。可见，不论是总统科技顾问委员会还是美国竞争力委员会都不再将制造看作毫无价值的"宠物"类业务，而是将制造与研发、人才、资本等均看作创新生态的重要组成部分。同样在 2005 年，国防科学委员会特别小组的专项报告从军事领先和国家安全角度强调半导体制造的重要性。该报告指出，由于半导体产业从垂直分工走向水平分工，导致关键微电子产品的制造能力从美国迁至资金和运营成本更低的国家或地区，可能影响关键军事和基础设施组件的可靠性和供应链安全，并可能造成国家经济安全的长期隐忧。该报告认为，保持美军的领先地位需要同时维持半导体技术与制造的领先地位，而实现这一目标需要研发与制造的"同地协作"，美国必须维持一个可信的和有保障的 IC 供应链。

（三）支持竞争前学术研究

美国国防部高级研究计划局（DARPA）持续支持前沿应用技术研究。例如，1987 年，DARPA 支持微波和毫米波集成电路（MIMIC）计划，使美国国防部能够制造出更先进的无线电和雷达系统。20 世纪 90 年代初，DARPA 联合学术和商业伙伴通过推动新型透镜材料和光刻胶的开发，共同开创了 193 纳米光刻技术。此外，政府部门还与行业协会联合支持前沿技术研究。例如，1982 年，美国半导体行业协会成立的技术研究联盟——半导体研究公司（SRC）就是美国政府经常合作的行业性研究组织。它侧重组织和资助大学研究团队从事与商业市场相关的半导体学术研究，重点关注半导体生产链各个环节中"蓝天"基础研究和早期产品开发之间的环节。半导体研究公司的成员大部分是工业企业，也包括联邦政府部门以及政府与工业界的联合体，其经费主要来自各成员的捐助，每年的研究预算大约为 3000 万美元，主要用于三个目的：支持在大学中进行满足半导体工业长远需求的研究；支持培养具有半导体工业实践经验的研究生；激发大学研究人员围绕硅的应用开展研究。

政府部门对学术研究的很多资助项目都是与半导体研究公司合作支持

的，如焦点中心研究项目(FCRP)。这是一个由美国 DARPA 和半导体研究公司共同指导，采用新视角、新方法进行长期、跨学科研究的项目，以解决半导体领域面临的重要问题和挑战。该项目是半导体研究公司于 1997 年发起的，1998 年在政府和产业界的资助下形成的全国性研究网络。焦点中心是虚拟的，由多所大学组成，允许多个机构合作研究，以便在特定技术领域实现整体最强能力。应用材料、格罗方德、英特尔、美光、德州仪器等业内领先企业也是焦点中心的成员，以确保研究成果符合产业界需要。每个中心都由一名全职的中心主任管理，并聚焦于国际半导体技术路线图的技术重点领域，运营资金每年约为 800 万美元，随着项目的发展实际资金水平可能会有一定波动。焦点中心提供了一个由美国大学社区管理的多机构、多学科协作的研究环境，推动了长期突破性研究的发展，同时培养了大批高级专业技术人才，并促进了科研成果的产业化。

从 20 世纪 90 年代开始，美国科学界开始重视纳米技术研究。纳米技术包含下列四个主要方面：纳米材料、纳米动力学(主要是微机械和微电机)、纳米生物学和纳米药物学、纳米电子学(包括基于量子效应的纳米电子器件、纳米结构的光/电性质等)。显然，相关技术与微电子技术的发展密切相关。1991 年以后，美国正式把纳米技术列入"国家关键技术"的第 8 项和"2005年的战略技术"。2000 年，白宫正式发布了"国家纳米技术计划"，提出了美国政府发展纳米科技的战略目标和具体战略部署。该报告指出：纳米技术将对 21 世纪早期的经济和社会产生深刻的影响，这种影响也许可以与信息技术或细胞、基因和分子生物所带来的影响相媲美。同时报告认为，NNI 是一项跨部门的系统工程，可确保美国在这一新兴领域拥有主导地位。布什总统于2003 年 12 月签署了《21 世纪纳米技术研究开发法案》，决定自 2005 财年开始的 4 年内，联邦政府投入约 37 亿美元用于支持纳米技术的研发工作。其中，纳米电子学的发展与半导体芯片密切相关，美国纳米技术专家们试图把纳米级的半导体材料做成晶体管，从而可以让一块芯片容纳更多的晶体管，将运算速度提高到传统硅芯片的上千倍。此后，纳米技术相关计划持续推进。最新一次战略更新是2021 年 10 月白宫科技政策办公室(OSTP)与国家纳米技术协调办公室(NNCO)发布的 2021 年《国家纳米技术计划战略规划》，以确保美国纳米技术的竞争力。

二、2009—2016 年，强调"再工业化"和先进技术研发

2008 年国际金融危机的爆发使得"产业空心化"问题更加凸显，2010 年中国制造业增加值超过美国，成为名副其实的世界第一"制造大国"，美国制造业的全球领先地位受到威胁。制造业的重要性，尤其是制造业对创新的重要性受到美国各界的广泛关注。于是，美国政府发布了推动制造业发展的战略举措。由于半导体业在金融危机中受冲击并不大，所以并没有成为美国政府救助的重点。但对半导体技术研发的支持，美国政府一直没有中断。

（一）提出"再工业化"的目标并发布制造业战略

2009 年 2 月，奥巴马签署了《复苏与再投资法案》，计划在 2009—2019 年投入 7872 亿美元刺激经济，救助汽车产业提振市场信心，增加基础设施投资，并采取"出口倍增计划"创造就业。同年 12 月，白宫发布《重振美国制造业框架》，将制造业确定为美国的核心产业，以期实现美国制造业振兴。2010 年 3 月，美国政府正式宣布"国家出口倡议"，即"出口倍增计划"，其核心是美国要用 5 年时间使其出口规模翻一番，实质上是已经完成"金融化"的美国试图重新依靠制造业，恢复遭受金融危机重创的美国经济，实现经济增长和就业增加。2012 年，美国国家科学技术委员会正式发布了《先进制造业国家战略计划》，将发展先进制造业提升到国家战略的高度。但是，这一时期政策的重点并不是制造环节，而是制造业创新环境和创新链。例如，2012 年，总统科技顾问委员会在《抓住国内先进制造业的有利先机》报告中，强调导致美国制造业竞争力下降的因素，并不在于高昂的劳动力价格——德国的工资比美国高 30%～40%，但其制造业仍然一枝独秀——关键问题还是基础科研和商业化生产之间的空缺，即传统的"死亡之谷"，所以美国的对策是建立工业界和学术界合作的制造业创新研究所。2014 年，《振兴美国制造业和创新法案》批准"国家制造业创新网络计划"，授权国家标准与技术研究院成立"国家制造业创新网络"，包括制造业创新研究所，以及在此基础之上的整个创新网络。

同期，美国学者进行了大量研究，并产生了一批关注制造业的研究成果。例如，朱迪·埃斯特琳（Judy Estrin）指出，创新生态系统可以分为三个组成

部分：研究、开发和应用，三个组成部分之间的平衡决定了国家创新生态系统的可持续性，缺乏任何一个部分都无法建立生态系统的良性循环，而制造业就是应用端的重要产业。[①]Alexander Kersten 也指出，陷入激烈竞争的美国公司缺乏保持内部创新能力的动力。从 20 世纪 80 年代起，随着制造外包的推进，应用研究在企业研发总支出中所占的份额从 1985 年的 30%下降到 2015 年的 20% 以下——均远低于 20 世纪 50 年代近 40%的峰值。[②]类似的，《制造繁荣：美国为什么需要制造业》也强调，在创新过程中制造是不可或缺的，制造与优秀的大学、出色的研发活动和充满活力的风险资本同等重要。制造和创新在同一块产业公地上共同成长，当一个国家失去制造能力时，也在失去创新能力。作为产业公地的重要组成部分，制造基础设施和制造能力与多个行业相关，且彼此之间相互依存。当一片产业公地遭到侵蚀时，需要相同产业公地的未来其他产业也将受到影响。该书认为，解决制造业空心化问题，需要制定一个国家制造业经济战略，目标是保持美国创新能力的健康发展。但是，该书并没有分析如何让已经转移到海外的制造业回流，而是强调国家制造业战略需要把注意力集中在产业公地的两个关键基础上：科学技术诀窍和专业人力资本。显然，制造业的科学技术诀窍和专业人力资本是不可能脱离制造业而存在的，而在美国制造业没有成本优势的情况下，仅仅依靠市场机制很难让制造业回流。

这一时期，美国虽然没有出台专门针对半导体制造的政策，但半导体业也受惠于整个制造业战略。例如，部分制造业研究所在研究微电子相关科技，其中 Power America 是"美国制造"（美国制造业创新网络于 2016 年更名为"美国制造"）成立的第二个研究所，它专注于加速采用由碳化硅和氮化镓制成的宽带先进半导体元件，已被证明是与国际公司就先进技术创新进行合作的有用工具。

（二）支持半导体先进技术研发网络

作为焦点中心研究项目的延续，2013 年 1 月，DARPA 和半导体研究公

① 朱迪·埃斯特琳. 美国创新在衰退?. 阎佳，翁翼飞，译. 北京：机械工业出版社，2010.
② ALEXANDER KERSTEN. Why Renewing American Innovation? The "Endless Frontier Act" and Biden's Bid for Maintaining U.S. Global Competitiveness, 2021.04.

司宣布建设"半导体先进技术研发网络"(Semiconductor Technology Advanced Research network，STARnet)计划，建立了一个大学研究网络，重点研究下一代微电子技术。相关技术至少在未来 10～15 年内可能都不会具有商业可行性，但研究中心可以对外授权产生的知识产权。美国国防部高级研究计划局五年内共投入 1.94 亿美元，创建了 6 个跨校研究中心(见表 2-1)。该计划每年可以获得 4000 万美元的专用资助，每个研究中心约 600 万美元，共吸引了 8 家企业和 46 所大学参与，培养了下一代电气工程、计算机科学、物理科学等方面大量的博士生。

表 2-1　半导体先进技术研发网络的六个研发中心

中心名称	研究方向	领导机构
未来架构研究中心 (C-FAR)	研究未来可扩展计算机系统架构，最大限度地利用新兴电路架构，通过一个高度协作化研究过程打造全新的商业/国防应用领域	密歇根大学
自旋电子材料、接口和新颖架构中心 (C-SPIN)	搜索和创建基本模块，实现革命性的自旋基多功能、可扩展内存设备和计算架构	明尼苏达大学
功能性加速纳米材料工程中心(FAME)	创建和研究新型非常规原子级工程材料和结构，用于多功能氧化物、金属和半导体，加快模拟、逻辑和存储设备的创新	加州大学洛杉矶分校
低能源系统技术中心 (LEAST)	探索集成电路方面的新材料和新设备物理学研究，专注于发现超低电压和超陡晶体管的最佳材料系统	圣母诺特丹大学
纳米级信息结构系统中心(SONIC)	研发超越 CMOS 的纳米级结构应用程序、架构和电路，使稳健性和能源效率达到前所未有的水平	伊利诺伊大学
TerraSwarm 研究中心	探索通过一个开放通用的系统架构在大规模分布式异构群平台安全部署一个多重先进分布式感应控制驱动程序	加州大学伯克利分校

资料来源：美国半导体研究公司官网.

三、2017 年以来，又强调维护半导体产业的领先优势

2001 年，我国加入世界贸易组织，随后加入了《信息技术协定》，与其他国家间包括半导体在内的信息技术贸易迅速扩大。1995—2019 年，我国在世界半导体进口总量中的份额从 1%增长到 23%。到 2005 年，我国已经成为世界上最大的半导体消费国；到 2012 年，我国占据世界半导体消费市场的一

半以上。[①]同时，外国资本大量涌入，很多外国企业到中国投资设立半导体工厂，如南京的台积电、大连的英特尔、无锡的 SK 海力士和西安的三星。2000 年，中芯国际也在上海成立。我国的半导体制造业和出口量也迅速增加，同时支持半导体业发展的政策持续出台。2014 年，我国《国家集成电路产业发展推进纲要》发布，希望到 2030 年，产业链主要环节达到国际先进水平，实现跨越式发展。同年，国家集成电路产业投资基金设立。2015 年，我国的制造强国战略再次强调了对集成电路产业的支持。相关举措引起了美国的高度关注，并持续出台限制措施。

（一）2017—2020 年，美国认为中国半导体业构成威胁并初步提出应对建议

2016 年，时任美国商务部部长的彭妮·普里茨克（Penny Pritzker）批评称，中国这种由政府主导的大规模投资可能扭曲全球市场，导致全球产能过剩，人为降低产品价格，破坏行业创新生态。从 2017 年开始，美国的半导体政策开始从关税和补贴转向出口管制等新工具。

1. 限制中国半导体业发展

2017 年 1 月，美国总统科技顾问委员会发布《确保美国半导体业的长期领导地位》报告，指出美国半导体业面临两方面的挑战：一方面，客观存在的技术创新速度放缓和市场集中度上升；另一方面，中国的产业政策对美国半导体创新和国家安全构成了真正的威胁。该报告认为中国采取的政策主要包括两方面：补贴和零和策略（如鼓励中国客户向中国供应商购买半导体产品、鼓励知识产权转让），并认为中国最有可能的途径是收购美国、欧洲或日本的半导体企业。该报告强调与盟国合作，加强全球出口管制和投资审查，以限制中国的并购。

事实上，自 2015 年起中资的海外半导体收购事件，就面临着美国的严格审查。2015 年 7 月，紫光集团以 230 亿美元向美国的内存芯片企业美光发起收购邀约，但被美国政府拒绝。之后紫光集团拟以 38 亿美元收购美国西部数

---

① CHAD P. BOWN. How the United States marched the semiconductor industry into its trade war with China, 2020.12.

据 15% 的股份，同样没有通过审查。华创投资曾联合华润微电子在 2015 年 12月对仙童半导体公司发起竞购，每股报价均高于美国安森美半导体给出的报价，但最终仙童半导体因担心美国监管机构不批准而拒绝了华创、华润的收购邀约。2016 年 1 月，金沙江以 33 亿美元收购荷兰飞利浦 LED 元件厂 Lumileds的交易同样因美国外国投资委员会 (CFIUS) 担心核心技术氮化镓被转让给中国而否决交易。类似的，2016 年 5 月，福建宏信基金计划以 6.7 亿欧元收购德国半导体设备 MOCVD 龙头爱思强 (Aixtron) 的交易，以及同年 11 月，凯桥资本计划以 13 亿美元收购 FPGA 企业美国莱迪思半导体 (Lattice Semiconductor)的交易，均被美国以国家安全为由叫停。在投资审查的基础上，美国政府进一步通过出口管制、技术使用限制、研究安全管理等手段，不断强化对中国相关产业的限制。2018 年，《外国投资风险审查现代化法案》加强了美国外国投资委员会的法律权限，中国企业的海外收购进一步受到影响。

2017 年，美国政府对中国所谓的不公平贸易行为展开了 "301 调查"，而1986 年的美日半导体贸易协定也是基于 301 调查达成的。根据调查结果，2018年，美国对从中国进口的半导体产品征收 25% 的关税。到 2019 年 9 月，美国对从中国进口的产品征收了超过 3500 亿美元的新关税，其中包括半导体产品。从 2019 年开始，美国还加强了对中国半导体产品的出口管制，第一轮出口管制措施是将华为及其关联公司列入实体清单。但是，美国半导体行业公开表达了对相关出口管制的担忧：美国半导体行业超过 20% 的年收入来自对华为和其他中国公司的销售，然而，美国出口商并不具有市场影响力，因为它们的销售仅占中国大陆半导体进口额的 5%，中国大陆从台湾地区和韩国购买得更多。2020 年 5 月，美国开始实施新一轮出口管制措施。新的出口管制旨在迫使外国公司也停止向华为销售半导体。为此，美国通过《外国直接产品规则》(Foreign Direct Product Rule，FDPR) 扩大了其出口管制的管辖范围，美国商务部将限制外国芯片制造商获得在半导体供应链不同环节运营的美国公司提供的制造设备。此后，美国不断增加制裁名单上中国实体的数量。截至 2022 年年底，被制裁的中国实体已经超过 1000 家。

对中国实体采取出口管制相关制裁措施的美国机构主要有三个。其中，第一个机构是美国商务部工业安全局，它根据不同情况可能制定三种不同的管制清单，分别为实体清单、未经核实清单，以及被拒绝清单。实体清单针对的可能是外国企业、研究机构、政府、民间组织、个人及其他形式的个人，如果美国企业要向此类实体出口、再出口、转让任何受《出口管制条例》管制的产品，则需要向美国商务部工业安全局申请出口许可。未经核实清单列出了外国实体的名称与相应地址，此类外国实体已涉及出口、再出口或在国内转让受《出口管制条例》管制的产品，但美国商务部工业安全局无法核实此类出口产品的最终用途，从而将该外国实体列入未经核实清单。被拒绝实体清单是指列有被拒绝给予出口特权的实体(含个人)名单。被列入被拒绝实体清单的实体，将受到《出口管制条例》比较全面的贸易管制，任何实体均不得直接或间接向被拒绝实体出口或再出口受管制的产品。第二个机构是美国财政部海外资产管理办公室，它依照《外国资产管制条例》授予的权力，对目标国家和政权、恐怖分子、国际贩毒分子、扩散大规模杀伤性武器的人员，以及其他对美国国家安全、外交政策和经济构成威胁的主体，实施经济贸易管制和制裁。目前，美国财政部海外资产管理办公室执行的制裁计划主要有两类，一类是基于国别的计划，如针对伊朗、叙利亚等的制裁计划；另一类是针对特定目标的计划，如将全球范围内违反美国政策的个人或实体，列入特别指定国民和被隔离人员清单(又称"SDN 清单")。第三个实施制裁的机构是美国国务院国际贸易控制局，它根据《国际武器贸易条例》授权管理有关国防用品和国防服务的出口。由于美国对中国实行全面的武器禁运，因此任何向中国出口武器的企业均违反美国国务院有关规定，会被处罚。

上述不同清单的管制情况有很大不同。如实体清单要求有关企业向美国商务部工业安全局申请出口许可，但并非禁止美国企业与被列入实体清单上的实体进行所有交易。即使某个外国实体被列入实体清单，除特殊情况外，持有受《出口管制条例》管制产品的企业仍可与该外国实体的子公司、母公司、关联企业进行交易。但是，有关企业不能与 SDN 清单上的个人/实体进行任何交易，包括被列入清单的个人/实体本身及其直接或间接持有50%以上权益的实体。

2．加强自身技术创新

在创新方面，《确保美国半导体业的长期领导地位》报告认为，保持领先的唯一方法是超越竞争对手。只有在半导体技术前沿不断创新，美国才能减轻中国产业政策带来的威胁。2017 年 6 月，美国 DARPA 制订了"电子复兴计划"，这是一项为期 5 年、总投资 15 亿美元的重大研究计划，涵盖 20 多个不同的项目，其重点研发领域包括：3D 异构集成；新材料和器件；设计和安全；等等。电子复兴计划旨在解决摩尔定律面临的障碍，以及电子技术快速发展面临的挑战，希望通过开发全新的微电子材料、设计和架构，克服微电子学在当前技术条件下面临的物理尺寸瓶颈，进一步提高电子器件性能。

电子复兴计划主要包括由美国大学主导研究的联合大学微电子项目(Joint University Microelectronics Program，JUMP)、美国工业界主导研究的"Page 3 Investments"部分。其中，"Page 3 Investments"着力支持系统架构、设计，以及材料和集成三个领域的研究和开发。JUMP 由 DARPA 与美国半导体研究公司于 2016 年创建，成员包括 IBM、美光、英特尔、台积电、ARM、三星、雷神、洛克希德·马丁等公司。联盟成员共同拟定 JUMP 项目的重点研究领域，由美国高校开展中长期(8~12 年)探索性研究，重点关注高性能、高能效的微电子技术。联盟成员共同为项目提供资金支持，DARPA 提供大约 40%的资金，其他合作伙伴共同承担 60%，在 5 年时间里共投入约 1.5 亿美元，设置 6 个不同的研究中心，探索 6 大研究方向(见表 2-2)。JUMP 由美国半导体研究公司的全资子公司 SRCco 代表联盟进行管理。

表 2-2 美国联合大学微电子项目的六个研发中心

中心名称	研究方向	参与机构
太赫兹与感知融合技术研究中心	支持低延迟虚拟现实(VR)、增强现实(AR)和无缝远程呈现，以解决当前自动驾驶技术发展所面临的通信、安全、定位导航等方面的技术难题	加州大学圣巴巴拉分校、加州大学伯克利分校、纽约大学等 8 所大学
具备普适性感知、认知和行为能力的计算网络基础设施研究中心	提供一种新的中间层分布式计算，通过更高水平的自治和智能推入网络，将云和边缘紧密结合在一起	卡内基梅隆大学、加州大学伯克利分校、加州大学洛杉矶分校、华盛顿大学等 6 所大学
支持自主智能的类脑认知计算研究中心	在认知计算方面取得重大进展，以实现新一代自主智能系统的开发目标	普渡大学、宾夕法尼亚大学、宾州州立大学、乔治亚理工学院、波特兰州立大学等 10 所大学
智能存储和内存处理技术研究中心	创建智能内存和存储(IMS)体系结构，提高缓存效率，尽可能地提高海量数据信息的计算处理速度	弗吉尼亚大学、加州大学圣巴巴拉分校、加州大学圣地亚哥分校、康奈尔大学、威斯康星大学/麦迪逊分校等 10 所大学
应用驱动架构研究中心	为系统硬件和软件设计创造可重用的组件，形成一套创新的模块化系统设计方法基准，在提高系统性能的同时，降低成本	密歇根大学、哈佛大学、华盛顿大学等 8 所大学

（续表）

中心名称	研究方向	参与机构
节能集成纳米技术应用及系统驱动中心	专注于基础材料合成路线及新型器件基础技术研究	圣母大学、加州大学伯克利分校、康奈尔大学、乔治亚理工学院等 15 所大学

资料来源：美国半导体研究公司官网.

目前，电子复兴计划共投入约 20 亿美元，该计划已完成第一阶段任务。2023 年 1 月，DARPA 与半导体研究公司，以及行业和学术机构一起启动了联合大学微电子计划 JUMP 2.0 项目。作为电子复兴计划的重要组成部分，JUMP 2.0 项目旨在显著提高一系列电子系统的性能、效率和功能，将聚焦新型材料、器件、架构、算法、设计、集成技术和其他创新，进一步解决下一代信息和通信方面的挑战。JUMP 2.0 项目联盟将围绕七个中心进行高风险、高回报的研究，实现适用于美国国防和学术界的突破，具体包括：下一代人工智能系统和架构；ICT 系统的高效通信技术；传感功能和嵌入式智能；高能效计算和加速器结构中的分布式计算系统和体系结构；用于智能存储器系统的新兴存储器设备和存储阵列；新型光和电互联结构及先进封装；支持下一代数字和模拟应用的新型材料、器件和互联技术。此外，美国半导体研究公司还与美国国家科学基金会和美国国家标准与技术研究院合作推进纳米电子计算研究(nCORE)计划。

2018 年，美国半导体研究公司开始将公司、学术界、政府机构和其他利益相关者聚集在一起制订"半导体十年计划"（见表 2-3），并由美国半导体行业协会和半导体研究公司于 2020 年 10 月联合发表。该计划旨在开发有效的方法来应对半导体(以及更广泛的 ICT 行业)面临的迫在眉睫的挑战，包括：继续实现计算功耗的指数下降，以免能源支出限制计算能力的增长；解决模拟数据泛滥问题，即快速处理大量数据；满足全球数据存储需求的急剧增加；推进通信技术快速无缝地传输数据；解决从硬件到人工智能再到云的新兴安全挑战。根据 DARPA 的说明，JUMP 2.0 项目与半导体十年计划密切相关，旨在解决后者所确定的重大技术挑战。

表 2-3 半导体十年计划的主要内容

领域	重大变革	研究目标	优先研究方向
智能传感	通过模拟硬件的根本性突破来研制更智能的机器接口，获得感知、传感和推理能力	每年投资 6 亿美元，以接近人脑的方式推动信息与"数据"的实际使用	神经形态信号转换器、模拟生物的机器学习、太赫兹模拟、模拟开发方法论

(续表)

领域	重大变革	研究目标	优先研究方向
内存/存储	内存需求的增长将超过硅芯片供给能力，需要全新的内存和存储器解决方案	每年投资7.5亿美元，开发新兴内存和存储器架构；开发存储密度提高100倍的新内存技术和存储系统	嵌入式非易失性存储器、新型内存/存储器、用于量子处理器的内存、基础存储技术(DNA存储等)
通信	需要新的通信研究方向，以解决通信容量与数据生成速率之间的不平衡性	每年投资7亿美元，提高数据传输速率；开发最大化网络容量的智能敏捷网络	毫米波CMOS、多元输出/入通信技术、毫米波滤波器和隔离器、高效铜缆和光缆
安全	需要突破硬件研究障碍，应对高度互联系统和人工智能系统面临的安全挑战	每年投资6亿美元，开发新的安全和隐私技术，如自主智能系统、后量子和分布式加密算法等	可信任的高性能AI系统；由异构和专用组件组成的安全硬件平台；同态加密和后量子算法；覆盖网边端云的安全系统架构
高效能源	新的计算模式提供了大幅提高能效的机会	每年投资7.5亿美元通过全新"计算路线"开发能效提高100万倍的计算范例/架构	香农计算架构、高维表示、高性能AI处理器、量子计算机计算能力与能耗的分离

资料来源：美国半导体研究公司官网.

在军用半导体领域，美国海军和国防部部长办公室制订了三个计划以加强供应链安全。第一个计划为先进异构集成封装，于2019年开始实施，目的是提供一个模块化平台，使军用IP核和商业IP能够无缝集成，通过商业化的工业生产流程满足美国国防部的独特要求，为美国国防部持续获得先进封装能力开辟了新途径。2023年4月，美国商务部先进异构集成封装计划已完成第一批原型交付，其中包括英特尔的多芯片封装(MCP-1)，该芯片含有低功耗、小尺寸和尖端性能的小芯片。第二个计划为快速可信微电子原型(Rapid Assured Microelec- tronics Prototypes，RAMP)，始于2020年，主要目的是取代美国国防部"过时的"芯片设计流程，将新流程的开发承包给总部位于美国的无晶圆厂半导体公司。第三个计划为商用的快速可信微电子原型(Rapid Assured Microelectronics Prototypes-Commercial，RAMP-C)，于2021年1月启动，旨在解决美国国防部最重要的风险，即缺乏以美国为生产基地的高端先进工艺代工厂问题。

(二)2020年以来，美国制定芯片相关法案全面发展半导体业

半导体产业主要涉及设计、制造、封测、设备、材料五个方面。在设计

方面，全球前三大设计公司皆为美国公司(高通、博通、英伟达)。芯片设计软件 EDA 基本上也被美国主导，其中新思科技(Synopsys)、铿腾电子(Cadence)皆为美国企业，被西门子收购的明导电子(Mentor Graphics)原来也是美国企业。在设备领域，全球前五大半导体设备商有三家是美国企业，即应用材料(Applied Materials)、泛林集团(Lam Research)和科磊(KLA Corporation)。虽然光刻机由荷兰阿斯麦公司主导并垄断了 EUV 光刻机市场，但美国享有部分知识产权和股权，且可以凭借《瓦森纳协定》干预其出口。在材料领域，美国企业也占有可观的市场份额。但是，在生产技术方面，全球最大、技术最先进的半导体制造商是中国台湾的台积电，台积电生产了全球 92%的尖端逻辑芯片，三星位居第二，英特尔仅位居第三。在产能方面，2019 年，虽然半导体仍然是美国第一大出口电子产品和第五大出口产品，总额约为 420 亿美元，但美国企业仅占据全球半导体市场的45%和全球半导体产能的 12.5%[1]，包装、组装和测试产能仅占全球的 3%。美国领先科技公司苹果、亚马逊和谷歌产品中约 90%的芯片，以及美国军方使用的 90%的芯片都由台积电提供。[2]

1. 美国半导体制造业衰落影响较大

美国认为半导体制造业衰落对其就业、经济、创新，甚至国家安全影响都很大。第一，高薪就业受到影响。半导体制造业直接支持了 27.7 万个美国就业岗位，间接支持了 160 万个就业岗位。员工平均年收入为 8 万美元，比美国 5.1 万美元的平均收入高出近 40%。如果任由半导体制造业衰落下去，这些就业和收入就会大量消失。相反，实施芯片法案后，每年将平均创造 18.5 万个就业岗位，并为美国经济增加 246 亿美元。[3]第二，贸易会受到影响。2020 年，美国半导体行业出口490 亿美元，虽然低于 2005 年的 530 亿美元(不考虑通胀因素)，但仍是美国第四大出口部门，如果能有更多的半导体生产将有助于降低不断增长的贸易逆差。第三，半导体产量的增加将有助于防止因供应链短缺导致的物价上涨和通货膨胀，并有助于促进美

---

① WILLIAM B. BONVILLIAN. Emerging Industrial Policy Approaches in the United States, 2021.10.

② DEPARTMENT Of COMMERCE. A Strategy for the CHIPS for America Fund, 2022.09.

③ STEPHEN EZELL. Why America Needs Semiconductor Legislation to Bolster Its Economic and National Security, 2022.01.

国国内生产总值的增加。美国平均只有五天的芯片库存，更大的美国国内生产能力将有利于避免供应链短缺。第四，也是最重要的一点，除了经济因素，还有国家安全因素。目前，92%的世界上最复杂的半导体(10纳米或以下工艺)在中国台湾制造(剩下的 8%在韩国)。假设中国台湾的半导体供应中断一年(无论是由于自然灾害还是由于地缘政治冲突)，仅全球电子设备制造商就将损失 5000亿美元，这种依赖性构成了一个重大的国家安全漏洞。尤其是最新的3~5纳米芯片对于人工智能、下一代计算或信号处理等应用至关重要，在通信、检测、传感、瞄准等功能方面有重要的军事用途。事实上，获得这些复杂的芯片对于实现美国国防部所谓的"第三抵消战略"的目标至关重要，其中包括智能战场技术和高超音速武器。因此，美国在不断增加对中国制裁手段的同时，不断强化其在半导体领域的全球领导地位，这是确保美国经济繁荣和国家安全的优先事项。

2．芯片相关法案的内容

2020 年以来，美国国会议员先后提出了《为芯片生产创造有益的激励措施法案》《2020 年美国晶圆代工法案》《无尽前沿法案》《2021 年战略竞争法案》等，旨在资助芯片本土制造和前沿技术研究。《2021 财年国防授权法案》基本采纳了相关建议，明确在半导体方面设立"激励计划"，为在美国建造、扩建或更新半导体制造工厂等提供财政援助，继续支持电子复兴计划；允许美国商务部创建国家半导体技术中心，推动前沿技术研发和产业化；授权美国财政部建立多边半导体安全基金，确保半导体供应链安全；要求成立半导体小组委员会，为政府提供相关政策指导。此外，授权设立微电子领导力小组委员会，并责成该委员会制定微电子研究、开发、制造和供应链安全的国家战略。2021 年 6 月，美国参议院在整合前期法案的基础上，推出《2021 年美国创新与竞争法案》。同年 7 月，美国众议院也通过了《确保美国全球领导地位与接触法案》，即鹰法案(Eagle Act)，并扩充形成了《2022 年美国竞争法案》。综合参众两院法案内容，2022 年 7 月，美国通过了总额达 2800 亿美元的《芯片和科学法案》。同年 8 月，拜登总统签署该法案，使其正式成为生效法律。

根据《芯片和科学法案》，未来五年美国将为芯片制造及研发提供 527 亿美元拨款，相关资金包括以下四个组成部分。

（1）美国芯片资助金，总额 500 亿美元，目标是重振美国半导体产业。就资金投向而言，大致可以分为两个部分。

其一，半导体激励计划，共 390 亿美元，其中先进工艺半导体的投资额度为 280 亿美元，成熟芯片供应链的投资额度为 100 亿美元。由于半导体制造成本呈指数级增长，新的前沿晶圆厂成本已超过 100 亿美元，且在美国建造和运营制造工厂的成本相对亚洲高很多。因此，美国认为需要对制造企业提供补助，尤其是逻辑芯片和存储芯片的先进生产工艺，预计共需资助 280 亿美元，并以直接拨款、签订合作协议、为企业提供贷款补贴或贷款担保等形式拨付。不过，联邦政府的芯片资助金仅占半导体总投资的一小部分，加上税收减免、私人投资、贷款，以及州和地方资金，总投资将是芯片资助金的许多倍。

其二，商业研发和劳动力发展计划，共 110 亿美元，用于建设美国国家半导体技术中心（National Semiconductor Technology Center，NSTC）、三个新的美国制造研究所，实施国家先进封装制造计划（National Advanced Packaging Manufacturing Program，NAPMP）和计量研发计划（Metrology Research）。

（2）美国国防芯片基金，总额 20 亿美元，用于推进与半导体制造相关的国防优先事项，将实验室成果更快地转化为军事和其他应用。该基金 2023—2027 财年共拨款 20 亿美元（每个财年 4 亿美元）。在两用（商业和国防）技术研究方面，美国国防部用于微电子器件、工艺和配套基础设施的预算也将大幅增加，将从 2022 年的 5.31 亿美元跃升至 2023 年的 11 亿美元左右。目前，美国国防部没有统一的、全部门范围的微电子战略，采办工作异常复杂，分散在整个部门，无法跟上商业技术发展的步伐。因此，除了加强技术研发，美国国防部还需要优化采办流程。

（3）美国芯片国际技术安全和创新基金。2023—2027 财年总共拨款 5 亿美元用于创建美国芯片国际技术安全与创新基金。该基金将与美国国际开发署（USAID）、进出口银行和美国国际开发金融公司协商，共同支持美国国务院的活动，并与国际合作伙伴协调，以负责任和安全的方式开发半导体、电信和其他新兴技术及其供应链。

（4）美国芯片劳动力和教育基金。为了解决影响半导体制造能力的短期劳动力和技能短缺问题，美国国会将对国家科学基金会总共拨款 2 亿美元（每个财政年度 2500 万美元）。

相关资金将按年度分批拨付。例如，2022 财年拨款 20 亿美元用于创建美国国家半导体技术中心，拨款 25 亿美元用于建立先进封装制造计划，5 亿美元用于美国商务部技术标准与创新研究院的微电子研究项目和美国制造研究所。

另外，《芯片和科学法案》对相关企业提供 25%的税收抵免优惠，总额约 240 亿美元。

《芯片和科学法案》颁布后，美国在白宫设立了芯片实施指导委员会，美国商务部在标准和技术研究院建立了芯片计划办公室和芯片研发办公室，作为落实法案内容的主要机构(相关机构具体情况后面将详细介绍)。

第二篇　政策布局篇

从 20 世纪 90 年代开始，美国就开始重视创新生态，并将制造业环节作为创新生态的一个重要组成部分，但是即使在 2008 年推行"再工业化"政策、2012 年发布制造业战略后，美国政府始终没有对制造环节提供直接支持，而是更多地关注技术研发与产业化生产之间的"死亡之谷"问题。直到《芯片和科学法案》发布后，美国才真正地从前沿技术研发、研发成果转化（包括研发基础设施建设等）、生产制造、人才培养等整个产业生态视角布局，全面推动半导体业的发展。虽然美国对半导体制造环节提供补贴，但并不是为制造而制造，不是以培育制造业龙头企业为主要出发点，而是将制造企业视为整个创新链和产业链的重要组成部分，要求制造企业与上下游企业加强协作，并尽量获得地方政府支持，形成良好的产业集聚区。在对制造企业提供补贴的同时，美国政府投入大量资金支持前沿技术研发和先进研发设施建设。所以，对美国政府而言，其对产业的支持从来不是仅仅瞄准当下的技术和制造能力，而是着眼于前沿技术创新和先进制造工艺开发，是为了获取后摩尔时代的竞争优势，为了提高未来产业的竞争力，为了推动整个产业生态的持续发展。

第三章

对半导体制造业前所未有的重视

虽然 2008 年以后，美国大力推动"再工业化"政策，并制定了制造业战略，但当时美国一直强调运用创新政策弥补技术研发和产业化之间的"死亡之谷"，而反对直接支持特定产业或企业，没有对制造环节直接给予支持。最终，这一做法并没有孵化出大量制造企业，没有真正实现振兴制造业的目标。《芯片和科学法案》一改之前的做法，强调对半导体制造环节提供资金资助。

一、对制造业进行战略投资的必要性：历史经验

20 世纪五六十年代，美国主导了大多数关键的战略产品和市场，包括程控电话系统、计算机、汽车、轮船、飞机和一般消费电子产品。开发这些产品和服务的技术大多来自美国的知名实验室，如 AT&T 的贝尔实验室和美国无线电公司（Radio Corporation of America，RCA）的萨诺夫（Sarnoff）实验室。贝尔实验室贡献了开创性的技术发明，包括数据网络、晶体管、蜂窝电话、激光技术和数字信号处理。萨诺夫实验室为美国提供了单色兼容的电子彩色电视、液晶显示器和适用于电视及摄像机的薄膜技术等。这些产品及其组件的制造主要由美国公司主导，随着电子产品的日益成熟，它们越来越依赖于信息的收集、处理和分发。从事信息存储和处理的很多公司随之迅速发展起来，包括通用电气（GE）、IBM、美国无线电公司、摩

托罗拉、真力时（Zenith）、西凡尼亚（Sylvania）、柯达、安派克斯（Ampex）、西部电气（Western Electric）等。

但是，后来整个美国制造业的竞争优势却随着制造外包而慢慢消失了。以安派克斯为例，可以清楚地看出这一过程。1956 年，位于加利福尼亚州的安派克斯发明了录像机，拥有与该技术相关的 90% 的专利，并在几年内主导了市场。后来，索尼等日本企业从安派克斯获得了生产录像机的许可，制造出可供消费者使用的低成本录像机。但是，当时的卷轴录像机画质很差，操作起来也不方便。1970 年，安派克斯推出了一种名为盒式磁带录像机（Video Cassette Recorder，VCR）的视频产品，市场反响非常好。虽然安派克斯拥有几乎所有的专利，但它没有资金也没有相应的制造能力。当时，美国的摩托罗拉公司生产电视、半导体和其他消费电子产品，具有生产相关产品的能力。但是，安派克斯不希望在美国本土出现另一个竞争对手，因而拒绝将产品授权给摩托罗拉生产。

安派克斯派人前往日本与东芝董事长兼创始人土光敏夫（Toshio Doko）达成生产协议。根据协议，东芝将承担制造产品所需的大部分投资，并在日本拥有全部营销权。安派克斯将负责产品的设计，以及在日本之外的其他国家进行销售的权利。然而，由于安派克斯多年来一直管理不善，双方合作一年后，安派克斯就面临破产，管理层取消了所有流动性不足的项目，盒式磁带录像机也在其中，但安派克斯提供给东芝的技术知识却留在了东芝手中。四年后，东芝研发出家用录像系统（VHS）和 Beta 技术，使盒式磁带录像机可以生成高质量图像。很快，盒式磁带录像机成为当时最成功的消费电子产品，而美国却已经退出了这一业务。

盒式磁带录像机当时被称为"集成电路野猪"，因为它使用的半导体比之前推出的任何产品都多，这一需求推动了亚洲对半导体行业的重大投资。当东芝推出最新盒式磁带录像机时，美国仍在半导体市场完全居于主导地位。但是，在该产品的带动下，到 1986 年，日本的半导体产能就已经超过了美国。实际上，盒式磁带录像机带动的不仅仅是半导体市场，还带动了显示器、光学、磁带市场，半导体还被更广泛地应用于汽车、录像机、电话、照相机、电视、收音机等行业。因此，日本汽车工业比美国早几年采用半导体技术，汽车娱乐系统、自动雨刷、电子锁和其他控制装置也比美国出现得早。事先没有人想到失去一个盒式磁带录像机的制造能力，会对后续那么多产业的发展产生影响。

制造外包的结果对美国工业来说是灾难性的，它失去了很多制造知识，制造企业也慢慢没落了。美国无线电公司曾是世界上最大的消费电子产品制造商之一，后来却被通用电气收购，随后被出售给外国公司。摩托罗拉曾经是美国主要的消费电子公司和半导体制造商，最先发明了手机，却一度陷入困境，其大部分消费电子业务被卖给了中国联想公司，半导体业务最终被欧洲的恩智浦收购。发明电视遥控器的真力时消失了，其高清电视技术被卖给了韩国的 LG 公司。最早发明数码相机的柯达公司，却因为不舍得放弃柯达彩色胶片，结果破产了。西凡尼亚，世界上最大的电致发光体制造商消失了。AT&T 已被拆分，其制造部门西部电气也不复存在。IBM 主导了个人电脑业务，但最终把该业务卖给了联想。今天，与许多其他美国消费电子设备制造商一样，苹果公司从中国台湾半导体制造公司购买大部分芯片，并从中国台湾、中国大陆和亚洲其他地方的富士康购买组件。虽然美国仍在软件领域具有显著的竞争优势，但是软件并不存在于真空中，软件必须和半导体、计算机、显示器、电话和其他通信硬件结合在一起才有价值。[①] 又如，美国发明了光伏电池的大量基础技术，却在产品制造上止步不前，一个原因就是光伏电池制造用到了许多与微电子产品制造同质的工艺技术。夏普、三洋和京瓷等亚洲企业能利用自身在材料和半导体技术方面的专长，且大多位于或靠近电子产业集中区域，所在区域拥有完善的配套体系，然而美国并没有这一优势。

总之，一个国家或公司若只有制造上的竞争优势而没有创新能力，将很难发展得长远，但有创新能力而没有竞争力较强的制造能力也很难将创新能力商业化。而且，随着技术的发展和时间的推移，一个领域的制造优势迟早会成为其他领域的优势。所以，制造是创新生态的重要组成部分，而不是没有价值的"宠物"业务。从长期来看，宠物业务也可能成为明星业务，而明星业务也可能成为现金牛业务。但是，失去的制造优势要恢复非常难，且先进制造业所需的投资基本呈递增趋势，半导体业尤为明显。由于摩尔定律的存在，制造费用一直呈指数级增长。假设计算能力按照摩尔定律的预测每 18～24 个月翻一番，那么今天的计算能力大约是集成电路发明时的 40 亿倍。同时，维持摩尔定律所必需的机器设备等基础设施所需的

---

① RICHARD ELKUS Jr.. U.S. Competitiveness: Where Do We Stand? What Do We Do Now? 2021.06.

资本投资也呈指数级增长——60 年前耗资数百万美元的投资，如今需要耗资数十亿美元。1983 年的逻辑芯片制造工厂耗资约 5000 万美元，如今，同一工厂的成本可能高达 300 亿美元。设立新的半导体设计企业或建造新的半导体工厂所需的专业知识和人力资本同样呈指数级增长。例如，2020 年 4 月的一项研究发现，今天实现摩尔定律所需的研究人员数量是 20 世纪 70 年代初期所需数量的 18 倍以上。[①]因此，美国认为必须对制造业进行重大的直接投资，而且必须是战略性的。

二、芯片制造成功的目标

长期以来，美国都是半导体业的领导者。据美国半导体行业协会分析，目前全球半导体收入为 5560 亿美元，美国公司仍占市场的 47%，半导体仍是美国第四大出口产品。虽然总部设在美国的公司在全球半导体设计者中占主导地位，美国半导体收入占全球近一半，但对先进制造业的长期投资不足，以及私营公司向海外设施的转移最终阻碍了美国在国内制造半导体的能力。2020 年美国制造的芯片仅占全球芯片制造的 12%，低于 1990 年的 37%；据估计，到 2030 年，美国的半导体制造将可能占全球不到 10%，封装份额更是降到 3%；2021 年，85%的半导体制造设备运往亚洲国家(其中 28%运往中国)，而只有 7%的制造设备在北美；2022 年 5 月的风险投资报告显示，只有 18%的受资助半导体初创公司位于美国，而位于中国的达 59%。美国认为，这不利于其供应链安全和国家安全。保持在半导体领域的全球领导地位，是确保美国经济繁荣和国家安全的优先事项，而对领先地位的威胁就是对其经济繁荣和国家安全的威胁。

为此，2021 财年美国国防授权法案授权联邦政府资助半导体制造和研发活动(简称"芯片计划")，2022 年《芯片和科学法案》再次对芯片计划授权，并对美国商务部拨款 500 亿美元，促进相关技术、生产制造和人才培养，以提高美国的长期竞争力和创新优势。同年 9 月 6 日，美国商务部发布《美国芯片资助战略》[②]，明确了 500 亿美元的芯片投资安排，提出了重振美国半

---

① STEPHEN EZELL. An Allied Approach to Semiconductor Leadership, 2020.09.

② Department of Commerce. A Strategy for the CHIPS for America Fund, 2022.09.

导体产业发展的四个战略目标：其一，投资生产对美国具有战略意义的芯片，尤其是先进技术芯片；其二，在美国构建充足、可持续和安全的半导体供应链，以满足国家安全和关键产业的发展需要；其三，加强美国在研发方面的领导地位，促进下一代半导体技术、应用和行业发展；其四，培养多元化的半导体产业劳动力，促进半导体业繁荣。

2023 年 2 月 28 日，美国商务部芯片计划办公室发布了《成功的愿景：商业制造设施——芯片激励计划》的愿景报告[①]，提出了 2030 年前要实现的制造领域愿景目标。

1. 尖端逻辑芯片

芯片制造业的衰退导致供应链脆弱，也侵蚀了美国的技术领先地位，而芯片计划办公室的优先事项是帮助美国再次以可持续的方式生产具有竞争力的尖端芯片。为了避免依赖单一集群的风险，美国芯片计划办公室计划投资至少两个大型芯片制造集群。每个集群都需具有一定规模、良好的基础设施和其他竞争优势，以确保未来即使没有芯片计划办公室的补助资金，芯片厂商仍愿意在美国持续投资芯片制造业。美国芯片计划办公室将优先考虑那些在美国增加研发投资的申请企业，如建设美国国内研发实验室，这有助于促进新的前沿工艺技术转移到生产中，也表明了芯片制造商具有在美国进行长期投资的意愿。美国芯片计划办公室鼓励申请企业采取措施吸引关键供应商在同一地区设厂、建设基础设施，或将供应商纳入企业的劳动力发展计划、研发计划中。目前，美国军方无法从本土采购尖端芯片，导致关键军事系统容易受到供应中断的影响。今后，美国国防部和安全部门将能够获得本国生产的安全的尖端逻辑芯片。

2. 先进封装

组装、测试和封装是半导体生产的最后步骤，历来是劳动密集型的。封装主要包括两类：常规封装和先进封装。虽然出于国家安全目的，美国本土必须保有一些常规封装产线，但通常很难在美国建设具有竞争优势的常规封装设施。美国芯片计划办公室将通过与其他部门协调，帮助美洲和印太地区

[①] Department of Commerce. Vision for Success: Commercial Fabrication Facilities——CHIPS Incentives Program, 2023.02.

的盟友国家吸引常规封装生产投资。同时，美国芯片计划办公室将补助美国的先进封装项目，这是保持逻辑芯片和存储芯片生产优势的关键。美国芯片研发办公室已经制订了国家先进封装制造计划，以促进未来十年先进封装技术快速发展，加速推进人工智能、云计算、下一代通信等战略性产业发展。因此，美国芯片计划办公室为先进封装计划设定了这样的目标：到 21 世纪20 年代末，建设多个大批量先进封装设施。

3. 尖端内存芯片

美国的晶圆厂将以具有竞争力的价格生产大批量的 DRAM 芯片。与逻辑芯片不同，存储芯片是标准化、同质化的。因此，不同产品主要比拼的是性价比，美国企业需要达到一定规模才可能具备竞争优势。美国芯片研发办公室为存储芯片设定了这样的目标：到 21 世纪 20 年代末，美国晶圆厂将以一定的竞争优势生产大批尖端的 DRAM 芯片。美国欢迎企业投资设立先进的DRAM 产线，尤其是那些可以降低生产成本的创新企业。此外，随着先进封装技术的发展，存储芯片和逻辑芯片需要协同工作以实现先进计算能力，并更紧密地集成在单个或共同封装的芯片上。

4. 生产当前一代和成熟工艺芯片

美国将提高对经济和国家安全最重要的当前一代和成熟工艺芯片的生产能力，如用于汽车、航空航天和国防、医疗设备或其他关键部门的半导体。美国将增加化合物半导体和其他特种芯片的产量并保持技术领先地位，因为碳化硅或氮化镓等复合材料制成的半导体将越来越成为国防应用、电动汽车和下一代通信基础设施的核心。美国不寻求在芯片制造方面实现自给自足，而是希望与盟友和合作伙伴加强协调，确保当前一代和成熟工艺芯片的生产弹性。

三、申请芯片生产补贴的相关规定

目前，在一个半导体生产线下线之前，新晶圆厂的建设成本为 150 亿～200 亿美元，最先进晶圆厂 10 年的生产成本（包括初始投资和年度运营成本）

高达 400 亿美元。[①]毫无疑问，这一费用不是一般企业能够负担的，而一国政府的税收抵免和相关激励措施对企业决定在何处选址显然具有重大影响。美国半导体行业协会认为，过去四十年来美国在全球半导体生产中份额不断下降，目前已下降至12%左右的水平，主要原因就在于此，即其他国家的政府在芯片制造方面给予了大量补贴，而美国政府却没有提供相应补贴。所以，《芯片和科学法案》决定为美国晶圆厂建设提供 390 亿美元补贴，其中 2022 财年将拨付 190 亿美元。

在《美国芯片资助战略》中，美国商务部曾提出了企业获得补贴的一系列条件。

(1)鼓励私人投资。芯片计划是一项长期的计划，仅靠 390 亿美元的联邦资金和税收抵免不足以产生满足国家和经济安全所需的产业能力。美国商务部鼓励利用其他资金，鼓励半导体企业探索创新性融资结构，降低资金整体成本，优先支持私人资本较多的项目，这将增加可用投资的规模，并确保美国政府的芯片补贴能够补充而非挤出私人投资。

(2)建立半导体生态系统。申请者可以是从事半导体或其材料、设备生产或研发的私营企业、非营利实体。美国芯片计划办公室鼓励申请企业创造性、全面地思考如何为项目融资，将鼓励其与投资者、客户、设计企业、供应商、国际公司等开展合作，以促进创新，降低风险。除了投入自己的资金并在风险回报范围内寻求第三方投资，申请企业还应考虑申请芯片贷款和/或贷款担保作为补充。

(3)美国商务部希望优先补贴州和地方给予较大支持的项目，这些项目的溢出效应会更大，有助于提高地方竞争力和整体经济效益，促进区域和地方产业集群及半导体生态系统的发展。

(4)建立安全且有弹性的半导体供应链。努力提高半导体供应链的安全性，优先解决的供应链风险应包括但不限于以下几方面：需求可见性差，单一采购来源，交通、运输和物流瓶颈，与天气有关的供应链中断，信息伪造和篡改，知识产权盗窃和网络安全漏洞。

(5)满足日益增长的人才需求。芯片不同工种的需求都在增加，如工艺工

---

① STEPHEN EZELL. Why America Needs Semiconductor Legislation to Bolster Its Economic and National Security, 2022.01.

程师、材料科学家、工业操作专家、工程技术人员、设备操作员和安装人员，以及洁净室建筑工程师、建筑工人、焊工和管道安装工等，因此必须创新人才培养和培训方式。美国商务部鼓励雇主、培训机构、工会等相关方加强合作，提供更多的带薪培训和体验式学徒计划。

（6）提供包容性发展的机会。美国商务部力求确保芯片投资为广泛的利益相关者和社区创造利益，包括初创企业，少数族裔、退伍军人和女性创建的企业，以及农村地区的企业等。

（7）提供明晰的财务计划。申请企业需要提供项目和企业的详细财务数据，美国商务部将会详细考察项目的财务因素，包括申请者对项目的贡献、项目的债务和股权比率、贷款偿还条件，以及贷款担保、费用和成本等，确保每个项目的财务情况清晰透明。

在此基础上，2023 年 2 月 28 日，美国芯片计划办公室发布了针对晶圆制造和封装、测试设施的补贴细则。此外，芯片计划办公室还计划于 2023 年春末发布针对半导体材料和制造设备企业的补贴细则，于秋季发布针对研发设施的补贴细则。美国商务部从 2023 年 2 月 28 日开始接受所有潜在申请企业的意向书，从 3 月 31 日开始接受前沿设施的预申请和完整申请，从 5 月 1 日开始接受当前一代、成熟工艺和后端生产设施的预申请，从 6 月 26 日开始接受完整申请。

相关补贴不是全部以资金形式提供，而是通过直接补贴（通过赠款、合作协议或其他交易）、联邦贷款和/或第三方贷款的联邦担保等形式提供。项目可以获得的直接补贴金额不固定，将由芯片计划办公室通过对项目预期回报等因素进行严格评估和分析来确定，大多数补贴金额预计为项目资本支出的 5%～15%。项目可能获得的贷款或贷款担保金额也不固定，将根据项目的融资需求和风险状况而定。芯片计划办公室普遍预计，包括直接补贴和贷款或贷款担保在内的补助总额不会超过项目资本支出的 35%。美国政府鼓励企业申请先进制造投资抵免优惠，这是一项由美国国税局管理的单独融资项目，可对制造投资提供税收优惠。

（一）申请流程

晶圆制造和封装、测试设施的补助涉及以下五个步骤的申请流程。

其一，利益声明。申请企业必须简要描述拟申请的项目，以便芯片计划办公室可以评估对该项目的兴趣并进一步审查。

其二，预申请(可选项)。在此阶段，申请企业可以选择提交更详细的项目计划说明。芯片计划办公室将提供有关预申请的书面反馈，包括向申请企业提出后续步骤的建议(即申请企业是否应提交修改后的预申请、完整申请，或两者都不提交)。

其三，完整的申请。完整的申请包含有关项目的详细信息，包括技术和财务可行性，以及与经济和国家安全目标的一致性。作为流程的一部分，芯片计划办公室可能会要求申请企业提交进一步的信息。在进入尽职调查阶段之前，芯片计划办公室会寻求达成一份不具约束力的初步备忘录，其中将包括对补贴金额和形式的建议，还可能包括与其他战略目标相关的条款。

其四，尽职调查。如果芯片计划办公室确定申请企业较有可能获得补贴，并且芯片计划办公室和申请人同意或预见会达成不具约束力的初步备忘录，申请将进入全面的尽职调查阶段。在这一阶段，芯片计划办公室将要求申请企业提供有关国家安全、财务、环境等信息，并将由申请企业承担与顾问和/或律师合作的费用，以验证申请材料中信息的真实性。

其五，准备并发放补贴资金。成功完成尽职调查后，美国商务部将准备发放补贴，相关资金和贷款最终将根据项目进展分批发放。

(二)优先考虑的因素

申请企业如果具有以下六个方面的优势，芯片计划办公室将优先考虑给予资助。

其一，经济和国家安全。半导体供应链是全球性的，供应链的不同要素在地理上集中在世界的不同地区，可能存在一系列供应链风险。芯片计划办公室将重点补贴有利于增加美国半导体生产并有助于加强全球供应链的项目，这有助于增进美国的国家安全利益。申请企业在多大程度上解决了经济和国家安全目标也是芯片计划办公室最为看重的。

其二，商业可行性。申请企业必须制订可靠的现金流和持续投资计划，并承诺进行必要的投资和项目升级，以确保长期的商业可行性。

其三，财务实力。申请企业将被要求提交详细的财务计划，包括预计现金流量、内部收益率和盈利指标。政府的资助本身不足以建立符合经济和国家安全目标所需的半导体生产能力,因此要求申请企业最大限度地提高投入。

其四,技术可行性和准备情况。为证明技术可行性,申请企业需要提供明确的项目执行计划,包括主要建设地点和运营节点、建设权和许可及关键的合同安排。

其五,劳动力发展。申请企业必须致力于培养并拥有一支高技能、多样化的劳动力队伍,并介绍其雇用弱势群体员工的计划。鼓励申请企业与政府组织、教育机构、工会、行业协会和其他战略伙伴合作,满足其所在地区半导体行业的需求。任何申请金额超过 1.5 亿美元的申请企业都必须提供一项计划,为建筑工人和生产工人提供负担得起、方便、可靠和高质量的儿童照护服务。

其六,更广泛的影响。芯片计划办公室将根据申请企业的计划评估结果决定是否对项目提供资助,相关计划包括在美国建立研发设施,支持芯片研发计划,为少数族裔、退伍军人和女性拥有的企业创造机会,展示其气候和环境责任,提高经济包容性,承诺使用美国生产的钢铁和建筑材料等。

(三)纳税人保护

芯片计划办公室将严格监控资金的使用,以保护纳税人的资金得到有效利用,并确保企业兑现承诺。补贴资金将基于严格的财务分析和尽职调查发放,获得超过 1.5 亿美元直接补贴的企业,在其收益超出最初预期的商定门槛后,需要与美国政府分享超额部分的收益。补贴细则中将这一规定称为"上行分享",预计"只有在项目大大超过其预计现金流或回报的情况下,上行分享才会实施,并且不会超过直接补贴额的 75%"。这些收益将用于进一步实现《芯片和科学法案》目标,加强美国半导体生态系统建设。此外,申请企业不得使用芯片补贴进行股息或股票回购。

补贴资金将根据建设和运营节点分批拨付。芯片计划办公室将要求申请企业提供广泛的报告,以便评估其承诺兑现的程度和计划目标的实现程度。申请企业将遵守申请时做出的承诺,否则芯片计划办公室可能会扣留或暂停拨付补贴资金、终止补贴和/或要求退还资金,或者采取其他可能的补救措施。

（四）国家安全护栏

根据 2023 年 2 月 28 日发布的芯片补贴愿景，美国致力于至少建设两个新的大型前沿逻辑工厂集群、建立大型先进封装设施，以具有经济竞争力的条件生产大批量前沿 DRAM 芯片、提高对美国经济和国家安全最重要的当前一代和成熟工艺芯片的生产能力。同时，美国积极防范接受补贴的企业在被其认为敌对的"受关注"国家扩大投资。3 月 21 日，美国商务部发布了《防止芯片和科学法案补贴资金不当使用》①法规，建议为芯片补贴资金制定国家安全护栏，以维护美国的技术和国家安全。所谓国家安全护栏，是指为了确保接受美国芯片补贴的企业不会在"受关注"或"令人担忧"的国家投资半导体制造，以免其用于针对美国或其盟国的目的。该法规明确指出，"令人担忧"的国家主要是指中国、俄罗斯、伊朗和朝鲜（以下简称"相关国家"）。同一天，美国商务部发布了安全护栏相关规则，主要内容包括以下几方面②：

（1）限制在相关国家增加先进半导体的生产投资。获得美国政府补贴的企业，10 年内不允许在相关国家建设新的先进半导体工厂或扩大现有先进产线规模。限制涉及两个层面，一是投资金额不能超过 10 万美元，二是产能扩张不能超过 5%。如果违反这些规定，美国商务部将收回全部补贴资金。这里的先进半导体指的是 28 纳米以下逻辑芯片、18 纳米以下 DRAM、128 层以上的闪存。

（2）限制在相关国家扩大现有传统半导体的生产投资。传统半导体指 28 纳米以上逻辑芯片、18 纳米以上 DRAM，或 128 层以下的闪存。禁止被补贴企业增设新的传统半导体工厂或将现有工厂的生产能力扩大 10%以上，除非这些设施的产出"主要服务于"生产国国内市场，接受补贴的企业才能增设新的产线。主要服务于生产国国内市场的标准是至少 85%的半导体产品用于该国最终产品的生产。如果被补贴企业要在上述规定之外扩大传统半导体生产规模，将需要通知美国国防部，以便美国国防部确认是否符合国家安全护栏要求。

---

① Department of Commerce. Preventing the Improper Use of CHIPS Act Funding, 2023.03.

② Department of Commerce. Commerce Department Outlines Proposed National Security Guardrails for CHIPS for America Incentives Program, 2023.03.

(3)将半导体归类为对国家安全至关重要的产品。该法规将一系列半导体归类为对国家安全至关重要的产品，包括用于量子计算、辐射密集型环境和其他专门军事用途的当前一代和成熟工艺芯片，具体清单将由美国商务部、国防部和情报部协商制定。这意味着尽管该法规允许被补贴企业在一定条件下扩大在相关国家传统芯片的生产，但实际上获批的可能性很小。

(4)加强美国的出口管制。2022年10月，美国商务部工业与安全局(BIS)实施了出口管制，以防止中国购买和制造增强其军事能力的先进芯片。该法规对逻辑芯片提出了更严格的限制。

(5)与外国被制裁实体的联合研究和技术许可限制。该法规限制被补贴企业与外国相关实体就引起国家安全问题的技术或产品开展联合研究或技术许可合作。联合研究是指由两个或更多企业进行的研究和开发，技术许可为向另一方提供专利或技术诀窍等。除了法规中列出的受关注的外国实体，还增加了来自美国商务部工业与安全局实体清单、美国财政部的军工复合体(NS-CMIC)清单、联邦通信委员会安全和可信通信网络法案清单。该法规详细说明了对国家安全至关重要的技术、产品和半导体类别，要求其与美国出口管制规定保持一致，并由美国商务部、国防部和情报部协商制定。

(6)先进制造业投资信贷。该法规与美国财政部同一天发布的先进制造业投资信贷抵免的国家安全护栏条款保持一致[①]。按照规定，接受信贷抵免的企业(或其关联公司)在申请抵免的10年内，如果参与了某项重大交易，且该交易极大地扩大了其在相关国家的半导体制造能力，则会被收回之前所有年份获得的全部信贷抵免。美国商务部和财政部一直在芯片补贴资金和投资税收抵免方面密切协调，以确保这些激励措施是互补的，并有助于实现美国的经济和安全目标。

针对上述规定，不少企业感到有压力。2023年3月30日，韩国产业通商资源部称，美国半导体补贴资格的限制可能成为三星和SK海力士等韩国公司的"负担"。企业需要与美国政府分享超额利润，报告详细的成本结构及预计的晶圆产量、利用率和价格变化等。芯片交易中最重要的是成本结构，

---

① Department of the Treasury. Treasury Department Mobilizes Semiconductor Supply Chain Investment Incentives with Key CHIPS Investment Tax Credit Guidance, 2023.03.

一旦提交相关信息，可能会暴露公司的商业机密。同日，台积电也表示，无法接受部分补贴条款，要与美国商务部沟通后，才会提出申请。

四、补助政策成效明显

2021年以来，美国一方面强迫半导体企业提供客户信息、销售数据、芯片库存、扩产计划等企业机密信息，以提高芯片供应透明度，同时发挥其"长臂管辖权"并通过各种盟友关系，要求制造企业到美投资设厂；另一方面通过芯片计划500多亿美元的激励措施吸引企业前来设厂。在"胡萝卜加大棒"的双重政策下，不少企业增加了投产计划。

（一）全球知名半导体厂商纷纷公布了在美国的扩产计划

从目前看，美国俄亥俄州、得克萨斯州、纽约州、亚利桑那州、爱达荷州、弗吉尼亚州、北卡莱罗纳州、犹他州等不同州都吸引到半导体企业前来投资，且基本得到了州和地方政府的支持。

2021年3月，英特尔CEO基辛格提出"IDM2.0"战略，要求建设面向大规模制造的全球化内部工厂网络，扩大采用第三方代工产能，打造世界一流的代工业务。英特尔还设立了单独的代工业务部，并投资10亿美元资金助力x86、ARM和RISC-V三种芯片架构的创新发展。2023年4月，英特尔代工业务部和ARM公司达成合作，使芯片设计人员能够基于更先进的英特尔18A工艺构建系统级芯片（SoC）。合作将首先关注移动设备的SoC设计，并逐步扩展到汽车、物联网、数据中心、航空航天和政府应用。2022年1月，英特尔宣布将在俄亥俄州哥伦布市（Columbus）投资200亿美元建设两家芯片制造工厂，并计划最终投资1000亿美元，建造全球最大的芯片制造基地，总计包含8座晶圆厂。英特尔还承诺出资1亿美元，与教育机构合作，建立人才渠道，并支持俄亥俄州的研究项目。此前，英特尔已经宣布投资200亿美元在美国亚利桑那州兴建2座晶圆厂。

2021年11月，三星宣布计划在得克萨斯州建立一个170亿美元的晶圆厂，泰勒市（Taylor）和周围的威廉姆森县（Williamson County）为三星提供了前10年超过90%的财产税减免，得克萨斯州提供了额外的2700万美元补贴。2022

年 5 月,德州仪器宣布其位于得克萨斯州谢尔曼(Sherman)的全新 12 英寸半导体晶圆制造基地正式破土动工,投资共约 300 亿美元,计划建造 4 座工厂。此外,2023 年 2 月,德州仪器宣布,计划投资 110 亿美元在美国犹他州李海(Lehi)建造第二座 12 英寸晶圆厂,新晶圆厂预计将于 2023 年下半年开始建造,最早于 2026 年投产。2022 年 6 月,中国台湾环球晶圆公司宣布,将在得克萨斯州投资 50 亿美元建全美最大的 12 英寸晶圆厂,该厂已于同年 12 月正式动工。

2022 年 8 月,高通公司斥资 42 亿美元,以扩大对格罗方德在纽约州北部工厂的芯片采购。2022 年 8 月,台积电在亚利桑那州投资 120 亿美元建设了一座 5 纳米晶圆厂,还表示将建设从事 3 纳米工艺生产的第二工厂,且派出数千名工程技术人员前往美国参与工厂建设、生产、管理,同时计划在弗吉尼亚州建设第三个晶圆工厂。2021 年 4 月,苹果公司表示计划未来 5 年,在美国投资 4300 亿美元以上,其中在北卡罗来纳州投资 10 亿美元以上在研究三角地区建设一个新的园区和工程中心,还将投资数百亿美元用于下一代硅开发和 5G 创新。

2022 年 8 月,美光宣布,将在 2030 年前在美国投资 400 亿美元,分阶段在美国建设先进的存储芯片制造设施,这也是到目前为止美国最大的存储芯片制造项目。随后,美光宣布投资约 150 亿美元,在爱达荷州博伊西(Boise)建造存储芯片厂,预计 2025 年投入运营。同年 10 月,美光宣布,将在未来 20 年内斥资 1000 亿美元在纽约州兴建大型晶圆厂,加速发展美国本土半导体制造业。此外,SK 海力士宣布将在美国选址建设一家先进的芯片封装工厂,预计耗资数十亿美元,在 2025—2026 年实现量产。该厂将用于封装 SK 海力士自家的内存芯片和其他美国公司的逻辑芯片。

自 2023 年 2 月,美国发布第一份补助细则以来,至 2023 年 4 月中旬,美国商务部共收到 200 多份申请,涉及 35 个州,涵盖整个半导体生态系统。其中,一半以上的申请项目集中在晶圆制造、封装、测试环节。

(二)多国(地区)纷纷跟进美国政策

美国政府对半导体产业的支持政策,在全球引起连锁反应,很多国家相继出台类似的政策吸引企业增资扩产,最终是否可能导致整个产业产能过剩还有待观察。

在欧洲，2022 年，意大利计划到 2030 年拨款超过 40 亿欧元，吸引芯片厂商投资建厂。西班牙批准一项计划，表示到 2027 年，将向半导体和微芯片行业投资 122.5 亿欧元，其中 93 亿欧元用于补助建厂。此外，西班牙还将设立一个 2 亿欧元的芯片基金，为当地半导体初创企业开拓业务提供资金。德国政府希望用 140 亿欧元补贴吸引芯片制造商设厂。其中，英特尔已决定在德国马格德堡投资 170 亿欧元建造其在欧洲的超级芯片制造厂，这是迄今为止德国乃至欧洲范围内最大的一笔外国直接投资。德国芯片制造商英飞凌公司计划在德国东部城市德累斯顿投资 50 亿欧元新建工厂，以扩大其 300 毫米晶圆的生产能力。台积电正积极评估在德累斯顿市建设半导体工厂的可行性，预计将生产成熟工艺的 22～28 纳米芯片。格罗方德与意法半导体计划投资近 40 亿欧元，在法国建立一家半导体工厂。2023 年 5 月，英国科学、创新和技术部宣布了一项国家半导体战略，表示将在未来十年投资 10 亿英镑（约合 12.4 亿美元），以推动英国半导体产业的发展。

在亚洲，2022 年，韩国发布了《半导体超级强国战略》，确立了"打造实力雄厚的企业，培养优秀半导体人才，成为半导体超级强国"的愿景；发布了《国家战略技术培育方案》，将半导体、二次电池、显示器等的生产技术指定为"十二大国家战略技术"。2023 年 3 月，韩国国会通过《税收特例管制法》修订法案，扩大对半导体行业投资的税收优惠，将三星和 SK 海力士等大型企业的投资税收优惠从之前的 6% 提高到 8%；中小型企业的税收减免保持不变，分别为 8% 和 16%。同月，韩国表示计划投资 300 万亿韩元（约合 2298.1 亿美元）在首都圈打造"全球规模最大的系统芯片集群"，并在地方新建 14 个国家尖端产业园区。韩国产业部表示将在半导体领域选定 3 项任务和 4 个项目，以打造"尖端系统芯片强国"为目标，研发应用于交通、能源、家电的芯片，以及应用于四级以上自动驾驶汽车的芯片、1 纳米以下芯片尖端封装的核心基础技术。为了强化韩国半导体领域的竞争力，韩国知识产权局（KIPO）从 2022 年 11 月开始实施半导体优先审查制度。但是，由于审查员分散在电气（元件/工程）、化学（材料）、机械（装备）部门，很难形成合力。2023 年 4 月，韩国知识产权局和行政安全部表示，将新设专门负责审查半导体技术专利的半导体审查推进小组。该推进小组是世界主要专利局中第一个创建的半导体专门审查部，预期可实现对制造组装工艺、材料、设备等整个半导体领域的全面审查，为韩国企业开发的尖端技术建立严密的专利网。在相关政策吸引下，不仅三星、SK 海力士等韩国企业加大了半导体投资力度，国外企业也增加了在韩投资。例如，2022 年 11 月，荷兰阿斯麦公司（ASML）位于韩国华城的半导体集群项目正式动工，该项目投资 1.81 亿美元，计划 2024 年建成，包括维修中心、培训与研发中心、教育及体验中心。除了韩国，中国台湾的"行政院"也于 2022 年 11 月通过了被称为"台版芯片法"的《产业创新条例》修正案，对半导体企业的前瞻研发及购入先进设备给予税收优惠，其中前者的税率优惠高达 25%，后者为 5%且无机器或设备支出金额上限要求。二者均可抵减当年企业所得税，抵减总额最高不得超过税额的 50%。

日本 2022 年版的《制造业白皮书》指出，日本制造业因全球半导体产能不足而受到严重影响。日本指定包括半导体、电池和稀土在内的 11 个关键领域为"即使在紧急情况下也需坚定保护的关键物项"。2023 年 4 月，日本经济产业省公布《半导体数字产业战略》修正案，确定到 2030 年半导体和数字产业的发展目标为国内销售额提高至目前的 3 倍，超过 15 万亿日元（约合 103 亿美元）。为实现这一目标，将需要官方和民间追加约 10 万亿日元投资。在日本政府的支持下，多家企业已增加投资。台积电已决定将其在日本第一个工厂的投资增加至约 1 万亿日元（约合 86.45 亿美元），日本提供一半政府补贴。台积电还决定在日本投资建设第二个晶圆厂。台积电还宣布在日本设立半导体设计中心。该设计中心是台积电总部研发部门的直属机构，也是台积电继神奈川县横滨市之后在日本设立的第二个设计中心，主要负责为使用半导体的企业提供设计支持，预计将成为台积电在海外最大规模的两个设计中心。日本京瓷集团也计划扩大对半导体领域的投资，未来 3 个财年将投资总额增加到 1.3 万亿日元（约合 97.8 亿美元）。

此外，2023 年，美国和加拿大表示，双边将合作建设一条"跨境半导体制造走廊"，加拿大还将向半导体行业投资约 2.4 亿加元（约合 1.89 亿美元），以支持对国家安全和技术进步至关重要的芯片的制造和研究。

第四章

为半导体制造提供良好的政策环境

为了促进制造业发展，美国政府除了提供资金补助，还积极为建设厂房等基础设施、人才培养提供支持，并提供税收等方面的便利。

一、给予制造项目 25% 的税收优惠

根据美国总统科技顾问委员会 2011 年发布的报告，税收问题一直是美国关注的影响制造业发展的重要营商环境问题之一。其一，美国平均的综合边际企业收入税率（联邦、州和地方）为 39.21%，高于除日本（39.54%）以外的任何其他经合组织国家，经合组织国家的税率平均值仅为 30% 左右。德国、法国、加拿大、英国的合并税率分别为 30%、34%、29.5%、28%；较小的国家则更是低得多（智利为 17%，爱尔兰为 12.5%）。其二，企业将在美国境外产生的现金汇回本国，如果国内税率超过国外税率，则还需缴纳国内税，这会阻止企业将利润用于国内生产。其三，美国的研发税收抵免政策自 1981 年推出以来一直是临时性的，需要定期更新，由国会批准，这给依赖可预测条件的企业带来了长期规划的不确定性。[①]

---

① President's Committee of Advisors on Science and Technology. Report to the President on Ensuring American Leadership in Advanced Manufacturing, 2011.06.

　　因此，最近几任美国总统均将减税作为促进制造业发展的重要举措。2010年12月，奥巴马签署了总额8580亿美元的减税法案，并在2012年通过了《美国纳税人减税法案》，以此鼓励企业投资。对企业的减税主要包括企业投资税收减免、延长就业抵免、研发费用抵免、新能源投资抵免等。2012年美国的《先进制造业国家战略计划》明确要求联邦研究和实验项目享有税收抵免优惠并使其永久化，以扩大其所涵盖的活动范围并使更多制造商受益。美国政府对个人也采取减税措施，主要是税率调整，包括雇员工资税率下调、个人所得税最高边际税率下调等。2017年12月，特朗普签署《减税与就业法案》，个人所得税最高边际税率由39.6%降为37%，C型公司(股份有限公司)所得税最高边际税率由35%降为21%；在跨境所得税方面，美国公司取得的来自其境外子公司的股息可享受100%的所得税豁免(要求美国公司持股10%)；在遗产税方面，提高适用税率40%的遗产税免征额。

　　2021年，美国总统拜登在宣布《美国就业计划》的同时，发布了《美国制造税收计划》，以提高联邦公司所得税税率，目标是在接下来的15年内新增2.5万亿美元的税收收入，以此作为《美国就业计划》的经费。但是，增加后的所得税仍然低于2017年特朗普政府《减税与就业法案》生效之前的税率，而且对于重要的制造业仍然会给予减免。《芯片和科学法案》提出了一项新的举措——先进制造业投资税收抵免，由美国财政部的国税局管理。2023年3月23日，美国财政部国税局发布了《〈芯片和科学法案〉投资税收抵免指南》，定义了税收抵免的关键条款。符合以下要求的半导体项目可按投资总额给予25%的税收抵免优惠：《芯片和科学法案》颁布后(2022年8月9日)开始建设，且于2022年12月31日至2026年12月31日之间投入使用的项目。具体而言，"先进制造设施"是指"主要目的……是制造成品半导体或成品半导体制造设备的设施"，其中"主要目的"是指投入使用的资产有75%要用于制造半导体或半导体设备，制造、生产或提取半导体材料或化学品的设备不在支持之列。但在申报税收抵免后的10年内，如企业在"受关注国家"内进行重大交易，从而实质性地扩大纳税人在"受关注国家"的半导体制造能力，将被收回之前所有年度的税收抵免金额。这里的"重大交易"是指纳税人进行价值10万美元或以上的拟议、未决或已完成投资的任何交易(或一系列交易)。不过，扩大某些传统半导体制造能力的交易可以除外：①相关设施至少有85%的产量被用于相关国家本地市场使用或消费的成品中；②该交易是对现有设施的扩建，且该设施的制造能力扩大幅度不超过 10%。

二、快速审批晶圆厂基础设施建设许可

基础设施落后也是美国发展制造业的一个重要瓶颈，美国政府也一直在为解决这个问题而努力。拜登竞选期间就大力宣传其《重建美好未来计划》，该计划主要包括硬基建和软基建两部分。其中，硬基建计划耗资约 1 万亿美元，主要用于道路、桥梁、能源、宽带网络、水利工程等方面建设；软基建计划耗资约 3.5 万亿美元，主要用于教育、医疗、福利、应对气候变化等方面建设。2021 年 3 月，拜登提出《美国就业计划》，表示将新增 2.3 万亿美元用于基础设施建设，包括修建道路、桥梁、供水系统、学校、医院等传统基建，以及电动汽车、清洁能源、制造业研发、老年人和残疾人福利等十分广泛的支出领域。根据该计划，美国政府将投资 1000 亿美元建设宽带和网络安全体系；向州和地方政府提供 200 亿美元用于能源基础设施建设；投资 20 亿美元支持微电网和分布式能源基础设施建设，以提高停电高风险区的电网韧性等。

为了更快地获得国会批准，《美国就业计划》中涉及基建投资的部分被分拆出来，单独形成法案，与《两党基础设施建设法案》合并成为《基础设施投资和就业法案》。2021 年 11 月，美国国会批准该法案投资总额约为 1 万亿美元，其中 4 500 亿美元为现有联邦公共工程项目提供资金，5 500 亿美元为新增支出。就支出领域而言，1 100 亿美元用于建设高速公路，660 亿美元用于建设铁路，650 亿美元用于建设电网，650 亿美元用于建设宽带及相关设施，550 亿美元用于建设饮用水管道及相关设施，170 亿美元用于建设港口基础设施等，资金将在 5 年内发放。此外，该法案还将投资 1 150 亿美元用于清洁能源转型和电力基础设施升级改造；1 520 亿美元用于解决环境污染问题，提供清洁水资源及改造宽带设施。①

现代电子信息领域的制造工厂对公共基础设施的要求一向比较高，地方政府可能需要为此专门投资建设公共基础设施。例如，2017 年威斯康星州为吸引富士康投资 100 亿美元建设显示面板厂，州政府承诺最高可补贴 30 亿美

---

① 张厶月，祝琳. 美国《基础设施投资和就业法案》概况、进展及影响[J]. 社会科学前沿，2022，11（5）：1580-1586.

元。仅在基础设施方面，州政府就投资 9 000 万美元用于相关道路建设，工厂所在的拉辛县等地方政府投入 9.11 亿美元用于升级下水道、供水、电力系统等基础设施。当地民众担忧环境污染和项目成本高而强烈反对建设面板厂，导致威斯康星州州长斯科特·沃克(Scott Walker)在 2018 年州长选举中失利。2021 年，双方达成新协议，改为生产服务器、5G 网络设备的中心和数据中心，投资额减至 6.72 亿美元。新协议达成后，根据投资额，税收抵免额仅为 800 万美元。

建设半导体工厂相关的法规要求也比较多，尤其晶圆厂对环境有很大影响，如需要消耗大量能源和淡水，每年还会产生数千吨危险废物，所以环保部门会对此进行全面审核。根据美国联邦环境质量委员会(CEQ)的数据，在 2013—2018 年，环境影响报告平均需要 4.5 年才能完成。据估计，大型基础设施项目的延期成本每年高达 5%。例如，英特尔计划在俄亥俄州投资的 200 亿美元，每年延期可能会产生约 10 亿美元的额外费用。[1]所以，2019 年，美国总统科技顾问委员会就强调，政府要加快半导体基础设施建设审批速度，简化高科技设施的许可流程，并加快审查速度；美国国会应要求政府问责局进行评估，以确定对半导体代工投资有重大影响的因素；美国环境保护署应确立许可的"快速通道"，以加快在原厂地扩建新制造设施的速度。例如，俄勒冈州制订了"工厂场地排放限值计划"，每个工厂都有一个排放上限，只要工厂仍然在其上限之内，它就可以进行运营调整，包括扩建。这一做法已经被美国环保署采纳，环保署与产业界合作，确定合适的其他快速通道。[2]

《基础设施投资和就业法案》扩大了美国联邦许可改进指导委员会(Federal Permitting Improvement Steering Council，FPISC)的权力，美国政府可以利用跨部门的联邦许可改进指导委员会来协调各个机构并解决与气候、经济和公平目标一致的问题。2022 年 5 月发布的"总统许可行动计划(President's Permitting Action Plan)"进一步要求设立高科技制造业协调许可特别工作组，该工作组将与联邦许可改进指导委员会并行工作，以解决联邦政府资助的晶

---

① PHILLIP SINGERMAN, SUJAI SHIVAKUMAR, GREGORY ARCURI, and HIDEKI UNO. Streamlining the Permitting Process for Fab Construction, 2022.08.

② PRESIDENT'S COMMITTEE OF ADVISORS ON SCIENCE AND TECHNOLOGY. Report to the President on Ensuring American Leadership in Advanced Manufacturing, 2011.06.

圆厂建设特有的许可问题，加速联邦许可和环境审查，以便高效、透明地交付基础设施项目。

专栏 4-1：联邦许可改进指导委员会的职责

《FAST 法案》的全称为《修复美国地面交通法案》(Fixing America's Surface Transportation Act)，于 2015 年通过，旨在推进美国地面交通的发展。为了给地面交通发展计划提供资金，该法案推出了一系列放宽联邦证券发行的条款，以此鼓励和帮助企业融资。联邦许可改进指导委员会就是根据《FAST 法案》41 条(FAST-41)成立的，它是一个跨部门机构，包括13 个联邦机构的副部长(或同等职位官员)、环境质量委员会(CEQ)主任、管理和预算办公室(OMB)主任和一名担任许可委员会负责人的执行主任。根据 FAST-41，联邦许可改进指导委员会执行主任、CEQ 主任、OMB 主任将与国家经济委员会(NEC)、白宫气候政策办公室(CPO)和白宫基础设施实施团队合作，以确保环境审查和许可的高效协调。各部门鼓励项目发起人使用 FAST-41 条款，联邦许可改进指导委员会执行主任将向美国国会提供季度报告，评估机构是否符合 FAST-41 要求。联邦许可改进指导委员会还会与交通部合作，升级联邦基础设施许可仪表板(the Federal Infrastructure Permitting Dashboard)，以更好地跟踪和监督机构在环境审查和许可过程中的进展。其中，联邦基础设施许可仪表板用于跟踪联邦政府对大型或复杂基础设施项目的环境审查和授权流程(包括 FAST-41 相关项目)，是联邦机构、项目开发商和公众了解相关进展的在线工具。这也是政府改善协调、透明度和问责制的一部分，以确保项目设计和建设方式能够保护公众健康、安全、文化资源和环境，并确保公众了解其潜在影响。联邦基础设施许可仪表板增强的协调性、可见性和责任性使国家能够获得基础设施投资的益处(如减少交通流量、增加能源获取、增进经济活动)，并保护环境和社区资源(如增加对流域、栖息地和物种的景观级保护)，已经被证明是加强机构间协调的有效机制。

资料来源：美国白宫网站.

2022 年 8 月，拜登签署《芯片和科学法案》后，FAST-41 扩展到适用于所有半导体、人工智能、量子信息科学和与网络相关的基础设施项目。美国联邦政府将成立一个负责环境合规的半导体专门工作组，该工作组主要包括美国环境质量委员会、美国环境保护署和美国商务部相关成员，以确保联邦机构、私营部门，以及州和地方政府之间的合作与协调，促进对所有联邦项目的及时有效审查。该工作组还将作为基础设施许可和其他项目交付问题最佳做法的交流中心，以支持半导体项目的实施。

> **专栏 4-2：与《芯片和科学法案》相关的环境合规要求**
>
> 　　《芯片和科学法案》资助项目的申请企业可能会受到一系列联邦、州、地方环境法律法规的约束，具体取决于申请者申请或接受资助活动的性质和地点。其中，大部分环境许可证由州和地方政府颁发，联邦层面的美国环境保护署（Environmental Protection Agency，EPA）颁发的许可证不到全国总量的 5%，但联邦环境保护署会审查州和地方的许可证政策，并对其提出建议。例如，台积电在建设亚利桑那州的工厂时，州政府机构环境质量部需要同时执行《联邦清洁空气法》、《资源保护和恢复法》和《清洁水法》，以及亚利桑那州特定的环境法规。以下是与商务部芯片计划办公室审查芯片资助项目相关的一些联邦法律。
>
> 　　1.《国家环境政策法》
>
> 　　《国家环境政策法》要求联邦机构考虑拟议行动对人类环境的影响。为符合《国家环境政策法》而需要准备的文件可能包括环境评估或环境影响声明等。为确保环境审查高效快速，申请者应熟悉《国家环境政策法》，并确保其项目团队具备必要的《国家环境政策法》专业知识，也可以聘请专门从事《国家环境政策法》的咨询公司或顾问。与《芯片和科学法案》相关的《国家环境政策法》的相关文件、通知、公开会议信息，在商务部芯片项目网站动态更新。
>
> 　　2.《国家历史保护法》
>
> 　　《国家历史保护法》要求联邦机构评估拟议行动对历史遗产的影响，包括考古和历史资源、具有宗教和文化意义的遗址。要了解有关《国家历史保护法》的更多信息，请访问历史保护咨询委员会的网站。
>
> 　　3.《濒危物种法》
>
> 　　《濒危物种法》要求联邦机构评估拟议行动对受威胁和濒危物种及其关

键栖息地的影响。如果项目会影响濒危物种，将需要与美国鱼类和野生动物管理局和/或国家海洋渔业管理局协商，这两个机构的官网会及时更新相关信息。

资料来源：美国商务部技术和标准研究院官网.

三、强化半导体制造人才的培养

进行员工培训是新型先进制造技术和流程实现高性能生产的重要保证，对于先进制造技术的传播至关重要。劳动力培训项目若与技能开发紧密结合，那么相关人员将成为新产品的关键推动者，而不仅仅是贡献者。新的制造技术不能局限于大学实验室的工作台，它必须进入工厂车间[①]，否则员工难以真正掌握相关技术。2011年，美国总统科技顾问委员会在向美国国会提交的《确保美国在先进制造业的领导地位》报告中，基于对世界各地400位首席执行官和高级制造业高管的调研指出，拥有高技能工人是决定一个国家制造业竞争力的最关键因素。所以，美国的制造业战略一直将制造人才的培养作为重要的战略目标。

招聘、培训和留用大量熟练且多样化的劳动力对于加强美国半导体生态系统同样至关重要。半导体产业存在明显的人才短缺现象，而且半导体制造最需要的人才不是博士、工程师和科学家，而是技术人员、操作人员和设备维护人员。美国商务部芯片计划办公室估计，建设和运营有资格获得补助的半导体制造工厂可能需要超过10万名建筑工人和9万名运营工人。此外，建造半导体工厂需要具有高级技能的其他技术工人，包括安装精密工具和建造供热、通风、空调、水、电力和特殊材料处理系统的技术工人。美国长期缺乏此类技工。要扩大美国半导体制造业，就必须加强相关人才的培养，包括更新课程体系、强化研究和培训设施、通过带薪实习和学徒制等为学员提供实践经验。

---

① 威廉姆·邦维利安，彼得·辛格. 先进制造：美国的新创新政策. 沈开艳，译. 上海：上海社科院出版社，2019.

（一）培养半导体制造人才的三个优先事项

根据美国商务部芯片计划办公室的要求，企业或其他机构培养半导体制造人才至少需要满足以下三个优先事项的要求。

1. 高效的劳动力投资

美国商务部的任务是为所有社区创造经济增长和就业机会，其关键是需要建立可持续的、满足企业需求的人才培养方式。美国商务部的劳动力发展议程建立了一套最佳做法和原则，具体包括：由雇主主导，以确保熟练工人获得优质工作机会；多个社区伙伴提供指导，如教育机构、工会、社区组织和经济发展组织；采用包容式服务，支持服务不足和经济弱势社区的个人；提高教育和工作场所的多样性、公平性和包容性；优先考虑经过验证的学习模式，如注册学徒制；支持使用完全透明和具有互操作性的开放数据格式，提供可堆叠的（stackable）、行业认可的证书；衡量和评估工人的就业和收入等，确保数据是透明的、可互操作的；建立可持续的系统和伙伴关系，使其能够在联邦投资之外为雇主和工人服务；将劳动力发展与经济发展联系起来；由联邦政府协调；鼓励使用地方政府和私人资金[①]。

> 📖 **专栏 4-3：可堆叠证书**
>
> 可堆叠证书是美国职业教育的一种形式，根据 2010 年美国劳工部的定义，可堆叠证书"可以随着时间的推移而积累起来，并使个人沿着职业路径或职业阶梯上升，以获得不同或更高薪水的工作"。可堆叠证书允许个人在明确的职业路径上不断取得职业证书，甚至更高学位，已被美国各州当作培养中高端技能型人才的一种灵活模式。对于学员来说，可堆叠证书代表着一个个学习模块，每个证书都对应着相对独立的完整课程，同一专业领域的所有证书又相互衔接，便于其灵活开放地参与到由一个个单个证书形成的教育项目之中。因此，可堆叠证书制度具备灵活开放的学习优势，为社会成员提供了终身性、公平性的成长机遇，既满

---

① CHIPS Program Office. Funding Opportunity-Commercial Fabrication Facilities FACT SHEET: Building a Skilled and Diverse Workforce, 2023.02.

足了劳动力市场对技能及时更新的需求，也为个人建立起了便利的职业发展路径，可以灵活地在学生与职员之间顺畅地转变角色，有效平衡教育、工作、家庭之间的关系。美国教育部于 2015 年发起向上奋进(Mapping Upward)项目，推动 13 所社区学院开展了可堆叠证书试点工作，并于 2018 年发布了可堆叠证书实施指南，旨在向全美技术学院与社区学院推广这一做法。

资料来源：毛美娟，汪维富. 可堆叠证书实践对"1+X"证书制度实施的启示. 成人教育，2020，40(11)：76-80.

2．好工作原则

好工作是公平经济的基础，可以提升工人和家庭的能力，并使企业在全球范围内更具竞争力。美国商务部与劳工部一起发布了一套好工作原则，为工人、企业、工会、倡导者、研究人员、州和地方政府，以及联邦机构建立了一个工作质量共同愿景框架。

原则一，招聘和雇用：招聘合格的员工，特别是少数族裔和农村社区的员工。员工不受歧视，不会遇到不公平待遇或与工作表现无关的晋升标准，尽量减少不必要的教育、证书和经验要求。

原则二，福利：为全职和兼职工人提供必要的福利，包括健康保险、养老保险、带薪休假、家庭成员护理支持，以及其他福利。

原则三，多样性、公平、包容和无障碍：工作场所的核心价值观是多样性、公平、包容和无障碍原则，工人受到尊重和公平对待，弱势群体在工作场所不会面临系统性障碍。

原则四，授权和代表：工人可以组建和加入工会，可以参与受保护的、协调的维权活动，而不必担心受到报复。

原则五，工作安全和工作条件：工作场所安全、健康，工作有保障，没有任意或歧视性的要求。工人不会随意被解雇，不会随意被延长工作时间或被要求加班。电子监控、数据监测和算法的使用是透明、公平的，并根据工人的意见进行安排。工人在工作中不受骚扰、歧视和报复，尽量减少临时或外包员工的数量。

原则六，组织文化：所有员工都应受到重视，尤其应受到领导层的尊重。

原则七，支付酬劳：所有工人都能获得稳定和可预期的工资收入，工人工资是公平、透明的，能够随着技能和经验的增加而增加，还可以获得加班费、小费等。

原则八，技能和职业发展：员工有平等的机会在企业内或外单位获得未来的好工作，有透明的晋升渠道，可以获得雇主或劳工管理部门提供的优质培训和教育。

3．培养女性参与建筑业

美国商务部雷蒙多部长发起了"百万建筑女工"倡议，旨在未来十年内再雇用和培训 100 万名建筑女工。目前，在美国 1130 万名建筑工人中，只有120 万名是女性。芯片补助资金的申请企业需要采取行动，扩大并吸引女性从事建筑工作。

（二）制订半导体劳动力发展计划[①]

在符合上述优先事项的前提下，申请政府补贴的美国芯片企业需要制订劳动力发展计划，以确保制造工人的数量和质量满足其工厂所需。

（1）工厂劳动力计划。该计划必须包含五个要素：劳动力需求评估，包括对工作类型、技能和不同时期所需工人的评估；工人招聘和留用策略，包括解决工作场所可能存在的工作障碍的计划；申请企业需满足美国商务部和劳工部发布的好工作原则；承诺提供劳动力培训和综合服务，包括为经济困难的个人制订培训和工作安置计划；培训计划需要明确培训的核心目标、关键指标和主要安排，还应详细说明申请企业与战略伙伴的合作关系。

（2）与劳动力合作伙伴的协商、共同参与和协调。申请企业需要向劳动力合作伙伴进行咨询、协调，以制订劳动力计划。合作伙伴包括教育机构、培训提供者、社区组织、工会、职业和技术教育组织，以及公共部门组织。芯片计划办公室希望申请企业至少在制订计划时与每个合作伙伴进行接触，因为项目最有可能与当地利益相关者开展密切、持续的协调，这样才能成功培养出高技能、包容性强的劳动力。申请企业还应通过与教育机构合作来展示长期可持续发展的愿景，包括与 K-12（包括中小学和学前教育）机构合作开发教育计划。

---

① CHIPS Program Office, Funding Opportunity-Commercial Fabrication Facilities FACT SHEET: Building a Skilled and Diverse Workforce, 2023.02.

(3)产业伙伴关系。芯片计划办公室强烈鼓励各方发展产业合作伙伴关系，以确保为当地企业提供长期的劳动力培养途径。产业合作伙伴关系是一种实现劳动力公平发展的系统级方法，它通过汇集一系列关键合作伙伴来培训并安排工人从事高质量工作，从而使工人培训与雇主对劳动力的需求保持一致。合作伙伴包括州和地方政府、教育机构(K-12机构和社区学院等)、培训机构、工会、行业协会等。

(4)打击骚扰、歧视和报复现象。申请企业应保证工作环境没有骚扰、歧视和报复现象，设立明确的工作场所不当行为报告程序。承诺基于技能进行招聘、取消学位要求、制定多样化招聘政策并注重保护应聘者个人信息安全的申请企业，芯片计划办公室优先给予支持。

(5)消除公平障碍。为确保能够获得多样化的人才，申请企业应制订强有力的宣介和招聘计划。此外，申请企业必须描述用于增加培训机会的所有配套服务，如成人护理便利、交通补助或住房补助。

(6)支持职业技术教育、注册学徒和其他在职学习计划等。劳动力发展计划应承诺提供在职培训，特别应关注半导体行业中的弱势群体和代表性不足的少数群体。申请企业应与注册学徒和其他在职学习计划、社区和技术学院的项目、高中的职业道路计划等合作，对工人所需技能进行培训。

（三）制订建筑劳动力计划

申请项目补贴还需要申请企业提交建筑劳动力计划，并强烈鼓励使用项目劳工协议(Project Labor Agreements)。每个申请企业都需要提交一份建筑劳动力计划，包括申请企业及其建筑合作伙伴将采取的招聘、雇用、培训和任用多样化、熟练的建筑劳动力的详细步骤。建筑劳动力计划包括五个要素：劳动力需求评估、工人招聘和任用策略、满足好工作原则的方法、劳动力培训和综合服务计划，以及衡量指标。该计划还应确定可适当扩展的现有计划，包括高质量的学徒准备计划和注册学徒计划。此外，建筑劳动力计划必须包括有关工资和项目劳工协议的信息。

(1)普遍工资。根据《芯片和技术法案》和《戴维斯—培根法案》，接受芯片补贴的企业工人和机械师的工资必须不低于当地类似项目的现行工资。

（2）项目劳工协议。强烈鼓励申请企业在其项目建设中使用项目劳工协议，这有助于确保按时培养项目所需的熟练劳动力；鼓励增加学徒利用率、本地招聘，以及退伍军人、妇女和弱势群体的就业；遵守劳动就业标准和法律，以及有关安全和健康的法规。此外，项目劳工协议包括关于学徒制和学徒前计划的制订，让工人"边学边挣"，走上高技能建筑工人之路。不承诺使用项目劳工协议的申请企业将被要求提交劳动力连续性计划，并表明其已采取其他措施来降低项目延迟交付的风险。

（四）其他要求

除了上述要求，芯片计划办公室还要求申请企业满足以下条件。

1．提供儿童照护服务

除了提交劳动力发展计划，申请 1.5 亿美元以上直接补贴的企业，还必须提交为其工人提供儿童照护服务的计划；申请补贴低于 1.5 亿美元的企业，强烈建议其提供儿童照护服务。这一史无前例的要求对于确保民众，尤其是女性加入制造业就业队伍至关重要。

最近对儿童照护成本和女性劳动力供给的研究发现，儿童照护成本每降低 10%，就会促使女性就业率增加 0.5%～2.5%。对于收入较低的年轻母亲来说，这种影响更为明显。如果女性与男性以相同的比例就业，将新增 1000 万以上的工人。因此，让女性更容易就业对于单个项目和整个计划的成功至关重要。申请企业应提交一份提供儿童照护服务的计划，该计划应使照护服务负担得起、容易获得、安全可靠且质量上乘。照护服务应该让中低收入家庭触手可及、地点便利、时间方便，让工人不会因为孩子照护问题而耽误工作，且照护服务环境安全健康，值得家庭信赖。此外，芯片计划办公室鼓励申请企业与社区利益相关者(包括州和地方政府，以及具有儿童照护经验的当地团体)一起制订儿童照护服务计划。

2．合规、监督和问责制

申请企业必须遵守美国联邦劳动和就业法律，包括但不限于《1964 年民权法案》第七章、《公平劳工标准法》、《职业安全与健康法》，以及《国家劳资关系法》。根据相关规定，雇员有权组建、加入劳工组织，可以通过其选择的代表进行集体谈判或开展其他互助活动。

申请企业的承诺必须列出详细的条款，劳动力发展计划必须可明确衡量、跟踪相关目标和承诺的指标和流程，并提交公开报告。相关企业需要收集评估劳动力指标的详细数据，并跟踪其承诺是否兑现。申请企业应在保护工人信息安全的前提下公开数据。芯片计划办公室应要求企业对其劳动力承诺负责，包括根据具体情况对违背承诺的行为采取补救措施。

第五章

新设半导体研发项目

　　半导体技术变得越来越复杂，制造成本呈指数级增长，半导体技术前沿的设计开发成本接近数亿美元，原型设计和制造所需投资达数十亿美元，新的前沿晶圆厂的建设成本超过 100 亿美元，行业进入门槛已提高。美国半导体业虽然在设计、研发方面有很大优势，但芯片需要先进行小批量生产以调试和验证设计，而美国缺乏相关的代工和封装设施，缺乏指导半导体业设备、材料和制造工艺并行开发的路线图，缺乏半导体创新技术的原型制造能力、微缩能力和技术转化能力，导致开发成本较高、时间较长。所以，初创企业一般无法得到所需资金和相应资源，只有英特尔和美光等少数美国公司拥有相应的资源、设施和专业知识。美国急需设立公用研发机构，以协助产业界跨越从基础研究到商业化生产之间的"死亡之谷"。同时，随着摩尔定律逐步接近极限，新的硬件突破转向先进封装、新架构、新颖的工具和替代材料，计算技术的下一个范式转变将需要整个计算堆栈（即材料、设备、工艺技术、架构、软件、应用程序等）的互补创新。然而，由于数十年的专业化发展，没有一家公司拥有在整个堆栈中进行创新所需的技能和资源。美国缺乏一个机制和实体，协调下一代技术"全栈"开发并将创新从实验室技术转化为大规模制造技术。此外，新冠疫情导致半导体供应链中断，也凸显了美国半导体生态系统的脆弱性，建立更具弹性的国内和全球供应链对于保护美国经济增长和控制企业及消费者的成本非常重要。因此，美国各界普遍认为，政府应采取措施扭转这一局面。

这一问题可以通过建立企业和学术界共享的国家研发设施来解决。《芯片和科学法案》授权在五年内拨款 110 亿美元用于建立国家半导体技术中心、半导体制造研究所，实施国家先进封装制造计划、计量计划。其中，美国国家半导体技术中心和国家先进封装制造计划将提供支持并加强美国半导体研发所需的共享基础设施，供学术机构、初创企业和成熟企业使用。美国国家半导体技术中心将在共享环境中提供快速、低成本的原型设计，同时推进美国的研究议程并加速半导体人才培养。与美国国家半导体技术中心合作，美国国家先进封装制造计划将着重加强半导体先进测试和封装制造能力。这是一项历史性、改变游戏规则的投资，有可能扭转美国在全球半导体生态系统中的下行轨迹，确保美国在未来几十年内继续成为半导体领域的重要领导者。

2022 年 9 月，白宫科技政策办公室代表美国国家科学技术委员会微电子领导小组委员会在白宫网站发布《国家微电子研究战略草案》[1]，广泛征询公众意见。虽然该战略草案并非最终版，但白宫指出，最终战略将力求确保微电子研发及其在支持联邦各部门任务和更广泛的国家利益方面的进展不会减弱。该战略草案指出，微电子技术从研发到制造的每个阶段都需要使用一定的设备、设施和专业知识，目前美国没有可开放使用的研发、制造、测试设施，限制了技术研发。若要改善这一状况，首先，需要促进各机构使用先进的网络设施，并改进建模和仿真工具，如建立国家半导体技术中心，提供先进的研发和原型设计能力，包括材料表征、仪器计量和高级工艺节点的测试能力。其次，需要发展先进的封装和测试技术。随着半导体制造达到性能和效率的极限，业界已转向 3D 堆叠和异构集成工艺，且当前的高性能器件集成了硅基工艺和其他器件、技术，对设备和系统的互连能力提出了更高的要求。同月，总统科技顾问委员会向总统提交《振兴美国半导体生态系统》报告，围绕国家半导体技术中心和先进封装制造计划如何开展工作以强化半导体生态系统提出了 10 条建议。[2]同月，《美国芯片资助战略》对国家半导体技术中心、三个新的美国制造研究所，以及

---

① Office of Science and Technology Policy. Draft National Strategy on Microelectronics Research, 2022.09.

② PCAST. Revitalizing the U.S. Semiconductor Ecosystem, 2022.09.

国家先进封装制造计划和计量研发计划进行了规划。这三个文件基本明确了先进半导体研发设施的要求和规范。

一、设立美国国家半导体技术中心

对美国国家半导体技术中心(National Semiconductor Technology Center，NSTC)，2021年的美国《国防授权法案》认为，它可以加快美国将半导体创新转化为国内可制造、市场准备就绪的技术，防止陷入从"实验室到工厂"的"死亡之谷"。该法案认为应该以举国之力，开发一个现有设施的全国网络，制订一项全面的半导体研发计划，以最具成本效益的方式支持国家半导体技术中心的工作，围绕共同目标协调不同组织和技术，推动跨部门全栈技术创新。如果仍然存在影响国家半导体技术中心实现其技术任务目标的瓶颈，则应寻求建造或购买新设施。

2022年的《芯片和科学法案》为美国国家半导体技术中心提供的资金主要为种子资本，除此之外，该法案还将引导企业、大学、投资者和其他政府机构(包括州和地方各级的机构)提供资金。美国商务部设立的芯片研发办公室将负责孵化美国国家半导体技术中心及其公共资金的使用和管理问题，努力确保国家半导体技术中心有清晰的愿景、有效的治理结构和可持续的10年期发展计划。根据美国商务部发布的《芯片资助战略》，美国国家半导体技术中心和国家先进封装制造计划将提供支持和加强美国半导体研发所需的共享基础设施，供学术机构、初创企业和成熟企业使用。美国国家半导体技术中心重点从事半导体设计及新的制造工艺、工具和材料研发，制定技术标准和路线图以指导材料、工具、软件和最终应用的同步开发，改善从实验室到晶圆厂的生产流程。

(一)美国总统科技顾问委员会的建议

对于美国国家半导体技术中心的具体建设，美国总统科技顾问委员会认为与 SEMATECH 集中式的研发基础设施不同，美国国家半导体技术中心的技术范围很广，应分布式建设，具体而言包括六个卓越联盟(Coalitions of Excellence，COE)。这些联盟在地理上是分散的且具有原型设计能力，分别是：先进逻辑联盟，先进内存联盟，模拟和混合信号联盟，架构、设计和工具联盟，新兴技术和生命科学应用联盟，国家先进封装制造计划（NAPMP）封装联盟。其中，国家先进封装制造计划的预算主要授予封装联盟，由该联盟负责实现封装计划的目标。这六个联盟（见图 5-1）代表了美国半导体生态系统所需的关键技术，每个联盟都是多学科和多功能的，具有广泛支持学术、创业和行业活动的原型设计能力和涵盖材料、设备、建模、测试等学科的研究议题。所有由卓越联盟资助研发的知识产权均应对信誉良好的联盟成员提供非排他性、免专利费的永久许可，知识产权的所有权将由发明人或发明人所在机构保留。

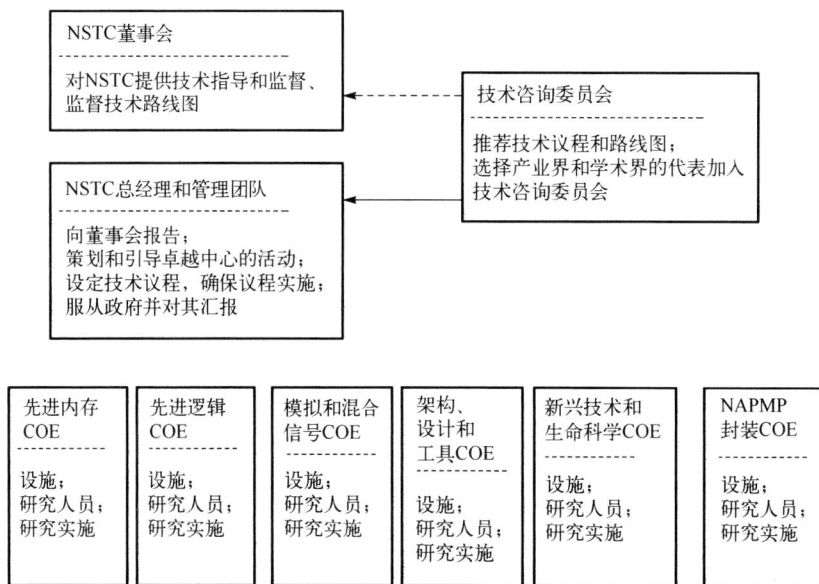

图 5-1   国家半导体技术中心结构图

资料来源：PCAST. Revitalizing the U.S. Semiconductor Ecosystem, 2022.09.

美国总统科技顾问委员会不仅要求国家半导体技术中心的大部分资金用于急需的设备和基础设施，而且要求将这笔资金的很大一部分（30%～50%）应用于直接资助技术研发，这对于国家半导体技术中心的成功和美国的全球竞争力至关重要。美国国家半导体技术中心的研究议程与六个研究中心相对应，分别为：①材料、工艺和制造技术，主要研究异构集成（即在同一芯片上混合不同技术）和 3D 堆叠的基础工艺技术；②封装和互联技术，提供安全的即插即用技术和标准，以实现各种半导体组件的无缝集成；③节能计算和特定领域的加速器，专注于特定应用的专用芯片；④设计自动化工具和方法；

⑤半导体和系统安全，将算法和软件/系统设计人员与芯片设计人员聚集在一个卓越中心，以开发包括软硬件和后量子密码学在内的下一代安全系统；⑥半导体和生命科学，引入生命科学所需的非标准或"肮脏材料"和先进封装技术，开发超低功耗解决方案。

美国总统科技顾问委员会建议，应在2023年年底前将国家半导体技术中心建立为公私合作的独立法律实体。商务部应鼓励学术界、产业界和政府部门广泛参与国家半导体技术中心的建设，以促进整个美国半导体生态系统的协作和创新。产业界的参与者应涵盖半导体生态系统的各个方面，包括材料和设备供应商、电子设计自动化（EDA）公司、无晶圆设计公司、集成设备制造商、制造代工厂和系统公司。政府部门的参与者应包括美国国家科学基金会和国防高等研究计划局等熟悉半导体业务的机构。按照规定，国家半导体技术中心的业务开展要遵从微电子领导力小组委员会（Subcommittee on Microelectronics leadership，SML）制定的研发战略。

美国国家半导体技术中心能够为高校、研究机构和初创企业提供原型设计能力和所需的设备、工具，针对初创企业面临的资金短缺问题，也设立了专门的投资基金，且指定用于种子轮前和种子轮融资。总统科技顾问委员会建议，到2023年年底，国家半导体技术中心应创建一个约5亿美元的投资基金，为半导体初创公司提供资金支持和使用实物原型、接触实物工具的途径，从而打通创新全流程，解决"死亡之谷"问题。

美国总统科技顾问委员会认为，国家半导体技术中心的成功运行需要有正确的组织机构、治理和指导原则，应建立统一管理国家半导体技术中心和国家先进封装制造计划的董事会，以增加投资的协同性，减少重复投资的可能性。董事会应由来自美国半导体行业、学术界和政府的代表组成，应聘用一名独立的首席执行官，并成立一个技术咨询委员会指导研究议程。国家半导体技术中心可以与国外的类似组织开展合作，但是，任何外国实体都不应成为董事会或技术咨询委员会的成员。[①]

(二)美国商务部的建设愿景

作为负责美国国家半导体技术中心建设的政府部门，2023年4月，美国

---

① PCAST. Revitalizing the U.S. Semiconductor Ecosystem, 2022.09.

商务部发布了《国家半导体技术中心的愿景和战略》[①]，详细描述了该中心的使命目标、关键计划、治理结构以及其他特点(如图 5-2 所示)。可以看出，美国商务部适当借鉴了美国总统科技顾问委员会的建议，但总体规划仍与之有很大差异。

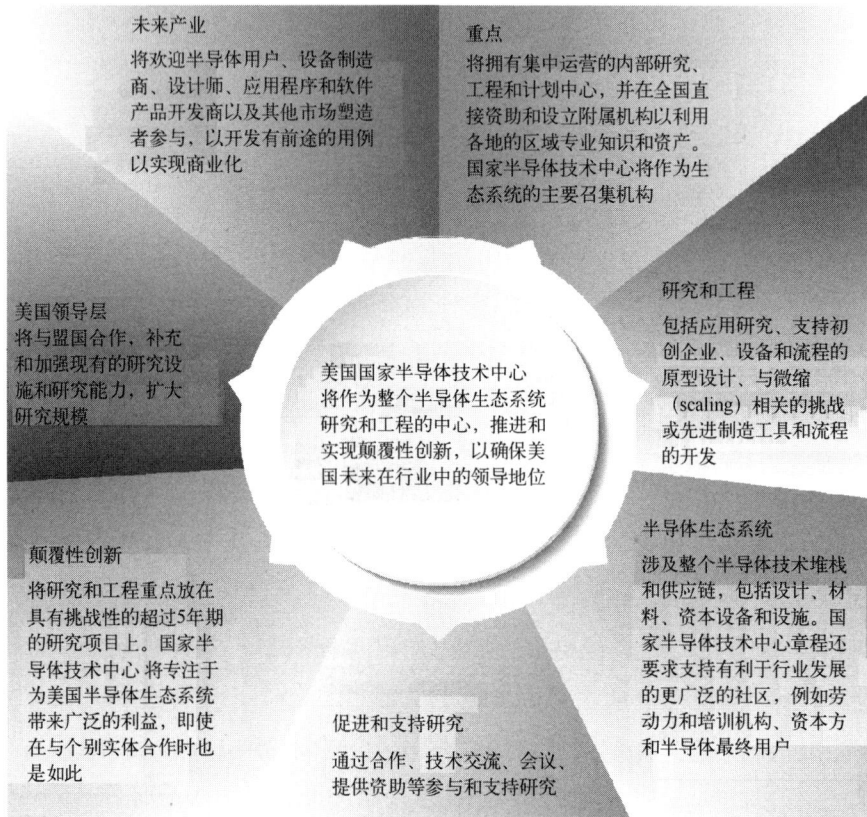

图 5-2　美国国家半导体技术中心的使命

1. 使命与目标

(1)使命。美国商务部部长应与国防部部长合作，建立一个国家半导体技术中心，进行先进半导体技术的研究和原型制造、培养美国半导体人才，以加强国内供应链的经济竞争力和安全性。该中心应作为公私联合体运营，由私营部门、能源部和国家科学基金会参与。国家半导体技术中心将作为整个

---

① Department of Commerce. A Vision and Strategy for the National Semiconductor Technology Center, 2023.04.

半导体生态系统的研究和工程中心，推动和实现颠覆性创新，以确保美国在未来的领导地位。

美国商务部表示，美国国家半导体技术中心将成为整个半导体生态系统的关键点，为美国取得未来数十年的半导体技术优势奠定基础。该中心既拥有集中运营的内部（in-house）核心研究设施，又充分整合了全国各地的研究机构和设施，是一个在规模和广度上都前所未有的研究网络。所以，美国国家半导体技术中心应该被视为一种机制，既包括建立新的机构，也包括与现有的研究机构、设计和制造企业加强协调，使相关资源发挥最佳效果。

（2）目标。为履行其法定使命，美国商务部为美国国家半导体技术中心确定了三个总体目标。

目标一：扩大美国在未来应用和产业基础技术方面的领导地位，并加强美国半导体制造生态系统。

① 在竞争前阶段进行世界一流的研究，产生可供所有参与者使用的设计和工艺技术以及知识产权。

② 支持跨生态系统的世界级研究，包括学术机构、政府机构和政府资助的研究机构。

③ 支持有针对性的行业路线图，并制定标准以促进广泛的技术开发生态系统建设。

目标二：显著减少成员组织为创新思路进行原型制造的时间和成本。

① 提供使用物理资产的便利，例如端到端原型制造和其他设施和设备。

② 提供使用数字资产和知识产权的便利，包括设计工具、参考流程、工艺设计套件和数据集。

③ 提供与内部技术人员的接触机会，以协助克服技术和工艺挑战。

④ 创建一个投资基金，吸引私人资本投资半导体创新企业。

⑤ 汇总并管理不同项目对晶圆厂的服务需求。

⑥ 吸引更多主体参与半导体行业。

目标三：建立并维持半导体人才生态系统。

① 作为政产学研各方共同参与建设的半导体研究机构，协调并提供半导体相关的人才数据、培训和发展计划。

② 鼓励和促进采用多元、公平、包容和可用的最佳实践，以及商务部的好工作原则，作为所有人才培养的基础。

③ 开发和资助人才培养计划，为相关人员提供良好的职业发展道路。

2．三大关键计划

(1)扩大美国未来的技术领先优势。美国商务部希望国家半导体技术中心重点研究对整个生态系统影响最大的瓶颈问题，着重为研发人员提供最先进的研发、制造技术和能力，帮助其实现概念验证和原型制造，研发可供业者使用的设计和工艺技术、知识产权，制定有针对性的行业路线图、标准，支持开发产业化所需的设备、工具、工艺等。美国国家半导体技术中心应重点研究未来5～15年的技术，优先支持接近概念验证且可能进入原型制造阶段的研究项目，专注于为美国半导体生态系统带来广泛的利益，其研发组合和技术重点将随着时间的推移和行业需求的变化而变化，相关项目应综合考虑能源效率、人工智能、高性能计算和安全系统等因素。

确定技术重点领域时，国家半导体技术中心会充分参考技术顾问的建议，技术顾问广泛来自产业界、学术界、国家实验室等研究机构、政府机构。相关建议对于确保技术研究的优先事项、满足国家的技术战略、国家安全和经济安全需要至关重要。

通过设立奖学金、交流计划等形式，国家半导体技术中心鼓励高校和研究机构的学生、博士后、教师、研究人员、科学家、工程师到中心从事科研工作，尤其鼓励年轻科学家和工程师在国家半导体技术中心开展一到两年的研究工作，中心为其提供体验式学习和原型制造机会，并为其提供与知名科学家和技术人员合作的机会。美国国家半导体技术中心与各企业、大学、国家实验室、标准和技术研究院等联邦机构的实验室和高级研究人员密切互动，可以加速一流半导体技术人才的培养。

美国国家半导体技术中心会根据专家意见，定期更新技术路线图，适时制定技术标准。该中心通过与国内外标准机构合作，可以在小芯片、先进封装和异构集成等领域形成技术标准，为制造商和开发商提供统一框架，确保一致性、兼容性、互操作性。美国国家半导体技术中心应开发生产工艺和装配设计套件标准，以便异构系统可以更好地集成到 EDA 工具和相关流程中；应确保技术标准适用于不同的装配设计套件，以满足不同设备、不同技术的晶圆生产所需。

美国国家半导体技术中心需牵头国内微电子生态系统的安全和验证工

作，这需要将安全嵌入硬件和软件堆栈的所有层级。通过与标准和技术研究院协调，美国国家半导体技术中心可以促进安全标准的实施，最大限度地提高技术和产品的安全水平。

《芯片和科学法案》要求美国国家半导体技术中心设立投资基金，吸引私人资本投资，与其他政府机构、私营企业、投资机构合作，形成有效的投资组合，降低投资风险，促进初创企业和整个半导体生态系统发展。国家半导体技术中心可能聘请一名具有大量私营部门投资和技术开发经验的投资基金经理来指导这项工作。

(2)管理研究资产。有效管理业界各种物理和数字资产，提供端到端的原型制作能力，减少成员单位的研发时间和成本。美国国家半导体技术中心将由总部和分布在不同地方的附属技术中心网络组成。这些技术中心能够提供端到端的服务，以实现小规模原型制造和试运行、新材料和设备的测试和实验，使学生能够获得在各技术节点设计和制造半导体原型的实践经验。美国商务部希望技术中心覆盖的范围尽可能广泛，成员单位可以在这些附属技术中心内以一定权限远程使用美国国家半导体技术中心的专业设备或设施服务。由于建造新的研究设施投入较大，美国商务部正在探索建立附属技术中心的几种方式，包括建设新设施、收购现有设施，或与相关单位合作对其现有设施进行升级。美国国家半导体技术中心的组成机构和数量尚未确定，可能会随着时间的推移而变化。美国商务部希望某些政府机构，如从事半导体研发的美国制造研究所也可以作为国家半导体技术中心的附属技术中心。此外，国家半导体技术中心应与先进封装制造计划协调，建立一个小芯片计划。

美国国家半导体技术中心应努力创建一个开放和协作的研究环境，同时兼顾知识产权保护。目前的知识产权要求使业者难以共享最新的芯片设计，也难以合作开发新技术。随着集成电路设计成本的飙升和行业向更复杂的异构系统发展，加强设计生态系统的灵活性将有助于加速半导体设计商业化。国家半导体技术中心可以寻求新的知识产权保护方法，如建立基于云的设计支持门户(Design Enablement Gateway)确保知识产权可以安全共享，便于提高设计方案在代工厂和设计企业之间的传递、共享。国家半导体技术中心应制定保护成员知识产权的规则，包括知识产权披露、许可和使用的明确规范。国家半导体技术中心应以合理的成本向成员提供其资助产生的知识产权，并促进成员之间共享知识产权。国家半导体技术中心资助项目的知识产权可以由其独自拥有或与相关成员单位共同拥有。

国家半导体技术中心需要收集、汇总和共享数据集，以满足产品测试改进、工具开发、数字孪生体创建以及训练人工智能模型的需要，为此应开发一种自愿共享数据的安全方法。国家半导体技术中心可以收集其总部和附属机构的非专有工艺、材料和性能数据，包括多个项目的工艺数据，并共享给国家半导体技术中心的成员单位，以缩短芯片设计验证的时间。

(3)人才培养计划。半导体行业需要一支强大的研究队伍和建设、运营队伍，国家半导体技术中心作为一个横跨产学研的政府研究机构，可以发挥协调作用，充分整合美国政府资助的多个半导体人才计划。

国家半导体技术中心应召集行业和教育机构共同讨论确定人才需求、现有人才培养方式面临的挑战以及克服这些挑战的策略。国家科学技术委员会应考虑召集一组专注于人才培养的专家来指导其工作和投资。国家半导体技术中心应与利益相关者协调，促进通用半导体职业发展框架的开发、维护和应用，以确定存在的较大技能差距以及新出现的技能需求。通用职业发展框架将使不同项目的课程、技能和证书开发成为可能，能够支持一致的、可移植的教育和培训计划，便于雇主招聘员工及员工在行业内的流动。国家半导体技术中心应以合适方式提供非学位培训、高级学位培训以及其他培训，可资助并推广更多被实践证明有效的培训方式。

国家半导体技术中心应创建并管理一个可公开访问的半导体人才教育培训信息交流平台，以提高人才培养和招聘的标准化和透明度。交流的信息包括：对相关人才培养计划的评估，以指导行业参与者制订适当的人才计划；编制适合 K-12 学生的教材；虚拟应用；职业发展信息；培训课程以及证书信息；实习和学徒计划清单；职位发布；等等。

3. 与其他计划的协同

美国国家半导体技术中心相关工作并不是孤立的，而是推动和实现《国家微电子研究战略草案》所提出的微电子研发全政府方法(第十章将详细分析)的一部分。美国商务部正与美国国防部、美国国家科学基金会、美国能源部和其他机构加强计划和投资协调，以创建一个连接良好的"网络中的网络"，从而实现微电子研究战略，如图 5-3 所示。

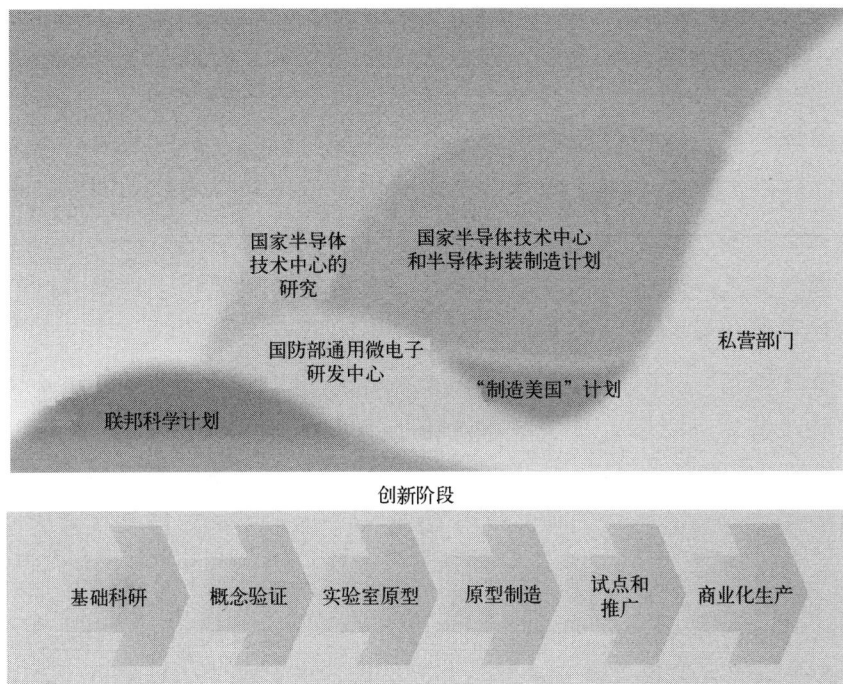

图 5-3　各种政府计划中芯片设计创新阶段的概念图
资料来源：Department of Commerce. A Vision and Strategy for the National
Semiconductor Technology Center, 2023.04.

美国商务部支持采用全政府方法，以确保在《芯片和科学法案》之外与其他微电子计划进行有效协调。美国商务部寻求制定机构间协议和政策，以减少未来国家半导体技术中心与其他机构合作的障碍。例如，《芯片和科学法案》授权美国国防部设立了通用微电子计划（Microelectronics Commons），更好地发挥商业界的作用，以促进国防部微电子技术发展。该计划专注于开发符合国防需求的微电子材料、工艺、设备和架构设计及产业化，以满足国防微电子从基础研究到实验原型、制造原型的需要。通常原型制造的风险和成本都很高，中小企业和大学很难承担，通用微电子计划就是为了解决这一障碍而设立的。通用微电子是一个网络，包括多个具备早期和中期技术开发能力的区域"中心"（hubs），每个中心都专注于一个关键技术领域的研发，也包括具有后期技术开发能力的研发"核心"（cores），这些研发机构密切合作，确保了产业化的顺利进行。

美国国家半导体技术中心与国防通用微电子网络有很大不同。美国国家半导体技术中心专注于提供端到端晶圆级和裸片级原型制造支持，包括全流程技术和后端生产能力，并利用这些能力来支持广泛的设备、设计、工具、工艺、软件和数字产品研发。随着更广泛的商业设备、生态和制造解决方案的开发，国家半导体技术中心将能够支持国防通用微电子计划的概念验证等技术需求，提高国防微电子产品产业化之前的技术成熟度，并加强与国防部的项目协调和资源共享。从业务重点来看，国防通用微电子重点关注对国防领域具有重要意义的六个新兴技术领域：电磁战、安全边缘计算、人工智能硬件、量子技术、5G/6G 技术和跨越式创新技术，而国家半导体技术中心则关注材料、设计、制造、封装等不同环节的通用技术。

与美国国家半导体技术中心合作的美国各地的实体网络中，美国国家实验室是不可忽视的一支力量。其中，美国能源部监管着一个由 17 个国家实验室组成的系统，这些实验室拥有深厚的科学和工程专业知识，以及强大的研究设备和基础设施。在半导体方面，美国国家实验室拥有 X 射线光源、中子源、纳米科学中心，以及提供世界的百亿亿级超算的能力，有助于美国国家半导体技术中心及其成员机构利用这些资源加速下一代半导体技术开发。此外，美国能源部的研发投资，包括能源部科学办公室的微电子计划及先进材料和制造技术办公室支持的研发项目，以为美国国家半导体技术中心的技术创新提供支持。美国能源部和美国国家半导体技术中心正努力避免重复建设并确保项目协调。

美国国家半导体技术中心计划与美国国家科学基金会(NSF)密切合作，实现美国微电子人才培养计划的协调，并促进微电子基础技术研究和转化。例如，NSF 最近与私营企业合作推出的"半导体的未来"计划；又如，NSF 区域创新引擎、NSF 军团、创新伙伴关系、小企业创新研究/小企业技术转让计划、NSF 创业奖学金和 NSF 融合加速器；所有这些 NSF 计划都将补充美国国家半导体技术中心计划，国家半导体技术中心的设施和专业知识将成为 NSF 全部项目可用的关键资源。与所有联邦机构计划一样，与 NSF 的密切合作将避免重复工作并确保计划协调，从而实现资源的共享。

联邦政府资助的研发中心和大学附属研究中心是另一支重要的力量，旨在解决政府无法通过内部研究或研究合同满足的长期研究需求。其中一些实体，如麻省理工学院林肯实验室，从事先进的微电子研究和开发。美国国家半导体技术中心通过与这些计划、机构协同，共同促进了半导体界产学研各方协作，促进了整体技术研发进展。

4．治理结构

美国商务部希望创建一个敏捷、快速、灵活、满足行业和研究需求并对纳税人负责的国家半导体技术中心，它在整个生态系统中是中立、可信和以科学为中心的，可以在未来数十年作为整个行业技术变革的中心。为此，美国国家半导体技术中心必须拥有世界级的领导层，并建立适当的治理结构。美国国家半导体技术中心借鉴了 SEMATECH 等类似组织的治理结构，以及各种财团、独立研究组织、联邦政府资助的研究中心、大学、盟友的研究组织等，充分考虑了总统科技顾问委员会、行业组织，以及全国广泛的利益相关者的反馈。

美国国家半导体技术中心将拥有集中运营的内部（in-house）核心研究、工程和项目能力，同时与全国各地的技术机构合作，形成整体的技术网络，如图 5-4 所示。美国国家半导体技术中心总部具有独特的身份，将负责以下职能：行政管理、财务和法律事务、人才培养、项目管理、政府关系、会员服务和会议组织。美国国家半导体技术中心的科学家、工程师、实验室、原型加工设施、封装设施等均位于总部。

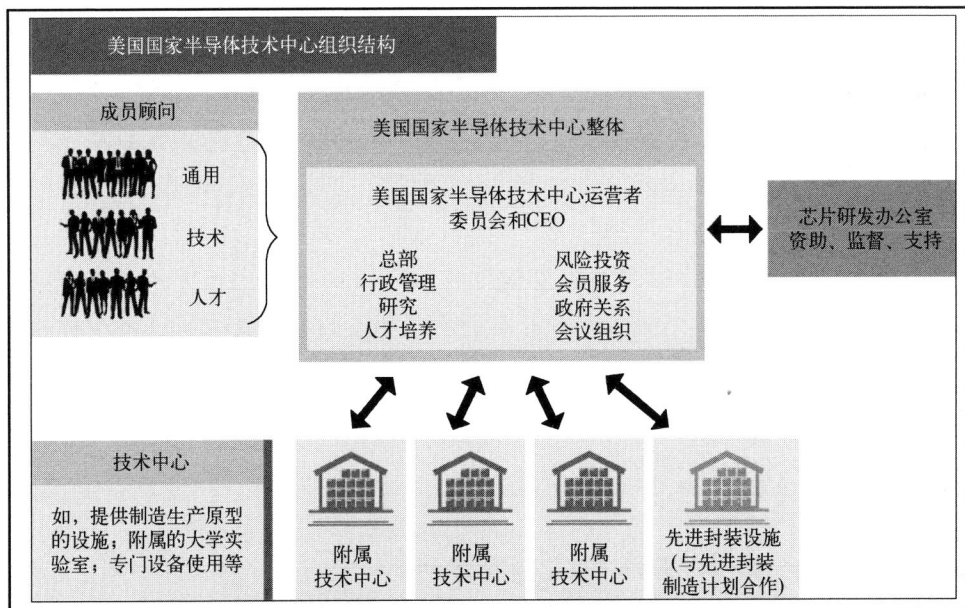

图 5-4　美国国家半导体技术中心组织结构的概念模型

资料来源：Department of Commerce. A Vision and Strategy for the National Semiconductor Technology Center, 2023.04.

美国商务部拟新建一个专门的非营利独立实体作为美国国家半导体技术中心的运营商，并与其达成协议，明确政府资助情况以及美国国家半导体技术中心的法定职责、绩效考核以及纳税人问责要求等。鉴于《芯片和科学法案》持续给美国国家半导体技术中心拨款五年，美国商务部拟利用这些资金，以及其他可能的收入来源，如会员费、项目服务费、知识产权许可费、特许权使用费、州和地方政府的支持、其他联邦机构的支持等，资助多年期甚至持续数十年的研究计划、项目，以应对长期战略挑战。美国商务部正在组建一个不受其干预、独立行事的评选委员会，负责评选运营美国国家半导体技术中心的董事会成员。2023 年 4 月 26 日，《联邦公报》发布了提名评选委员会成员的通知。根据提名，评选委员会名单于 6 月中旬出炉，评选最晚将于 2023 年 8 月 31 日终止。这意味着，评选委员会必须在 8 月 31 日前，选出运营国家半导体技术中心的董事会成员。

美国国家半导体技术中心是一个会员制组织，按会员机构的规模和行业收取不同的费用，为所有成员提供重要价值。会员单位可能包括无晶圆设计厂、半导体研究机构、州和地方政府、联邦机构、国家实验室和联邦政府资助的实验室、代工厂、设备制造商、材料供应商、工会、投资者、国外的企业和研究机构。但是，某些与美国利益不符的国家拥有、控制或管辖的组织，美国拒绝其成为会员。大多数美国国家半导体技术中心资助的项目将在美国的设施和机构中进行。

美国总统科技顾问委员会认为，美国商务部芯片研发办公室与国家半导体技术中心运营商共同确立国家半导体技术中心的绩效评价标准，包括评估方式、评估指标。评估指标分为定性指标（如行业成员的支持情况）和定量指标（国家半导体技术中心赞助的培训计划中获得认证的人数、受训人的就业情况和研究成果等），既有短期指标也有长期指标。每年美国国家半导体技术中心将依据绩效评价标准撰写年度报告，并定期更新其年度目标。美国国家半导体技术中心还应聘请经验丰富的独立外部专家进行严格的第三方评估，作为其年度报告的补充，评估周期一般为 3～5 年，评估内容包括过程、结果和影响等。年度报告和评估报告都应向公众公开。

二、设立美国半导体制造研究所

2021 年美国的《国防授权法案》授权建立半导体制造研究所，以开展支持半导体机器设备运维的虚拟化和自动化技术研究，开发新的高级测试、组装和封装技术，以及支持企业教育和技能培训课程的开发和部署，并确保美国能够建立和维护一个值得信赖的人才培养渠道。2022 年颁布的《芯片和科学法案》进一步修订了该授权，允许建立"不超过 3 个制造研究所"，并在2022 财年拨款 5 亿美元建立相关研究所，使其可以与美国商务部标准和技术研究院协同开展微电子研究。此外，该法案还修改了对"制造美国"(Manufacturing USA)计划的授权，要求其特别关注地理多样性、人均收入低的地区、弱势居民比例高的地区、小型社区和农村社区；优先扩大传统黑人院校、少数族裔服务机构、少数族裔企业和农村高等教育机构的参与；促进该计划相关技术在国内的产业化生产。

美国制造研究所本身也是为了解决制造业"死亡之谷"才设立的。第二次世界大战后，美国对基础研究和应用研究的支持力度大致相同。但自 1990年以来，这种情况发生了变化。1990—1998 年，美国政府对应用研究的资金支持降低了 40%，1998 年后虽然增加了对应用研究的资金支持，但支持力度仍落后于基础研究。应用研究作为联通科学研究和商业开发之间的桥梁，对创新至关重要，因此减少对应用研究的投资会加大美国科研成果产业化的难度。1992—2008 年，虽然美国企业的研发经费增长了 186%，资本支出增加了 71%，但红利和股票回购却增长了 472%。美国经济分析局的数据分析表明，20 世纪 80 年代末以来，美国对制造业厂房等基础设施建设投资总体呈下降态势，而对工业设备投资则出现扩张，但仍不及研发经费的增长速度。[①]这一趋势与美国制造业"去硬资产化"的发展态势是一致的，其结果就是制造业基础科研和商业化生产之间的"死亡之谷"问题日益凸显。

2008 年金融危机后，随着"再工业化"的兴起，解决制造业"死亡之谷"问题被逐步提上议事日程，主要解决方法就是成立制造业创新网络(后更名为"制造美国")。截至 2022 年年底，制造美国是一个由 16 个制造业创新研究所组成的全国性网络，负责为成员提供最先进的制造设施和设备，以促进制造技术研究，将新产品推向市场并培养人才。制造业创新研究所是按公私合作方式共同投资建设的，成员包括研究型大学、社区学院、职业技术学校、

---

① 加里·皮萨诺，威利·施. 制造繁荣：美国为什么需要制造业复兴. 机械工业信息研究院战略与规划研究所，译. 北京：机械工业出版社，2014.

联邦实验室、州和地方政府、企业、教育机构、非营利组织和其他相关实体的代表。相关成员共同致力于解决制造技术问题，共同分享成果。商务部美国标准和技术研究院设立了先进制造国家项目办公室（AMNPO），负责管理整个网络，直接向总统行政办公室汇报，并为政府部门间持续的合作和信息分享提供便利。

这些已经完成建设的制造业创新研究所不仅有美国的企业成员，而且可能有非美国的企业。例如，Power America 研究所的成员包括 ABB、BAE 系统公司、英飞凌和东芝等国外企业，而专注于数字制造的制造业创新中心 MxD（Manufacturing times Digital，原名为"数字制造与设计创新中心"）也有罗尔斯罗伊斯和西门子等国际企业成员。美国政府问责局认为，根据一些机构的协议，如果外国机构满足某些条件，如在美国拥有重要的制造设施，则允许其成为研究所成员。如果美国希望成立更多以半导体为重点的制造研究所，那么考虑到半导体的全球性，不仅要允许而且要鼓励外国半导体企业（包括制造业和无晶圆厂行业的企业）加入其中。只要这些企业在美国拥有制造、生产或研发业务，它们就可以为美国半导体行业的发展做出贡献。

根据《芯片和科学法案》，新的半导体制造研究所设立后，也将在美国商务部管理之下，遵循该战略和美国制造战略的要求开展工作。《国家半导体技术中心的战略和愿景》表示，芯片研发办公室将与先进制造国家项目办公室协作，确定每个半导体研究所的研究主题。主题选择将围绕半导体设计、制造以及先进的测试、组装和封装能力展开，并与美国国家半导体技术中心、先进封装制造计划和芯片计量研究计划相辅相成。美国商务部预计新的半导体研究所将作为国家半导体技术中心的附属中心参与相关建设。

芯片计划办公室在对芯片制造项目提供补贴时会优先考虑那些承诺在美国投资研发的申请企业，如建设国内工厂或研发设施。此外，每个申请企业都必须加入国家半导体技术中心，参与先进半导体技术的研究和原型制造。根据需要，申请企业也将参与、支持国家先进封装制造计划资助的项目并与之合作，这将加强美国半导体生态系统中先进测试、组装和封装的能力。申请企业还需要承诺支持相关芯片的研发工作，如将技术人员轮换到国家半导体技术中心或先进封装制造计划中，或提供成熟节点的工艺设计套件等。

2022 年 10 月 13 日至 12 月 12 日，美国国家标准与技术研究院在《联邦公报》上发布信息，征询民众对半导体制造研究所的建议。最终收回了 90

多份回复，这些回复大部分来自半导体行业组织。2023 年 6 月 1 日，美国国家标准与技术研究院以《制造美国半导体研究所》为题[①]，发布了相关公众意见摘要，涉及五个方面：①研究所的研究范围。新的半导体研究所应该具有变革性，解决具有挑战性的问题，弥合从研发到制造之间的缺口。研究所应与其他芯片研发机构加强协调，包括美国国家半导体技术中心和其他制造业创新研究所。②组织结构和治理。2013 年制造业创新研究所最初的设计框架，仍然适用于新的半导体研究所。由于制造设备的复杂性和较高成本，新研究所的规模需要扩大，以加强对半导体制造生态系统的影响。③共同投资和共享设施设备。新研究所应鼓励所有成员共同投资，共享昂贵的设备、制造设施和新型材料。④教育和人才培养。新研究所应支持不同教育水平的体验式学习，包括小学、中学、大学的学生以及在职人员。与行业成员建立牢固的伙伴关系对于培养制造人才，并有效解决行业问题至关重要。⑤设立绩效指标，以衡量研究所的运营情况和技术。

三、制订计量计划

　　计量学是研究测量及其应用的科学，是下一代微电子设计、制造和封装的基础，涉及内容非常广泛。在整个制造过程中，计量是实现半导体高产量和高质量制造的重要组成部分。行业的进步对材料纯度、缺陷容限、材料性能和在线工艺都有严格的要求，只有计量能力迅速提高，投资才能产生充分的价值。例如，物理计量学涉及对材料、设备、系统等尺寸和物理特性的测量；计算计量学基于多维信息建模、可视化，并结合物理计量学，可分析、预测、控制系统和过程的性能；虚拟化和自动化，从事与机器学习、流程控制、安全和身份验证相关的数据收集、处理和分析等；测量服务，负责校准机器设备、仪器等，以确保制造数据统一运用国际单位制等既定基准；测量和文件标准，规定材料、工艺、性能、产品、系统、服务、测试方法和抽样程序或部件分类等。可以说，半导体从实验室的基础和应用研发到概念验证、原型制造、工厂制造、组装和封装，以及性能验证等各个环节都需要用到计量。某些情况下，在超过 50% 的半导体制造步骤中，

---

① National Institute of Standards and Technology. Manufacturing USA Semiconductor Institute（s），2023. 06.

计量都起到关键作用。随着芯片越来越小、集成度越来越高，测量、监控、确保制造质量也变得越来越难，计量学也随之变得越来越重要。

美国商务部标准和技术研究院是负责计量研究和承担计量研究计划的专业机构，它目前有近 50 个与半导体相关的基础研究和应用研究项目，拥有一系列可供行业使用的研究设备，包括 2 纳米制造设备，以及用于定制的测量工具和仪器。相关设施将为企业提供关键的研究条件，使企业能够测试新的先进封装方法和流程，并将其整合到其业务中。

2022 年 8 月美国颁布的《芯片和科学法案》对整个芯片研发计划的计量活动提出了明确的要求：①美国国家标准和技术研究院制订一个计量计划，通过多学科研发促进美国半导体产业发展；②美国国家半导体技术中心支持使用 3 纳米或更先进工艺制造芯片的计量需求，以及安全和供应链验证的计量需求；③先进封装制造计划和半导体制造研究所应加强半导体的先进测试能力，以支持国内生态系统发展。2022 年 9 月，美国标准和技术研究院发布了《美国半导体制造业的战略机遇——通过计量和标准的进步促进美国的领导地位和竞争力》报告[①]，提出了半导体计量的七大挑战，并作为其今后工作的重点：计量材料纯度、性能和来源，面向未来的先进计量技术，在先进封装中实现集成组件的计量，半导体材料、设计和元件的建模与仿真，半导体制造过程的建模与仿真，微电子新材料、工艺和设备的标准化，加强微电子元件和产品的安全性和来源。

计量计划通过利用当前的计划和能力，与美国能源部国家实验室、学术机构和产业界等密切合作，与美国国家半导体技术中心和先进封装制造计划整合，以确保该计划中开发的计量解决方案可供成员机构使用，并确保该计划能解决确定的关键计量问题。计量研究计划将基于与各界的合作伙伴关系，加速计量技术进步从实验室向商业市场的转变。

2023 年 6 月 5 日，美国国家标准与技术研究院发布了文件《半导体生态系统中的计量差距》[②]，旨在为申请芯片研发计量计划（CHIPS R&D Metrology

---

① National Institute of Standards and Technology. Strategic Opportunities for U.S Semiconductor Manufacturing: Facilitating US Leadership and Competitiveness through Advancements in Measurements and Standards, 2022.09.

② National Institute of Standards and Technology. Metrology Gaps in the Semiconductor Ecosystem: First Steps Toward Establishing the CHIPS R&D Metrology Program, 2023.06.

Program)补贴的企业提供指导，并确保其与《芯片和科学法案》的要求一致。报告描述了芯片研发计量计划的产生、发展和战略优先领域，设计了一个旨在通过先进的测量、标准、建模和仿真技术强化美国半导体行业的计量计划。早在 2021 年 6 月，美国国家标准与技术研究院就正式成立了一个半导体计量工作组，由美国国家标准与技术研究院 6 个实验室的计量专家组成，其最初目标就是了解影响美国国内半导体发展的计量差距，为实现 2021 财年《国防授权法案》中设定的半导体研发目标制定愿景。起先，美国国家标准与技术研究院确定了 8 个计量研发主题，2022 年在《美国半导体制造业的战略机遇》报告中将其概括为七大挑战 32 个研发方向，在《半导体生态系统中的计量差距》中又进一步概括为两大类 10 个优先研发领域。第一类为自动化、虚拟化和安全性计量，包括 5 个研发领域：用于供应链信任和安全的先进计量；先进模型的验证和确认；下一代制造工艺的先进建模；自动化、虚拟化和安全性标准；设备和软件的互操作性标准。第二类为下一代微电子技术计量，也包括 5 个研发领域：先进材料和器件的计量；纳米结构材料表征计量；先进测量服务；针对 3D 结构及器件的先进计量；先进封装的材料表征计量。

四、制订先进封装计划

半导体封装是一个劳动密集型的生产流程。根据波士顿咨询集团和美国半导体行业协会的统计，为了利用较低的工资和投入成本，全球至少 81% 的封装生产位于亚洲。封装市场上有两种流行的商业模式：一种是集成设备制造商(IDM)在内部提供所有半导体封装工艺，另一种是外包半导体封装测试(OSAT)公司专门从事外包封测业务。目前，美国半导体公司几乎将所有封装业务都外包到海外，或者依赖位于海外的美国公司进行加工。其中，英特尔和德州仪器分别有 75% 和 85% 的封装业务依赖亚洲，各有约 30% 的封装业务在中国。[①]美国认为这种对亚洲公司，尤其是中国公司的严重依赖，是美国供应链中的一个弱点。

从历史上看，半导体研究的重点是增加单个芯片上的组件数量（"芯片密

---

① HIDEKI UNO, CHIPS+ and Semiconductor Packaging, 2022.11.

度"），以生产体积更小、性能更高的多功能半导体，英特尔、台积电和三星等公司竞相生产更小、更先进的芯片。然而，随着摩尔定律越来越接近极限，更小芯片在效率提高方面的效果将越来越差，而封装被视为保持半导体创新前沿的一种新方式。芯片封装的创新可以提高电子设备的性能，同时降低芯片的功耗。但是，对美国而言，发展传统芯片封装在经济上不合算，美国需要发展的是先进封装。

《芯片和科学法案》在五年内拨款 110 亿美元用于研发计划，其中包括用于先进封装制造计划的初始 25 亿美元投资，以期在美国建立强大的先进封装能力。美国国家先进封装制造计划主要由美国商务部标准和技术研究院负责，通过与美国国家半导体技术中心合作，着重加强半导体先进测试和封装能力，包括基板生产、异构集成，以及与各种新材料系统的整合。

美国商务部计划将先进封装制造计划作为标准和技术研究院内的一个独立项目，并由一名负责人向芯片研发主管报告。根据《国家半导体技术中心的战略和愿景》，对于需要投资建设的先进封装制造计划设施，美国芯片研发办公室将评估这些设施是否可以由美国国家半导体技术中心进行管理，以便于美国国家半导体技术中心的成员使用。例如，美国先进封装制造计划办公室可能会与美国国家半导体技术中心协调资助以下优先事项：其一，先进封装试验设施，这是一个现代化的小批量试验封装设施，专注于先进封装技术创新，有助于测试和试验新封装设备和工艺；其二，异构集成技术中心，这是一个包括集成和封装各种器件和材料系统所需研究能力的技术中心，如光子学、宽带隙和超宽带隙半导体、先进逻辑芯片、混合信号和新型存储器件。根据 2023 年 2 月 28 日发布的补贴通知，申请企业应承诺参与美国国家半导体技术中心，并以合适的方式参与、支持先进封装制造项目并与之合作，此外还应承诺支持相关的芯片研发工作。事实上，为了激励申请企业积极参加相关研发工作，相关的补贴通知对申请企业的研发计划提出以下建议：

半导体生产设施的申请者应以市场价格或低于市场的价格提供服务，以支持半导体初创企业、学术界、政府机构以及由国家半导体技术中心牵头的研发项目；封装设施的申请者可以预留出供国家半导体技术中心或先进封装制造计划使用的封装产能；申请者可将技术人员交换到国家半导体技术中心或先进封装制造计划中，或通过交流的方式培训国家半导体技术中心或先进封装制造计划的技术人员；申请者可向国家半导体技术中心提供过程数据，以支持用于仿真训练和制造过程优化所需的海量数据集；申请者可以允许外部人士免费或以较低价格使用其现有研发设施，不论这些设施隶属于国家半导体技术中心、国防部通用微电子研发中心还是自有设施；申请人可以增加公众和产业界对成熟节点工艺设计工具的使用，例如通过开源许可，以促进知识产权开发并提高代工厂的互操作性。

美国标准和技术研究院通过汇集产业界和学术界专家力量，在高性能和多功能封装方面开展共同研究和创新，从而为企业提供关键的共享研究基础设施，使企业能够测试新的先进封装方法和流程，并将它们整合到商业模式中。美国业界认为，这是一项历史性、改变游戏规则的投资，有可能扭转美国在全球半导体生态系统中的下行轨迹，确保美国在未来几十年内成为半导体领域的领导地位。美国政府还鼓励全球企业在《芯片和科学法案》设立的价值 390 亿美元的半导体补助计划的框架内在美国建立新的封装设施。

五、相关机构和计划均需承担培养半导体人才的职责

据美国半导体行业协会的一项研究估计，《芯片和科学法案》未来几年将在美国创造 28 万个新工作岗位，远远超出美国高校的人才培养能力。高端半导体专业人才不仅需要扎实的理论知识，还需要熟悉工艺流程，所以美国商务部表示会与美国国家科学基金会、美国芯片实施指导委员会、美国微电子领导小组委员会就人才培养问题加强协调。根据相关方观点，美国高校、研究机构、半导体研究公司需要承担不可推卸的人才培养职责，《芯片和科学法案》新设的上述机构和计划无一例外也需承担相应职责。

2022 年 6 月，美国众议员哈雷·史蒂文斯(Haley Stevens)等提出《2022年制定有效举措以在需要的增长行业中培养人才法案》[1]，致力于增加半导体行业研究人员的数量。该法案将为高等教育机构、非营利组织和财团设立国家科学基金会奖，鼓励各方利用创新方法开发、改进和扩大微电子教育及研究人才培养规模；建立培训计划，以资助攻读微电子第二学位的学生；创

---

[1] HALEY STEVENS, DAN KILDEE, MICHAEL WALTZ, ANTHONY GONZALEZ. The Creating Helpful Initiatives to Produce Personnel in Needed Growth Industries(CHIPPING IN Act of 2022), 2022.06.

建全国微电子教育网络，确保可以组织协调各机构的活动、共享最佳实践及访问合作伙伴的设施。

2022年9月，美国微电子领导力小组委员会在《国家微电子研究战略草案》中，将人才培养作为三大战略目标之一，并强调要建立一套覆盖中小学、大学和在职培训在内的广泛的教育体系。①在不同层级的学校广泛开展微电子教育。在全国K-12教育（即中小学）阶段开设微电子相关课程，农村学校、社区学院，以及少数族裔集中的学校也不例外；开设与超大规模集成电路设计、制造、测试和建模相关的技术课程和本科课程，为学生提供身临其境的实验室环境；设立专门的硕士和博士研究生课程；招收更多外国留学生，并给更多毕业生提供绿卡、引进更多外国专业人士。②为学生提供产教融合的培训机会。与学术界、产业界、专业协会、地方政府和教育机构及国际盟友合作，建立一个广泛的公私合作微电子培训系统，为学生提供学徒、实习等不同形式的实践机会；为国内教师和学生使用制造、测试和封装设施提供便利，并给予资金支持，提高学生的动手能力。③培养面向未来的员工队伍。为微电子企业员工提供定期培训和终身学习的机会，以便其跟上技术创新的步伐。

美国总统科技顾问委员会在《振兴美国半导体生态系统》报告中，同样建议美国商务部和有关部门合作支持高等院校和职业学校的微电子教育，强化其科研设施、师资和课程体系等。报告建议，美国商务部部长应与美国国家科学基金会主任协调，在2023年年底前建立美国国家微电子教育和培训网络，并在未来5年内拨款约10亿美元，用于升级全国各地至少50所高校的实验室设施，支持微电子课程开发，并增聘相关教师。其中，7.5亿美元用于支持高校升级实验室设施，以及支付50个关键学术机构的实践学习和培训成本；投入1亿美元，支持课程开发并在全国共享，资助几所大学维护芯片设计工具和流程，所有学术机构都可以利用这些工具和流程开发相关课程，并推广到高等院校和职业院校；投入5000万美元支持大学购买电子设计自动化软件和计算机辅助设计软件，以及支持晶圆制造厂为教学科研提供的设计和制造工艺线；投入1亿美元，激励高校聘用至少100名教职人员，最终实现每年增加1万名微电子专业毕业生的目标。商务部部长应确保国家半导体技术中心的研究项目每年在教育领域提供约2500个研究员职位（针对研究生）和奖学金名额（针对本科生和社区学院学生），以鼓励学生从事相关专业的学习。该报告还建议，美国国土安全部应优先处理具有微电子高级学位的移民就业申请，以增加相关领域的从业人员。

对申请芯片补助的企业，美国商务部也鼓励雇主、培训机构、工会等相关方加强合作，提供更多的带薪培训和体验式学徒学习机会。这意味着，美国不仅将人才培养视作教育机构的任务，而且认为研究机构和企业也应承担相关任务，通过调动全社会的力量共同加快人才培养。人才培养是美国国家半导体技术中心的三大工作目标之一，也是"制造美国"各个研究所的重要职责，先进封装制造计划和计量计划与美国国家半导体技术中心关系密切，且均在美国商务部管理之下，也承担着不容推卸的人才培养职责。之所以如此，一方面是加快人才培养的需要，另一方面是因为半导体技术实践性非常强，拥有先进研发设施的机构在培养高端人才上具有无可比拟的优势。

此外，其他部门的政策也积极与之协同。例如，2022 年 10 月，美国国家科学基金会投资 3000 万美元，启动新兴技术领域劳动力发展计划（ExLENT）。ExLENT 将为美国人提供更多新兴和新技术领域（如先进制造、人工智能、生物技术、量子信息科学，以及微电子学）的实践学习机会。该计划将补充传统科学、技术、工程和数学（STEM）教育的不足，以解决美国目前在新兴技术领域面临的大量劳动力短缺问题。并且，ExLENT 将促进并加强新兴技术领域的组织与职业教育专业机构之间的合作。

第六章

创新前沿技术和先进工艺研究方式

美国认为，为了维持其在制造业的领导地位，促进先进制造业发展，需要克服技术市场化过程中的失败，为此政府需要从三个方面发挥作用，克服市场失灵。其一，促进新技术发展。支持具有变革潜力的特定早期技术发展，这方面的私人投资不足，因为他们无法获得投资的全部回报，存在较大的溢出效应。其二，支持共享基础设施。有许多工具和技术可以提高现有企业快速原型化的能力，然而，许多企业却不能获得这些技术。美国联邦政府通过改善基础设施的使用，有助于中小企业从易于访问的共享基础设施、设备和专业知识中受益。其三，重新思考制造工艺流程。新兴技术具有改变制造方式的潜力，新的制造工具和资源可以降低风险、成本和开发周期，可以针对不同的细分市场进行适应性设计和开发，产品设计师的数量和类型可以量级增加。①对半导体制造而言，显然政府也需要加强这三方面的作用。其中，共享基础设施的内容在上一章已有介绍，本章不再介绍。

对于新技术和新工艺流程，《芯片和科学法案》及其后续很多政策均有强调。从芯片补贴的投向看，投资于成熟工艺的有100亿美元，投资先进工艺的有280亿美元，投资先进技术研发的只有110亿美元，成熟工艺投资额明

---

① the President's Council of Advisors on Science and Technology, Report to the President on Ensuring American Leadership in Advanced Manufacturing, 2011.06.

显低于先进工艺和先进技术研发。美国国防芯片基金虽然只有 20 亿美元，但从其用途看，主要也是用于先进技术研发和应用。《国家微电子研究战略草案》的三个战略目标中有两个都与先进技术有关，一个是促进未来的微电子技术发展，另一个是加快技术研发成果产业化。《成功的愿景：商业制造设施——芯片激励计划》确立的四个目标中有三个都与先进技术有关：尖端逻辑芯片、先进内存芯片、先进封装。这说明，相对于当前技术和生产优势，美国对未来技术和先进工艺产线的支持更大，以期取得未来竞争优势。同时，为了促进先进技术和工艺研发，美国提出了多种创新方式。

一、推动整体化、全栈式创新

传统上，CMOS 技术和冯·诺依曼系统架构主导了半导体系统开发，相应的技术堆栈从上到下一般包括以下几层：终端软件应用、应用程序设计、平台软件、平台程序设计、操作系统、计算机系统架构、组件技术。随着 CMOS 技术的性能不断提升，要实现真正的下一代技术进步，孤立地迭代开发新技术的各个方面是不够的，因为任何一项创新应用都垂直整合了整个计算堆栈的技术。因此，2017 年，美国总统科技顾问委员会指出，保持领先地位的唯一方法是超越竞争对手，美国只有加快创新速度才能成功缓解其他国家带来的竞争压力，而加快技术创新的一个重要方法就是技术创新的整体方法。为此，总统科技顾问委员会基于上述计算堆栈的潜在选项，从计算系统架构、计算方式和组件技术三个不同维度分析了未来十年计算堆栈可能涉及的主要技术[①]，见表 6-1。这意味着要发展下一代技术不能仅仅依靠半导体技术自身的突破，还需要和计算堆栈中其他技术协同创新，才可能形成满足实际应用所需的计算能力。

表 6-1 未来十年计算堆栈可能涉及的主要技术

维度	技术或组件	技术内容
计算机系统架构	非冯·诺依曼架构	为了适应具有复杂内存结构的多核 CPU 等后摩尔时代技术的变化，需要新的工程范式跨越传统冯·诺依曼架构的数字计算范围

---

① President's Committee of Advisors on Science and Technology. Ensuring Long-Term U.S. Leadership in Semiconductors, 2017.01.

（续表）

维度	技术或组件	技术内容
计算机系统架构	量子计算	量子计算可能大大提高我们的计算能力并解决当前棘手的问题，包括几种量子架构方法：模拟量子仿真、绝热量子退火和基于电路的量子计算
	生物/神经形态计算	仿生的功耗和电路"拓扑"结构，类似于后香农极限时代无线电网络的设计方式
	特殊用途架构	现场可编程门阵列、图形处理单元和深度学习/机器学习加速器、边缘计算
	近似计算	对容错任务（如多媒体处理、机器学习和信号处理）执行近似而非精确的计算，显著提高效率并降低能耗
计算方式	嵌入式系统	属于专用半导体，覆盖物联网设备等大批量/低成本半导体及机器人或国防系统等小批量/高成本半导体，电源效率因应用而异，保持盈利能力需要制造和设计的灵活性和敏捷性
	个人/便携式系统	桌面、移动和可穿戴等电池供电的计算设备，需要针对性能、价格和功率进行优化
	超大规模系统	用于"远程"计算的超级计算设备将被聚合形成可以在每个架构类别中生成的最强大的系统。这些系统有望解决其他棘手问题；或者，对于经典架构，可在实际功率限制内最大化性能
组件技术		光子学、传感器、磁学、3D 打印、基于数据流的架构、超高性能无线系统、碳纳米米管和相变材料、使用点纳米级 3D 打印、DNA 计算和 DNA 存储、先进易存储静态随机存储器等

资料来源：Pcast.Ensuring Long-Term U.S. Leadership in Semiconductors.

类似地，2021 年，美国技术公益机构半导体联盟（Mitre Engenuity）也强调基于"计算堆栈"的"全栈"创新。如图 6-1 所示，整个计算堆栈涉及材料、结构、设备、电路、算法、架构、软件、应用、安全、计量、封装等多个方面。Metre Engenuity 认为，美国半导体产业发展存在两个制约因素，其一为相关资金不足，面临跨越"死亡之谷"的困难；其二则为不能孤立地迭代开发新技术，而应追求计算堆栈所有元素的全栈创新。[①]

《国家微电子研究战略草案》在强调要促进未来几代的微电子技术发展时，更明确地说明了这一点。该战略指出，机器学习带来的数据爆炸和人工智能技术发展正在推动形成新型的"内存计算"架构，有望克服"冯·诺依曼瓶颈"；EDA 软件正在经历一场革命，可能设计出对几乎所有应用进行优化的定制电路；异构计算可优化特定应用程序的性能并加快计算速度。这些技术创新促进了未来微电子技术的变革，美国需要为未来技术的创新发展创

---

① MITRE Engenuity. American Innovation, American Growth: A Vision for the National Semiconductor Technology Center, 2021.11.

造基础条件。①支持微电子先进材料、设备、元件、互联技术和电路的发展，尤其是系统级集成设计及其与产业的协同。加速新材料、处理架构和系统硬件开发，促进电路设计、仿真和仿真工具的广泛应用，开发异构集成的流程和计量标准，将硬件完整性和安全性作为堆栈要素，研发制造工艺所需的制造工具和流程。②支持和扩大对研发基础设施的利用。"后摩尔"和"超越摩尔"解决方案需要的工具和设施越来越复杂和昂贵，不是任何研究团队或企业都有能力购买的，建立公用的研发基础设施网络对于促进微电子技术研发非常重要。研发基础设施包括三个关键部分：硬件和软件工具，数据和数据共享基础设施，以及充分利用工具和数据的专业知识。政府需要支持相关的基础设施建设，并为学术界和小企业利用设计工具和制造设施提供便利。也就是说，软件工具和数据都是硬件研发所需要的共享基础设施，半导体硬件的创新需要软件、数据等的协同。

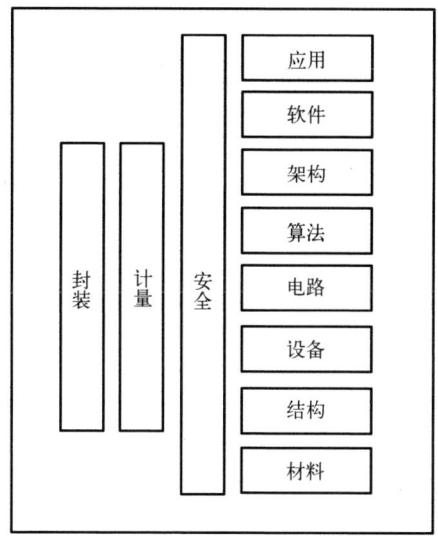

图 6-1　半导体开发涉及的计算堆栈

资料来源：Mitre Engenuity. American Innovation, American Growth: A Vision for the National Semiconductor Technology Centre, 2021.11.

类似地，美国国家科学基金会指出，半导体微电子系统的发展正处于十字路口。该技术随着长期以来以摩尔定律为特征的小型化趋势而扩展，并以新的材料、工艺、设备和架构为基础，现在需要缩小技术链中基本组成部分之间的差距，材料、设备和系统需要共同设计。协同设计方法作为推进半导体技术的主要方法已在各种政府和行业研究中得到广泛认可，这种整体的协同设计方法可以更快地创建高性能、稳健、安全、紧凑、节能且具有成本效益的解决方案，促进半导体技术更快发展。同时，行业和学术机构之间的伙伴关系对于促进创新和技术转让、满足研究需求，以及培训未来的劳动力至关重要。①

显然，不论是整体创新、全栈创新，还是协同设计方法，本质基本类似，都是强调半导体技术需要与相关的软件、算法、应用等技术共同发展，这是研发下一代半导体技术和产品的需要。按照要求，国家半导体技术中心需要将 30%～50%的资金用于前沿技术研发，且研发领域涵盖了材料、制造工艺、封装和互联技术、节能计算和加速器、设计自动化工具和方法、系统安全各环节，国家半导体技术中心已经涵盖了半导体技术的各个方面和半导体产业链全流程，代表了美国半导体生态系统所需的关键技术，有助于整个流程的整体创新及整个技术堆栈的全栈式创新。通过在全国设立多个附属中心，国家半导体技术中心确保全栈式创新所需的设施、资源更为全面，且能给更多机构、业者提供服务。

二、确立"登月计划"推动跨越式创新

美国一向重视前沿技术研发。2017 年，总统科技顾问委员会在《确保美国在半导体领域的长期领导地位》报告中，就提出"跨越式"创新策略，建议采取应用驱动的创新方法，激励十年内可能产生突破性解决方案的一个或多个具有战略重要性的半导体应用创新发展，相关项目被称为"登月计划（moonshot）"，希望能够凝聚行业、政府和学术界各方力量，加快半导体技术成熟落地，并推动计算技术创新发展，维持美国在相关领域的领导地位。②"登月计划"一般是具有较高社会效益的创新性技术或产品。例如，开发负担得起的桌面半导体制造设备，以取代十亿美元的制造设施，并可以小批量生产；使用纳米级的 3D 打印将"硬"的电子材料与"软"的生物材料连接起来；使用量子计算机处理大规模数据计算问题。

---

① National Science Foundation. Future of Semiconductors（FuSe），2022.07.

② President's Committee of Advisors on Science and Technology. Ensuring Long-Term U.S. Leadership in Semiconductors, 2017.01.

（一）半导体"登月计划"的设计原则和政策工具

美国政府围绕"登月计划"需要协调产业、政府和学术界相关力量，并提供大量的资金支持，以克服与激进创新相关的困难。"登月计划"的设计和选择应遵循以下四个原则。

其一，应用驱动创新。每个计划都应选择目前缺乏技术解决方案且有重大经济或战略重要性的领域，并以相关领域的半导体应用取得的实质性进展为目标。其二，弥补行业投资不足。有些领域，如先进材料科学、先进制造、建模和仿真，对美国经济至关重要，并将被产业界广泛使用。但产业界缺乏建立这些系统的能力，政府除了资助研究，还应发挥更积极的作用，促进相关行业发展并通过政府采购等方式促进产品商业化。其三，以十年为限。政策制定者应该把重点放在那些原则上可以在不到十年的时间内产生突破性解决方案的项目上，这意味着这项工作需要专注于将现有研究推向市场。其四，降低设计成本。设计复杂半导体产品的成本正在迅速增加，联邦政府应该投资于研发，使设计硬件和软件一样容易。例如，美国政府可以支持开发类似于计算机辅助设计（CAD）的工具，将设计成本降低一到两个数量级。

为了实施"登月计划"，美国总统科技顾问委员会建议，美国国家科学技术委员会应在其技术委员会下成立一个半导体"登月计划"小组委员会，关注具有共同商业利益和政府利益的"登月计划"，以协调"登月计划"的选择、开发和执行。小组委员会的成员应包括美国总统办公厅（国家经济委员会、白宫科技政策办公室、国家安全委员会）和美国其他相关机构（国防部、商务部、能源部、卫生部、运输部、国土安全部、国家科学基金会）的官员。这个跨机构小组将协调美国政府中"登月计划"的选择和优先次序。对于每个"登月计划"，该小组将确定主持计划的牵头机构、实现计划所需的资源，以及执行的时间表。此外，对于每个"登月计划"，应建立一个跨产业、政府和学术界的咨询小组。该小组将帮助确定要参与的公司和个人，确定资金来源和其他资源，并在整个过程中向牵头机构提供反馈和支持。

小组委员会将与牵头机构一道，确定实现"登月计划"的适当政策工具。通常的政策工具是政府采购，即各机构与特定产品或服务的承包商签订合同，承包商进行应用研究和开发，以弥合现有产品与任务需求之间的差距。除了政府采购，还有四个可以使用的政府工具。一是设立奖项。机构可以提供激励奖，以鼓励产业界和学术机构解决"登月计划"挑战，奖项可以资金或政府采购协议的形式提供。许多美国政府机构已使用这种方式来解决各种各样的技术挑战，包括加速自动驾驶汽车技术的发展等。二是给予政府机构研究员职位。一旦选出"登月计划"，半导体"登月计划"小组委员会就可以给每个项目两个研究员名额——一名来自产业界，另一名来自学术界——为期1～2年，共同组建和运行一个团队，以推进登月计划并协调外部资源（如资金和研究）。三是合作研究。政府可以创建一个便于协作的研究机构，汇集来自产业界、学术界和政府的资源。协作机构的共享设施可以支持一系列活动，包括早期研究、小批量生产、技术转让和松散合作的研发，如"制造美国"的研究所。四是行业主导的风险投资联盟。过去15年，芯片企业的A轮投资数量一直在下降，原因是投资时间长、所需投资相对较大、IPO成功率低，以及传统投资较少。行业可以通过创建一个共同投资下一代技术的风险联盟来增加风险投资。如有必要，美国政府可以建立类似20世纪80年代SEMATECH那样的机构。美国政府还可以考虑通过DARPA和能源高级研究计划局（ARPA-E）等组织共同投资。

《芯片资助基金战略》在技术上的目标主要是投资生产对美国具有战略意义的芯片，尤其是先进技术芯片，并促进下一代半导体技术、应用和行业发展。从美国政府围绕《芯片和科学法案》采取的诸多措施看，完全是将先进芯片和下一代半导体技术作为"登月计划"来发展的，设立的组织机构和运用的政策工具也和"登月计划"一致。例如，在组织机构上，虽然芯片实施指导委员会不是设立在美国国家科技委员会下面，而是直接设立在白宫，但是其成员单位基本与美国总统科技委员会提议的半导体"登月计划"小组委员会几乎完全一致，在白宫和美国商务部层面都有相应的咨询机构。在政策工具上，美国国防部和DARPA的政府采购订单和研发投资从未断绝；新建了美国国家半导体技术中心等合作研究机构；美国国家半导体技术中心的研究项目每年应提供约2500个研究职位和奖学金名额，要求国家半导体技术中心设立一个约5亿美元的投资基金等，均与"登月计划"的设计相吻合。之所以将先进半导体技术作为"登月计划"，是因为未来的半导体和计算需要在多个维度上进行创新，如执行新的计算方法（如非冯·诺依曼架构和近似计算）、利用硅以外的新材料（如碳纳米管及DNA计算和存储）、将半导体集成到设备中的新方法(如嵌入纺织物和物联网)。这与摩尔定律相关的传统方法形成鲜明对比,可能形成根本性创新。

(二)生物芯片:"登月计划"的一个案例

美国总统科技顾问委员会提出了半导体领域一系列更为具体的"登月计划",希望作为行业、政府和学术努力的焦点,共同推动半导体技术创新。例如,开发零日生物威胁检测网络,能耗不到 5 兆瓦、分辨率为 1 千米范围的全球天气预报系统,研发能够处理计算化学和材料科学问题的商业量子计算机,研发大规模、零碳、低成本的能源系统等。其中,生物芯片是与零日生物威胁检测网络和医疗技术密切相关的一种半导体技术。为了发展相关技术,近几年美国政府持续从半导体和生物两方面加强布局。

在半导体方面,2022 年《振兴美国半导体生态系统》建议的美国国家半导体技术中心 6 个研究联盟就包括新兴技术和生命科学研发联盟,6 个前沿研究方向也包含半导体和生命科学。该报告将生物芯片作为国家半导体技术中心应该优先解决的三大挑战之一,要求创建一个节能、可扩展且安全的生物芯片平台,用于监测和治疗疾病;要求引入生命科学所需的非标准或"肮脏材料"和先进封装技术,开发超低功耗解决方案。美国《国家微电子研发战略草案》也强调半导体与生物分子、生物正在融合创新,可能形成新的生物半导体技术,促进了未来微电子技术的变革。

在生物领域,美国也持续出台了多方面举措。2017 年,美国发布了《国家生物防御战略》,并要求成立高规格生物防御指导委员会,负责监督和协调联邦机构和情报界的工作,评估和打击针对美国的生物威胁。2020 年,美国国家科学院、工程院和医学院在国家情报总监办公室的支持下发布了《维护生物经济》的报告,明确指出"美国生物经济是由生命科学和生物技术的研究和创新驱动的经济活动,并由工程、计算和信息科学的技术进步所推动"。2021 年 6 月,美国参议院通过《生物经济研究与发展法案》,并将其作为《2021年美国创新与竞争法案》的一部分;美国众议院于 2021 年 7 月重新提出了内容极为相似的生物经济法案,相关内容均被并入《芯片和科学法案》"生物经济研究与开发"这一节中。《芯片和科学法案》要求建立一个跨领域的"生物威胁准备研究倡议",以帮助预防、准备、预测和应对可能影响国家安全的自然和人为的生物威胁，并授权在 2023—2027 财年每年拨款 5000 万美元支持该项工作。此外，2022 年 5 月，美国在国家卫生研究院(NIH)成立了一个独立实体健康高级研究计划局(ARPA-H)。该机构支持"应用驱动"(use-driven)的理念，专注于解决实际问题，着重投资无法通过传统研究或商业活动实现的突破性技术和可能改变医学健康重要领域的平台、能力、资源和解决方案。在相关政策支持下，美国凭借着巨大的经济实力和先进的科研技术，始终处于全球生物芯片技术的领先水平。目前，美国已在全球生物芯片市场占比超过 40%，相关"登月计划"目标正在逐步实现。

从中可以看出，对于生物芯片这样一个"登月计划"项目，虽然没有制订单独的研发计划，但是不论是在应用层面还是技术研发层面，国家一直以相应方式给予支持，从而确保了美国在相关领域的领先优势。

三、发展"小芯片"技术，降低开发难度

2017 年，美国总统科技顾问委员会在《确保美国在半导体领域的长期领导地位》报告中指出，选择"登月计划"的原则之一就是降低设计成本，使设计硬件和软件一样容易。同年，DAPRA 启动了"电子复兴计划"的子项目"通用异构集成及 IP 复用策略"项目。与以前芯片由多个 IP 核集成后统一封装成单片芯片不同，该项目意在建立一个兼容、模块化、可重复利用的小芯片生态系统。由于逻辑计算单元之外的芯片其他部分不需要依赖先进工艺，所以可以将 IP 模块化处理为具备单一功能的计算单元或功能单元，即小芯片。企业从供应商处买到的不再是 IP，而是根据需要选择功能、工艺可能不同的小芯片，并基于先进封装技术将各小芯片彼此互联，封装成一个 SoC 芯片。相比单片芯片，模块化的小芯片开发速度更快、研发成本更低，大大简化了芯片设计的复杂度，能满足不同的功能需求，使得硬件开发和软件一样灵活、方便。所以，小芯片技术符合"登月计划"标准，也可以被视为一个"登月计划"项目。

2022 年，总统科技顾问委员会在《振兴美国半导体生态系统》中再次建议将降低设计复杂性作为国家半导体技术中心应该优先解决的三大挑战之一，使芯片的设计时间降为当今的十分之一，以提高劳动生产率，并降低初

创公司的进入门槛。该报告还建议，国家半导体技术中心应确保在 2025 年底之前创建具有完整软件堆栈的"小芯片"平台，以便初创公司和学术机构能够将其研发的小芯片与国家半导体技术中心的小芯片平台集成。理想状态下，芯片设计公司只需专注于自己擅长的 IP 即可，不需要担心其他的 IP 及相互之间的连接问题。

在政策推动的同时，美国产业界也积极行动起来。2022 年 3 月，英特尔、AMD、高通、三星、台积电、Meta 和微软等 IT 行业巨头宣布成立小芯片互联标准联盟，它的全称为"通用小芯片互联通道"（Universal Chiplet Interconnect Express，UCIe）。这一标准的目的是通过开源设计实现芯片互连标准化，从而降低成本，促进更广泛的验证芯片的生态系统。这种新的 UCIe 互连的目标是像其他连接标准一样普遍和通用，同时为小芯片连接提供卓越的功率和性能指标，覆盖 X86 和 ARM 生态。此外，2022 年 6 月，谷歌硬件团队推出一个全新的面向开发者的开源网站，用户可以在其中自己设计芯片。谷歌还与代工厂 SkyWater Technology 合作，赞助了开源芯片流片项目，提供完全开源的工艺设计套件。

20 世纪 80 年代，面对日本在半导体领域的追赶，美国通过模块化和标准化的设计，很快在大部分半导体领域（除材料等少数领域除外）取得了领先优势。如今，美国再次基于小芯片技术和小芯片平台，将半导体芯片的设计模块化、标准化，很可能再次引领技术变革方向，取得相对于其他竞争者的领先优势。

第七章

建立区域创新中心

经济学理论很早就注意到产业集聚的益处。经济学家马歇尔（Alfred Marshall）在 1890 年出版的《经济学原理》中就提出了"同一产业不同企业的地理集聚"问题，并指出集聚的三个原因：企业家倾向于在专业人才聚集的地方设立企业；企业的运营需要其他企业的辅助和相关的公共基础设施；企业在技术研发和生产中产生的技术外溢有利于整个行业发展。此外，波兰尼所说的"缄默知识"传播需要面对面的沟通，也使得产业集聚具有一定的必要性。因此，美国政府很早就开始通过政策引导产业集聚区发展。但是，至今美国的创新和投资仍然主要集中在少数几个地区，超过 90%的创新部门的就业增长仅来自五个创新都市区——波士顿、西雅图、旧金山、圣地亚哥和加利福尼亚圣何塞。科研经费分配地域不均，地域机会不平等已经对美国创新和技术发展造成不利影响。所以，近几年美国大力推动区域创新中心建设，以期扭转这一局面，在半导体领域同样如此。

一、联邦政府具有推动产业集聚发展的传统

就产业集聚的类型而言，马库森根据集聚区内企业之间的关系曾提出了四种模式：马歇尔式工业区，主要是由地方性的中小企业组成，规模经济不明显，大量贸易在区内进行，与区外企业的联系和合作程度低，如美国硅谷；

轮轴式(Hub-and-Spoke District)工业区，由一个或几个大型企业支配，供应商在外围，如美国底特律；卫星平台式工业区，主要由区域外大型企业的分支机构组成，相关企业主要与外部企业尤其是母公司联系密切，区内经济联系较少，如北卡罗来纳州的科技园区；政府主导式工业区，主要由军事基地、军工企业、大学或政府机构等组成。[①]前面三种集聚模式较为强调企业的主导作用，政府作用不明显。例如，1855 年，私营兵工厂柯尔特在哈特福德市设立，生产可交换零件的枪械，带动了美国标准化制造体系的发展扩大。围绕柯尔特，产生了众多制造业企业，如缝纫机、纺织机械、家具、锁具、时钟、自行车、火车、机床等产业及后来发展起来的汽车业[②]。这些产业大多都是自发产生的，并非政府有意推动的结果。这里重点对第四种集聚模式政府主导式进行分析。

(一)联邦政府有意推动产业集聚发展的历史经验

美国政府有意推动区域经济发展，最早可以追溯到 1862 年出台的《莫里尔法案》。这部法律要求联邦政府授予每个州一块联邦土地，用于建立一所"赠地大学"，并要求这些大学建设为农业和机械技术院校，以教育并推广农业生产技术、家政学、机械工艺和其他实用性专业知识。后来为满足铁路、通信和其他行业日益增长的人才需要，麻省理工学院和史蒂文斯理工学院，以及一些"工程型"新院校应运而生。《莫里尔法案》和相关赠地大学对当地经济发展的带动作用非常明显。一项研究发现，该法案实施 80 年后，赠地大学的决定使当地人口密度增加了 45%，在赠地大学周边地区，每个工人的制造产能增加了 57%。[③]另一项研究发现，在 1990 年，拥有赠地大学的地方拥有更多的高学历人口，所有工人的工资都更高。

1933 年成立的田纳西河谷管理局可能是 20 世纪美国联邦政府以地区

---

① MARKUSEN, A. Sticky places in slippery space: A typology of industrial districts[J]. Economic Geography, 1996, 72(3): 293-313.

② 加里·皮萨诺，威利·史. 制造繁荣：美国为什么需要制造业复兴. 机械工业信息研究院战略与规划研究所，译. 北京：机械工业出版社，2014.

③ 乔纳森·格鲁伯，西蒙·约翰逊. 美国创新简史：科技如何助推经济增长. 穆凤良，译. 北京：中信出版集团，2021.

为政策基础促进区域发展的最佳例子。田纳西原本是经济较为落后的地区。1930年，该地区平均制造业工资比全国其他地区低33%，平均的农业价值比全国低33%，房屋均值比全国其他地区低27%。田纳西河谷管理局成立的使命就是改善该地区的航行、泄洪和发电，其间接作用是振兴当地经济。为此，联邦政府对该地区提供了大量补贴。1950—1955年，该地区每年获得的巨额补贴相当于当地经济总量的1/10。到了1960年，补贴已经不复存在。数年下来，联邦政府对该地区的补贴总计约为300亿美元(以今天价格计算)，但该地区的制造业增长远高于其他可比地区。即使在补贴停止数年后，这一区域的制造业增长也远高于其他可比地区。据统计，1940—2000年，与提议建立类似机构但却未建成的地区相比，田纳西河谷地区制造业就业的长期增长率约为5.3%，其家庭收入均值则高于其他地区2.5%。[①]

1992年，卡内基科学、技术和政府委员会在《美国第三世纪的科学、技术和各州》的报告中强调了各州在美国创新体系中的作用，建议各州州长办公室设立一个科学咨询机构，并达成一个州际契约，使各州能够确定"在一个分散和多样化的国家中最有效的政策"。之后的十年里，各州陆续建立了科技顾问团、顾问委员会等机构，很大程度上促进了地方经济和创新区的发展。

总之，很多以区域为基础的联邦政策都取得了显著成效。但是，也并非所有相关政策都获得了回报。研究表明，如果只是简单地投资、花钱，而非采取专注于特定地区的具有高回报的干预措施，则是一种无效的政策。2004年，美国总统科技顾问委员会对总统提交了《联邦—州研发合作促进技术发展：提高成功的可能性》报告，强调联邦政府和州政府、高校和产业界是四个主要的创新者，应加强彼此之间的有效联系，其中尤其强调要注重区域优势培养，建立区域创新环境，发挥不同创新主体的作用，建立区域伙伴关系。[②]这一做法无疑是美国政府几十年推动区域科技和产业集聚经验的总结，并进一步推动了联邦、州政府在区域产业集聚问题上的合作。

---

① 乔纳森·格鲁伯，西蒙·约翰逊. 美国创新简史：科技如何助推经济增长. 穆凤良，译. 北京：中信出版集团，2021.

② President's Council of Advisors on Science and Technology. Federal-State R&D Cooperation: Improving the Likelihood of Success[EB/OL], 2004.06.

（二）产业集聚对于区域创新的作用

任何企业都愿意在产业集聚区投资，而已经形成集聚优势的区域自然也对其他企业形成了天然的吸引力，极大地促进了区域创新，原因主要在于以下几方面。

1．有利于培养熟练劳动力

据美国劳工统计局估计，2020—2030 年，美国经济中约 60%的新工作不需要高中以外任何形式的学位，如风力涡轮机维修技术员、工厂技师和商业飞行员，但这些员工在产业集聚区才更容易找到、更容易培养。专注于劳动力发展的美国奥斯汀地区制造商协会创始人在 2021 年表示，与其他地区相比，奥斯汀的独特之处就在于其先进的制造业劳动力。这里有很多电子产品、仪器仪表和半导体企业，创造了一支充满活力的劳动力队伍，吸引了优秀企业来此设厂，如特斯拉、Plastikon Industries、Continental AG 等。

2．能够促进上下游合作

美国得克萨斯州奥斯汀地区拥有 200 多个与半导体相关的企业，其中绝大多数由设备制造商和材料供应商组成，为德州仪器、恩智浦、英飞凌和三星等本地设备制造商提供服务。随着芯片制造厂的成长和扩散，上游企业也在扩张。例如，2018 年，AT&T 和三星联合宣布在三星奥斯汀园区创建美国"第一个以制造业为重点的 5G 创新区"，该园区采用 AT&T 的无线技术和三星的 5G 网络设备。2021 年 8 月，三星考虑在奥斯汀建立新工厂扩大其芯片制造能力，生产特斯拉的全自动驾驶（FSD）汽车芯片。特斯拉于 2021 年将其总部从加利福尼亚州迁至得克萨斯州，并于一年后在奥斯汀郊区的一家新工厂开始生产 Model Y 电动汽车，这些举措也反映了其与三星的合作伙伴关系。生产半导体石英制品的制造商雄克（Schunk）公司宣布，如果三星确定在得克萨斯设厂，雄克将在那里建造第二家工厂，并"加快招聘和设备采购"。同样，亨斯迈（Huntsman）公司于 2021 年 9 月宣布，它将扩大得克萨斯特种半导体级胺的产能，以支持"不断发展和充满活力的半导体行业"。

3．容易衍生新的企业

自半导体行业诞生以来，美国芯片制造商就不断衍生新企业，这种做法一直延续至今。例如，美国硅谷在过去的几十年里一直是全球卓越的技术创新中心，该地区汇集了众多人才、高科技研究型大学、企业研发实验室，也是美国最大的风险投资资金集中地。这一优势促使美国硅谷不断诞生并衍生新的创新企业。例如，美国仙童半导体的许多工程师和管理人员离开公司后，在半导体行业成立了新的企业。仅在 1980 年，美国仙童半导体就在整个硅谷催生了 50 多家新企业。今天，在美国纳斯达克或纽约证券交易所交易的 130 多家旧金山湾区公司中，约有 70%的公司可以追溯到仙童半导体的创始人和员工。[①]所以，虽然美国硅谷不少企业都曾得到美国政府的资助，但是，硅谷的产生并不是政府规划的，某种程度上是自然演化的结果，这也是很多国家想复制硅谷经验却很难成功的重要原因。

4. 可能激发创新性技术或应用

技术密集型企业集中在特定地理区域具有"异花授粉"效应，因为不同背景个体的密切交流能够促进相互模仿、信息交流、知识转移和联合研发，结果可能促进新技术、新公司和全新行业的诞生。正如美国经济学家阿尔弗雷德·马歇尔所说，在这样的地方，"贸易的秘密就在空气中"。美国伯克利教授恩里科·莫雷蒂（Enrico Moretti）在其备受赞誉的著作《就业新经济》中也提供了许多现实世界的例子。例如，在美国硅谷，医学研究和视频游戏这两个看似无关的行业已经交织在一起，产生了能够提高记忆力和注意力的类似游戏软件，甚至可能有助于治疗自闭症和精神分裂症等疾病的游戏软件。[②]

二、近几年美国政府尤其重视推动区域创新发展

近些年，随着美国超级明星城市和沿海科技中心与其他地区经济差距的扩大，美国收入不平等现象处于五十年来的最高水平，作为"美国梦"基石的经济流动性也出现了动摇。为了应对这些挑战，美国需要一个将联邦政府

① GABRIELLE ATHANASIA. The Lessons of Silicon Valley: A World-Renowned Technology Hub, 2022.02.

② SUJAI SHIVAKUMAR, CHARLES WESSNER, and TOM HOWELL. Can Semiconductor Reshoring Prime a U.S. Manufacturing Renaissance? 2022.09.

的资源与地方资产和知识相结合的区域经济战略。因为创新和经济增长的根源来自人才、企业、知识和其他经济资产的地理集聚，而不是单一的企业，甚至当地的主导产业。

近两年，随着大国博弈的进行，美国的一些知名智库提议政府将联邦-州伙伴关系作为产业政策的重要组成部分。2020年，信息技术与创新基金会发布报告指出，制定国家技术发展战略至关重要，并建议建立和扩大联邦-州经济发展伙伴关系以提高国家技术战略的实施效果。[①]在这一背景下，近几年与区域科技发展相关的政策明显增多起来。

(一)重建更美好的地区挑战赛

"重建更美好的地区挑战赛"是美国商务部经济发展管理局建设强大的地区经济和支持社区主导的经济发展项目之一。2021年《美国救援计划法案》授予美国经济发展管理局30亿美元的补充资金，以帮助美国各地加速经济从新冠疫情中复苏，并建设能够抵御未来经济冲击的地方经济。其中，10亿美元用于"重建更美好的地区挑战赛"。该项目是一项全国性竞赛，用于向美国各地提供转型投资，以发展新的地区产业集群或扩大现有产业集群，实现公平的经济增长，提高全球竞争力。"重建更美好的地区挑战赛"是几十年来由美国联邦政府举办的规模最大的地区经济发展竞赛，与政府部门推动的其他区域竞赛项目不同，"重建更美好的地区挑战赛"专注于经济发展，并围绕哪些类型的区域产业集群可能获得资助提供了一套更广泛的指标。该项目的理念是，只要有了正确的资源，所有地区都可以成功地制定自下而上的经济增长战略，参与全球经济竞争。

2021年12月，美国经济发展管理局共收到了来自50个州和5个地区的529份申请，美国商务部从中选出了第一阶段的60名入围者，每个获奖者都得到50万美元的种子基金以建设地方经济。之后，美国经济发展管理局推动了一个为期三个月的"从优秀到卓越"的过程，对获奖者提供技术援助，以完善其集群建设提案，并参与第二阶段竞赛。对获奖团队提供技术援助的是美国经济发展管理局投资设立的"技术援助联盟"，该联盟由美国城市联盟、

---

① ROBERT D. ATKINSON. Time for a Federal-State National Economic Development Partnership, 2020.11.

美国绩效改进协会、美国科学家联合会和德雷塞尔大学诺瓦克金融实验室组成。在此期间，决赛选手会获得 1∶1 的辅导和小组学习课程，入围者还有更多的机会与其他资助者接触。在竞赛的第二阶段，美国经济发展管理局会选出 20～30 名入围者，每个获奖者最高可获得 1 亿美元。最终，2022 年 9 月，美国商务部公布了 21 个选定的地区经济发展项目，获奖者来自 24 个州，分别获得 2500 万～6500 万美元的奖励资金。按照要求，获奖者需要提供匹配资金，最终匹配资金额需超过 3 亿美元(超过项目总预算的 20%)。为了确保入选项目顺利发展，美国经济发展管理局向北卡罗来纳州国际三角研究所投资 400 万美元，由该研究所协调和领导一个实践社区，该社区致力于长期支持"重建更美好地区挑战赛"的入围项目发展。

　　"重建更美好的地区挑战赛"的显著特点是专注于将区域与高科技创新经济联系起来，涉及领域较为广泛，共支持了 5 个生物技术和健康产业集群；4 个先进的交通产业集群(涵盖自动驾驶、电动汽车、先进的航空航天制造)；4 个重塑自然资源和农业的产业集群；4 个下一代制造业集群；3 个清洁能源联盟；1 个美国金融业联盟。"重建更美好的地区挑战赛"优先考虑建设更具包容性的区域经济，将其作为该计划总体设计和评估标准的关键优先事项，不过私营企业不能成为该项目的受赠方。

(二)区域创新引擎计划

　　区域创新引擎计划是新成立的美国国家科学基金会技术、创新和合作伙伴关系理事会 2022 年宣布的一项重大举措，美国《芯片和科学法案》授权为该计划提供资金。"区域创新引擎"被宽泛地定义为"以区域为中心的跨产业、学术界、政府、非营利组织、民间社会和实践社区合作伙伴的多部门联合体"，这些引擎旨在"推动研发创新以实现区域经济增长"和"构建一个将在未来几十年蓬勃发展的包容性创新生态系统"。

　　区域创新引擎计划鼓励美国的高等教育机构、非营利组织、营利性组织提交区域创新引擎提案，美国联邦政府资助的研发中心、国家实验室，以及州、地方政府(仅限于专门致力于创新、经济和/或劳动力发展的机构、办公室或部门)也可以参与相关项目。创新引擎项目根据引擎周围创新生态系统的"成熟度"确立了五阶段模型，这五个阶段分别是：开发阶段——确定了初始范围，并制订了战略计划；萌芽阶段——组织和伙伴关系得到巩固，创新活动得到加强；新兴阶段——技术产品、服务和劳动力得到发展，创新生态系统开始吸引大量外部资金，以促进基于创新的经济活动；增长阶段——在美国联邦政府和州、地方政府的支持下，创新生态系统不断发展，吸引了越来越多的经济活动和商业创造；成熟阶段——创新生态系统已经建立完善，可以在没有美国国家科学基金会资助的情况下自我维持发展。

根据创新生态系统不同的成熟度，美国国家科学基金会设立了类型 1 和类型 2 两个奖项。类型 1 的奖励最高可达 100 万美元，最长可资助 2 年，旨在使潜在引擎能够成功地为区域创新生态系统的发展"奠定基础"。类型 2 的奖励要多得多，高达 1.6 亿美元，最长可资助 10 年。这些奖项旨在利用各利益相关者之间的合作伙伴关系和连通性基础设施(包括共享的研究公共资源和劳动力)推动研究和技术开发转化。在此过程中，该计划希望激发区域内外其他参与者的支持，以创建一个自我维持的创新生态系统。类型 2 的奖励可以分为三个不同的阶段，即幼稚期、新兴期和成长期。在这三个阶段中，区域创新引擎通过促进科学、技术、教育和劳动力的发展，寻求其创新生态系统的持续增长，帮助区域创新生态系统在成长期成为相关领域的国家领导者。类型 2 中部分奖金将作为大学的奖学金，用于根据当地企业的需求量身定制课程，为其研发业务提供人才。

美国《芯片和科学法案》授权 2023—2027 财年共拨付 65 亿美元资金给区域创新引擎计划和转化加速器计划。其中，转化加速器计划侧重于转化研究，即将基础研究与解决实际问题结合起来的一类研究。不论是区域创新引擎计划还是转化加速器计划都推动了研究或创新范式的转变，代表了未来的研究范式，与现在的范式差异很大，见表 7-1。

表 7-1　研究或创新范式的转变

现在的范式	未来的范式
技术或供给推动型	市场或需求拉动型
研究者驱动	用户/受益人参与、塑造研究
参与者主要是学术研究团队	参与者包括学术界、政府、企业、公民社会、实践团体
发现促进了繁荣、可持续性和生活质量	重要的社会/经济问题驱动了对研究的追求

资料来源：美国白宫官网上对区域创新引擎计划的介绍.

（三）美国商务部区域技术与创新中心

《美国竞争力再授权法案 2010》修订了《史蒂文森-怀德勒技术创新法案》，要求美国商务部启动区域创新计划以鼓励和支持区域创新，包括支持区域创新集群和科学研究园区的发展。根据相关要求，美国商务部制订了区域创新战略计划，希望通过加大投入力度，促进区域创新和创新主体协同发展。主要措施包括：其一，提供专项经费发展区域创新集群。强调"区域创新集群"应专注于某一行业，共享专业化的基础设施、劳动力市场和服务，能充分利用当地独特的竞争优势激励创新并创造就业。经费应主要用于支持区域创新集群的可行性研究和规划，加强区域创新集群各参与方间的沟通与协作，吸引新的参与方，通过示范、部署、技术转移和商业化活动来推动区域创新集群的产品和服务市场开发，建立区域创新集群间的合作关系，与公共部门及州、地方政府互动以实现集群的建设和发展目标。其二，为科技园区提供专项支持经费。该费用主要用于支持新建或扩建园区的可行性研究和规划。其三，为科技园区基础设施建设提供贷款担保。该计划主要资助收集、分析和传播与区域创新战略相关的信息，包括：通过实施区域创新战略来推动创新、提高生产率及发展经济；为区域创新战略的制定和实施提供技术支持；收集区域创新集群的数据，开发区域创新战略相关评估标准等。美国小企业管理局计划每年拿出 600 万美元的预算资助区域创新集群项目。区域创新战略计划已被更名为按规模建设计划，该计划支持各地规划和建设生态系统，向地方创新者和企业家提供资金（赠款）以支持概念验证和商业化，并为其提供早期风险资金，以缩小创新产业化的区域差距，资助项目的选择以竞赛形式开展。

美国《芯片和科学法案》再次修正了 1980 年的《史蒂文森-怀德勒技术创新法案》，授权从 2023—2027 财政年度拨付 100 亿美元建设区域技术和创新中心计划。该计划将通过美国商务部经济发展管理局和国家标准与技术研究院"协调"实施，但该法案并未描述这种合作的具体方式。根据《芯片和科学法案》，美国商务部需要建立不少于 20 个区域技术和创新中心，这些中心集中在一个地理区域内，是由大学、经济发展组织、工业企业、农村社区、州和地方政府，以及非营利组织等组成的公私联盟。相对于美国参议院《2021 年美国创新与竞争法案》中的内容，《芯片和科学法案》优先考虑服务不足的社区和历史上在科技领域代表性不足的群体，包括妇女、有色人种和土著社区。《芯片和科学法案》要求所有机构优先考虑加强区域制造和创新生态系统建设，包括投资于供应商、制造商、劳动力发展、基础研究和转化研究，以及整个微电子供应链的相关基础设施和网络安全，并促进半导体集群的扩大、创建和协调。

与区域创新引擎的资助一样，区域技术和创新中心的资助也分为两种类型：战略发展资助和战略实施资助。其中，战略发展资助旨在探索未来的劳动力和连通性需求，并确定和发展区域合作伙伴关系。美国商务部在四年内可动用 5000 万美元，希望至少授予 60 个项目。从这 60 个项目中，进一步选拔出部分创新条件好的项目，给予战略实施资助。美国国会已为前两个财政年度授权战略实施资助 29.5 亿美元，为后两个财政年度授权 70 亿美元。美国商务部最初可能会向每个中心提供高达 1.5 亿美元的资助，并且任何一个中心获得的资助都不能超过拨款总额的 10%。这些资助旨在用于劳动力发展计划、业务发展和创业活动、研究基础设施等。在制定区域创新战略和拨付资金时，《芯片和科学法案》建议美国商务部采取竞争性的择优选拔机制。

美国区域技术和创新中心的总体目标是解决"新兴技术与区域或国家挑战的交集"，并且必须解释它们将如何推进"关键技术重点领域或对国家安全、经济竞争力至关重要的其他技术或创新部门"的研究，而不需要确定通过他们解决的特定区域、社会或国家挑战。相反，区域创新引擎必须确定挑战并集中精力培养能够应对挑战的创新生态系统。区域技术和创新中心计划没有要求周围的创新生态系统配套，要获得战略实施补助金，区域技术和创新中心只需要向美国商务部证明其必要性就可以，并在拨款期限截止前提交最终报告。而区域创新引擎计划需要考虑并且围绕区域创新生态系统的评估成熟度授予奖项，并且需要在最后达到某个预定的成熟度水平。

区域技术和创新中心计划与区域创新引擎计划是互补的，各自代表了刺激区域经济发展的不同方法。前者着重对数量更少、地理上分散的社区进行更大的投资，并利用现有的基础设施，旨在实现区域总体经济增长和技术创新。后者则倾向于采取更多、更小的投资来实现特定目标，并使用更具体的标准来衡量创新进展。"区域创新中心"位于整个区域生态系统中，作用比美国大学技术开发中心大，"大学技术开发中心"主要在原型制造阶段为开发提供支持。成功的创新需要的不仅是原型制造，还需要从研究阶段到原型制造阶段，扩展到扩大生产或应用规模阶段，这不仅需要大学，还需要区域性行业协会，包括企业、供应链、社区和技术学院，以及来自地区政府和经济发展组织的支持。这些"区域创新中心"可作为将这些参与者组合在一起的纽带，而"大学技术开发中心"则有望成为区域中心的参与者。

此外，2022 年，美国国会还审议了《制造社区法案》，要求美国商务部制订制造社区支持计划。该计划是奥巴马时期制造业社区伙伴关系的延续，通过建立公私合作伙伴关系，投资于地方社区的制造业创新机构，培养下一代制造业领导者，加强美国各地制造业基础，强化供应链建设。

三、半导体区域集聚典型：纽约奥尔巴尼

纽约奥尔巴尼（Albany）地区是世界领先的纳米技术应用研究中心之一，是美国国防机构专用芯片的生产中心，是美国唯一一家大型半导体晶圆代工厂格罗方德的所在地。该集聚区成功的关键之一是拥有优异的高科技教育科研实力和工业能力，当地从基础教育到社区大学、四年制大学和研究生教育、博士后流动站一应俱全，还有伦斯勒理工学院（Rensselaer Polytechnic Institute）和联合学院（Union College）等优秀院校。IBM、通用电气、柯达和康宁等老牌技术密集型企业也集聚于此。

纽约政府长期注重与产业界合作，促进以技术为基础的经济发展。20世纪 80 年代，纽约政府就与半导体研究公司（SRC）和半导体制造技术联盟（SEMATECH）等组织联系，并于 1988 年成功地吸引了双方在纽约州立大学奥尔巴尼分校创建了最早的卓越联盟——纳米技术研究中心，并在工业场地、工程要求、技术障碍解决等方面提供了良好的支持。纽约持续对大学教育、科研和研究设施进行重大的公共投资，纳米技术研究中心是投资重点。该中心与 IBM 等工业伙伴合作非常密切，IBM 在纽约东菲什基尔（East Fishkill）的半导体制造业务有着悠久的历史，是新兴的纳米科学研究的先驱。

2004 年，在纳米技术研究中心的基础上，纽约州长宣布成立纳米科学

与工程学院（College of Nanoscale Science and Engineering，CNSE，简称"纳米学院"）。这是美国第一所纳米技术学院，它既是一个大学研究院所，也是一个工业研究实验室，除了提供科学和工程教育，还拥有学术界最先进的 200～300 毫米晶圆制造设施，有助于研究新技术、新设备和新材料。纳米学院成为一个中立的研究场所，工业竞争对手可以在这里合作解决共同的技术挑战，分担成本和风险，共享知识，并将共性经验应用到自己的制造业务中。学院与行业、州和地方教育领导者合作，在地区大学、社区学院和 K-12 学校，开设了相关的课程，建立了相关的研究设施。重要的是，相关课程不仅培养高级科学家和工程师，而且还培养建造和运营半导体工厂所需的技术人员、操作员和建设工人。纳米学院拥有最先进的半导体制造设施，且纽约州政府和相关公司分摊了研究成本，这一关键的竞争优势使纳米学院成为高科技研究的磁石，吸引了 IBM、超微半导体（AMD）、东芝，以及阿斯麦、应用材料、东京电子、Wolfspeed[1]等世界领先的半导体公司，纽约也逐渐成为现在的"科技谷"。[2]

州长希望纳米学院和纽约州立大学"不断地、一贯地、明确地关注行业需求"。因此，虽然纳米学院在纽约州立大学系统内运作，但在教师任期、考核等人员管理问题上相对独立，不受学术论文考核等规则的约束，教师大多具有工业和工程背景。此外，当地适应行业要求建立了学术和行业研究联盟，学术课程大多是与行业协商制定的具有商业潜力的应用性课程。能够与行业经验丰富的人一起进行行业前沿研究，也是该学院对学生的一个重要吸引力。高质量的研究设施并不是纽约州政府的最终目标，研发投资只是其达到目的的一种手段，纽约真正的目的是在首府地区扩大半导体等高科技制造业务，并积极从政府激励措施、劳动力质量、水电基础设施，以及监管环境等方面为半导体制造创造良好的发展环境。[3]

---

[1] Wolfspeed 的碳化硅芯片在电动和混合动力汽车市场有明显优势，在未来数年可能会逐渐取代传统芯片。

[2] SUJAI SHIVAKUMAR，CHARLES WESSNER，THOMAS HOWELL. The Pillars Necessary for a Strong Domestic Semiconductor Industry, 2022.05.

[3] CHARLES WESSNER，THOMAS R. HOWELL. Reshoring Semiconductors with the Chips Act: Key Lessons from Albany, New York, 2022.06.

专栏 7-1：纽约州半导体制造发展环境涉及的主要因素

1. 地方研究中心：纳米学院代表了该地区制造商可利用的特殊资源，制造商可利用相关研究基础设施解决生产运营中遇到的技术挑战并测试新工具、新材料和新工艺。

2. 劳动力：州和地方教育领导者在地区大学、社区学院和中学设立了相关课程和研究设施，以教育和培训具有半导体制造相关技能的研究人才和技术工人。纳米学院为当地企业培养了源源不断的具有半导体行业实用知识和技能的毕业生，并且与周边的 IBM、通用电气和格罗方德等制造商积极支持附近社区大学的研究设施建设和课程开发，以培养技术熟练的"未来蓝领工人"。

3. 监管：为了引进更多制造商并满足其场所需求，纽约州政府克服了环境、分区和其他监管问题，在萨拉托加（Saratoga）附近为半导体制造商提供了一个"现成的"场地。

4. 制造基础设施：当地和公共事业机构共同努力，确保在半导体工厂投入运营时，电力、水和运输等必要设施全部到位。

5. 激励措施：虽然纽约州对半导体行业的大部分投资都是针对高校而非企业的，但政策制定者认识到需要为制造商提供至少与其他国家和地区相当的激励措施，所以纽约为半导体企业提供了约 12 亿美元的资金补贴，超过了其他很多地区。

6. 保持政策的连续性：尽管存在强烈的党派分歧，但半个多世纪以来，纽约州历任州长都表现出对以技术为基础的经济发展的坚定支持。这种现象在美国州政治中很少见，这使得区域规划在长时间内能够稳定推行。

纽约州全方位的努力吸引了半导体供应链上大量企业陆续入驻，原有企业也不断扩大投资，如格罗方德创造的就业岗位达到预期的三倍以上。同时，相关企业为州政府带来了稳定的税收，刺激了整个地区的经济活力。纽约州的经验被认为是对联邦政府推动的半导体制造业回流提供了一个可资借鉴的样板，不仅通过公共投资成功地撬动了更多的私人投资，而且建立了完善的研究设施和独特的资产，并与现有的合作伙伴一起运行。就全国而言，一个奥尔巴尼和纳米学院肯定是不够的，制订区域技术与创新中心等计划就是希望产生更多个奥尔巴尼。

四、芯片补助优先给予参与区域创新集群建设的企业

《芯片和科学法案》要求所有机构在适当且符合法律的情况下都应优先考虑加强和扩大区域制造和创新生态系统，包括投资于供应商、制造商、劳动力发展、基础和转化研究，以及整个微电子供应链的相关基础设施和网络安全，并促进半导体集群的创建、扩大。该法案除了授权美国商务部建设区域创新和技术中心、美国国家自然科学基金会建设区域创新引擎计划，在芯片制造方面也同样注重区域协同。《芯片和科学法案》授权建立一个国家半导体技术中心、三个新的半导体制造研究所。其中，制造研究所根据以往经验，将位于不同地点，具有不同的研究方向，广泛吸纳产学研各方力量参与，有助于区域创新。美国国家半导体技术中心具有原型设计能力，负责研发若干关键技术，也可能成为吸引区域经济发展的重要创新节点。此外，还存在市场性较高的创新区域，如加利福尼亚州的"硅谷"、得克萨斯州的"硅丘"和北卡罗来纳州的"研究三角"地区，它们共同构成了整个国家半导体创新的重要区域中心。

即使是对逻辑芯片和存储芯片先进工艺的补助，按照《美国芯片资助战略》的要求，也强调申请补助的企业需要有助于区域制造业和创新集群发展。因为制造业的长期竞争力需要规模经济和完善的供应链与之配套，而包含制造设施、供应商、基础研究和应用研究、劳动力培养，以及配套基础设施的区域集群将有助于提高整个行业的竞争力。为了鼓励芯片企业与相关方加强合作，形成制造和创新集群，美国商务部规定对先进工艺提供补贴时，将优先资助州和地方政府给予支持较多且与相关供应商形成生态系统的项目，这样的项目溢出效应更大，有助于提高地方竞争力和整体经济效益，而不会优先考虑地方政府对单个企业提供过多资助的项目。联邦政府建设区域技术与创新中心本身就有利于培育地方的创新能力，而优先对得到地方支持且参与生态建设的企业提供补贴，又会引导企业在相关创新区集聚，从而确保联邦政府对产业集群的规划能够得到有效落实。

在 2023 年 2 月 28 日发布的芯片制造补助申请指南中，芯片计划办公室对于申请企业促进区域经济发展提出了具体要求：投资美国半导体行业，包

括研发投资和生产投资，促进美国产业发展；支持芯片研发计划，包括参与国家半导体技术中心建设，促使其成为整个半导体生态系统的研究和创新中心；扩大半导体生产规模或投资相关供应链建设，促进创新集群形成、扩大；提高社区的经济包容性，根据需求投资当地 K-12 学校的技术教育；承诺在项目建设中使用美国生产的钢铁和建筑材料。此外，申请企业需要与社区组织以及州和地方政府密切协作以获得当地的支持。

美国对芯片的补助与以往相比有很大不同。统计表明，2009—2021 年，美国联邦政府共实施了 3581 项补贴政策，州政府实施了 2146 项补贴政策。[①]其中，美国联邦政府的补贴政策以国家贷款和贷款担保为主，州政府的补贴政策以税收或社会保险减免为主。虽然州和地方政府也能通过发债等方式提供补贴，但一般规模有限，且要接受各界广泛监督。但《芯片和科学法案》是联邦政府直接对芯片先进制造提供补贴，并希望带动地方政府和相关主体共同增加投资，更好地发挥央地协同效应，且加强地方之间的协同，以取得更大的政策效果。例如，2022 年 8 月，纽约州州长凯西·霍赫尔（Kathy Hochul）签署了美国首个地方性芯片激励计划"绿色芯片"计划，旨在创造就业机会，启动经济增长并使纽约成为半导体制造中心。绿色芯片计划将为符合要求的半导体投资项目提供针对性税费抵免政策，吸引芯片制造商投资，预计总体减免规模将高达百亿美元。减免条件包括：投资规模达到 30 亿美元以上；确保新增 500 个工作岗位；配套减排和清洁能源计划等。纽约州长办公室表示，绿色芯片计划还将与《芯片和科学法案》相配合，按照美国联邦计划的要求，大幅提高对半导体制造项目的吸引力。又如，美国中西部十二所高校和研究机构强强联手，共创满足美国需求的中西部半导体区域网络。位于美国俄亥俄州、印第安纳州和密歇根州的合作机构致力于开展以行业为中心的研究和人才培养工作，以满足计划在该地区投资建厂的企业的劳动力需求。其他州也在进行类似的努力，以加强研究、促进行业合作并培养熟练的技术劳动力。例如，美国亚利桑那州立大学允许师生运用半导体加工洁净室和工业级设备参与半导体技术研发、合作。

---

① 李思奇，孙梦迪. 美国产业补贴政策实践及其对中国的启示. 国际贸易，2022（10）：43-52.

第八章

与盟友加强技术和供应链合作

拜登政府上台后，全面修复了与盟友的关系，明确了与盟友加强协作以维护技术领先优势的策略，并基于共同的民主价值观，组建了多个技术联盟，共建民主供应链。同时，美国认为，中国是唯一有潜力综合运用经济、外交、军事和科技力量对现有的国际秩序发起挑战的竞争者，是美国的根本性挑战，所以美国积极联合盟友共同限制中国发展相关技术和产业。

一、重视与盟友之间的技术合作

在军事领域，2020 年 10 月，美国国防部发布《联盟与伙伴关系发展指南》，充分肯定了盟友的作用，认为"植根于共同价值观和利益"的关系是美国的"秘密武器"，为美国国防部加强联盟和建立伙伴关系提供了全面的路线图。

2021 年，美国参众两院先后审议通过了《民主技术合作法案》，联合"全球民主国家"加强新兴及关键技术国际标准制定、联合研究、出口管制、投资审查等方面的合作，对抗中国日益扩大的影响力。通过制造所谓民主国家与专制国家的对立，美国将以往大国间的"地缘政治竞争"转变为"技术政治竞争"，也使得美国与盟友间的技术合作具有法律依据。

专栏 8-1：《民主技术合作法案》的主要内容

1. 组建技术合作办公室

由美国国务院牵头，联合财政部和商务部，在国务院设立由技术特别大使领导，财政部、商务部和其他联邦政府部门代表组成的技术合作办公室，其职能包括：建立民主国家间的技术合作关系；建立可推进技术合作目标实现的多边机制；就共同认可的技术战略加强国家间协调；为有可能从专制政权获得技术的国家提供替代方案。

2. 建立国际技术合作关系

推动技术政策与标准协调；与私营企业加强协调，确保私营企业主导标准制定进程；制定数据隐私、数据共享和数据存储的共同标准；围绕出口管制、投资审查、技术转让建立共同政策；就确保关键技术领域的供应链弹性开展协调；协调半导体供应链建设；形成学术界与私营部门间的合作；协调对目标国家数字基础设施的投融资；在合作国家间共享技术转让等信息。

3. 组建 50 亿美元的国际技术合作基金

支持由合作国家政府机构、大学、技术公司及其他企业联合开展的研究项目，对第三国市场进行技术投资。

4. 成立公共—私营伙伴关系委员会

公共—私营伙伴关系委员会由具有新兴技术和国际贸易经验的专家构成，专家来自私营企业、技术研究机构、学术界、人权活动组织等广泛机构，为技术合作办公室提供意见建议。

5. 提交技术合作报告

国务院与联邦政府相关机构协调，向国会提交一份关于国际技术合作重点领域的报告，包括能力差距、优先技术领域、确定成员国家的标准，以及潜在的合作领域。国务院还需提交一份补充报告，评估其他国家在隐私、人权、消费者保护和言论自由方面的政策法规。

资料来源：Democracy Technology Partnership Act.

在半导体领域，美国很多智库认为要提高美国的产业竞争力，就需要加强与盟友的合作关系。2020 年 9 月，美国信息技术与创新基金会发布报告《结盟打造半导体领导力》[1]指出，半导体研发、生产所需的成本不断增加，复杂性不断提高，没有一个国家可以独立完成整个产业链的工作。在全球半导体价值链的每一个环节，平均有 25 个国家的企业直接参与，23 个国家的企业提供支持。超过 12 个国家有芯片设计企业，39 个国家有芯片制造能力，超过 25 个国家有组装、测试、封装产线。因此，与盟友合作，对于确保维持美国半导体产业的领先优势非常重要。其主要包括四个方面的合作：其一，合作开展技术研发。建立半导体研究机构，邀请盟友国家的企业参与；扩大公私伙伴关系的国际合作，与盟友国家开展竞争性前研发合作；邀请盟国共同投资半导体发展计划，按国家投资的比例共享知识产权。其二，协调半导体生态发展。与盟友国家继续倡导开放的技术标准，共同打造更安全的计算基础设施。其三，协调技术保护政策。定期更新出口管制政策，避免实施单边出口管制，与盟友国家建立多边管制机制，扩大美国国务院出口管制的职权范围。与盟友国家加强对外投资审查合作，共同打击经济间谍活动和知识产权/技术/商业秘密盗窃活动，并共享相关信息。其四，共同制定支持性贸易政策、制度，如提升世界半导体理事会的地位，修订信息技术协议，组建全球战略供应链联盟等。这一报告及其建议为美国半导体产业国际合作建立了基本框架。2022 年，《芯片和科学法案》设立了 5 亿美元的美国芯片国际技术安全和创新基金，由美国国务院负责管理，通过美国国际开发署、进出口银行和国际发展金融公司等，与盟友国家协调通信、半导体等先进技术的协作，具体包括三个任务：①在半导体领域，与合作伙伴、盟友加强合作，确保半导体供应链多元化，且具有韧性、安全性；②在信息和通信技术领域，加强数字连接和网络安全伙伴关系，促进与世界各地的合作伙伴和盟友合作，建设安全的信息通信基础设施和产业生态，抵御恶意网络入侵；③加强经费监督，确保合作基金得到有效使用。

在相关法案、政策的基础上，美国政府积极与盟友国家加强半导体技术和产业合作。2021 年，美日宣布建立"美日竞争力和弹性伙伴关系"，表示将共同保护半导体等关键技术和敏感供应链。美韩领导人发表联合声明，表示将建立联合工作组，加强半导体等敏感技术的双边投资审查合作。美欧成立了"美欧贸易和技术委员会"，将跨大西洋半导体供应链合作作为工作重点之一，在平衡全球半导体供应链方面建立合作伙伴关系，加强各自的供应链

---

[1] STEPHEN EZELL.An Allied Approach to Semiconductor Leadership, 2020.09.

安全及半导体设计和生产能力。2022年，美欧建立了半导体供应中断预警机制，同时在透明度方面加强合作，及时共享供应链信息和最佳实践。拜登政府提出"芯片四方联盟"构想，打算与日、韩和中国台湾开展芯片研发与生产协作，将中国大陆排除在半导体供应链之外。在此基础上，布鲁金斯学会建议，将"Chip 4"联盟扩容为"Chip X"联盟，将欧洲合作伙伴和印度、新加坡纳入其中，协调各自政策，寻求互利共赢。[①]

美国积极推动国内研究机构和国际合作伙伴开展技术、标准研发，以及劳动力培训和资格认证等。例如，总部位于荷兰的IMEC，拥有4000多名研究人员，不仅在欧洲设有多个分支机构，还在美国也设立了5个分支机构，旨在将半导体驱动的数字创新应用于汽车、健康、交通、能源等领域。除了竞争前技术研发，美国与盟友间还会开展标准、安全等合作。这不仅涉及半导体，也涉及基于半导体的大量下游数字技术，如5G、人工智能、物联网和自动驾驶等。随着联网数字设备的数量继续呈指数级增长，以及人工智能和量子计算等新计算架构和计算技术的出现，计算安全的重要性不断凸显，开发更安全的计算基础设施成为半导体十年计划的主要目标之一，也将成为与盟友合作的重要领域。

美国加强与盟友国家龙头企业的合作，研发先进工艺技术。2021年5月，在美国的召集下，全球64家企业发表联合声明，宣布成立"美国半导体联盟"。联盟成员几乎覆盖了除中国大陆以外的整个半导体产业链，包括微软、谷歌、苹果、英特尔、超威、三星、尼康等企业，旨在"推进促进美国半导体制造和研究的联邦政策"。2022年，美日两国官员表示，将合作成立研究中心，研发量子计算机或人工智能(AI)所需的新一代2纳米芯片。日本为此成立了全国性项目——一家名为Rapidus的半导体公司，由丰田汽车、索尼、日本电信、日本电气、日本电装、软银、铠侠和三菱日联银行八家日企共同出资73亿日元，日本政府也提供700亿日元补贴作为其研发预算，计划到2025年量产2纳米半导体，到2027年量产改良的2纳米+超精细半导体。2023年4月，日本经济产业省表示将向Rapidus公司额外提供3000亿日元(约合22.7亿美元)的资金，用于在北海道建设半导体工厂。美国半导体行业协会与印度电子和半导体协会也成立了联合工作组，以加强两国在全球半导体生态

①　The Brookings Institution. Bringing economics back into EU and U.S. chips policy, 2022.12.

系统中的合作。2023 年，英特尔、IBM、三星和爱立信四大巨头联手开发下一代芯片产品，美国国家科学基金会在"未来半导体"项目下赞助了该项研发，首笔资金高达 5000 万美元。四大巨头和国家科学基金会将在不同领域进行联合设计，共同开发芯片。从上述尖端半导体研发合作情况可以看出，台积电均被排除在合作伙伴之外，美国明显有扶持台积电的竞争对手以降低对其依赖的考虑。

二、与盟友加强半导体技术出口限制和投资合作

2017 年，美国总统科技顾问委员会在《确保美国在半导体领域的长期领导地位》报告中就建议，美国必须"与盟国合作，加强全球出口管制和对内投资安全"。最近几年，美国也一直在强化相关举措。

在出口方面，2018 年 8 月，美国会通过了《出口管制改革法案》，更新了由美国商务部工业与安全局管理的美国出口管理条例，要求确定"对美国国家安全至关重要"的"新兴"和"基础"技术。该法案指出，"美国的出口管制政策应与多边出口管制制度相协调。多边出口管制是最有效的，应该专门针对那些能够对美国及其盟友构成严重国家安全威胁的核心技术和其他项目进行调整。"多边出口管制的一个机制是瓦森纳安排，参与瓦森纳安排的国家共同商定出口管制清单。除了瓦森纳安排，美国还在寻求制定更有效的多边机制，以期与德国、日本、韩国、荷兰和英国等拥有本土半导体生产能力的盟友联合实施出口管制措施。2019 年，美国特朗普政府通过设立"敏感技术多边行动"等机制，将 15 个先进工业国家(许多欧洲国家)聚集在一起，分享有关技术转让威胁的信息和最佳实践，并共同制定更有效的集体应对措施，如对华为、中兴等企业进行限制，建立所谓的"谨慎联盟"，力图维持其在半导体领域的技术优势。

2022 年 10 月 7 日，美国商务部工业与安全局宣布了一系列在《出口管理条例》(Export Administration Regulations，EAR)下针对中国的出口管制新规，从"物"和"人"两方面进一步升级了对中国半导体行业的限制。在物的方面，新规加大了美国先进计算芯片及包含此类芯片的产品、超级计算机及半导体制造对中国的出口管制，将 31 家中国实体列入未经核实清单。新规

限制了位于中国大陆的晶圆制造厂商获取 16/14 纳米及以下先进逻辑工艺芯片、128 层及以上闪存芯片、18 纳米以下 DRAM 内存芯片所需的制造设备，除非获得美国商务部的许可，否则三星、SK 海力士等外资企业在中国大陆的晶圆厂，也需遵守相关规定。虽然新规发布后，三星、SK 海力士和中国台湾的企业都获得了 1 年的豁免许可，但尚无法确定 1 年到期之后能否继续获得豁免。据 2023 年 6 月外媒相关报道，美国有意延长豁免。在"人"的方面，新规限制"美国人"（包括自然人、法人、任何地理位置在美国的主体）在中国半导体制造厂开发或生产特定半导体产品，或者为中国提供便利与服务。美国的做法得到了部分盟友的响应，如澳大利亚外交与贸易部称，目前技术竞赛的本质是民主和专制国家的技术主导地位之争，澳印日美四国需一致限制技术出口及实施多边制裁以遏制中国"非法"使用技术。2023 年 1 月，美国与日本、荷兰达成协议，限制向中国出口制造先进半导体所需的设备。不久，日本公布了限制出口的半导体设备名单，包括光刻、蚀刻、清洁等六大类共 23 种设备，将于 2023 年 7 月之前断供。

在投资方面，美国国会于 2018 年 8 月通过了《外国投资风险审查现代化法案》，更新了外国投资审查做法，扩大了外国投资委员会（CFIUS）的职权范围，将关键和新兴技术、关键基础设施企业和有权访问敏感个人信息的企业非控制性投资包含在内，中国仍然是其重点针对对象。在美国的推动下，2019 年 4 月，欧盟新的外国直接投资审查框架生效，为成员国审查机制设定了总体框架，但尚未建立统一的欧盟范围的审查机制。随后，法国、德国、匈牙利、意大利、拉脱维亚、立陶宛和英国等都加强了投资审查。根据欧盟 2022 年 9 月发布的《外资审查年度报告》，欧盟 27 个成员国中，仅有 2 个尚未公开宣布建立外资投资审查机制。英国《2021 年国家安全与投资法案》创建了一个新的、独立的外国投资审查制度，与美国外国投资委员会相当，允许对收购合格实体或资产的控制权进行国家安全审查。2021 年 3 月，加拿大更新了《国家安全投资审查指南》，使外国投资者更清楚地了解哪些类型的投资可能会引起潜在的国家安全担忧。2021 年 11 月，澳大利亚议会通过了《2021 年澳大利亚联邦安全立法修正法案（关键基础设施）》，强制要求以下投资要经过相关部门审批：启动新的国家安全业务；购买国家安全业务 10%或以上的权益。

相关规定已经对我国对外投资产生了实质性影响。例如，2022 年 11 月，德国政府以"国家安全"和"对华输送敏感技术"为由，阻止北京赛微电子股份有限公司控股的瑞典赛莱克斯(Silex)并购德国艾尔默斯(Elmos)芯片工厂。同月，英国政府下令荷兰安世半导体公司(目前由中国闻泰科技公司控股)出售英国纽波特晶圆厂(Newport Wafer Fab)至少86%的股份。2023年1月，英国议员艾丽西亚·卡恩斯(Kearns)致信英商务大臣，呼吁对上海思尔驰于2022年8月以2800万英镑(约合人民币2.3亿元)全资收购英国半导体传感器公司Flusso的交易进行审查。

三、与盟友加强供应链合作

联盟和多边主义一直是拜登政府外交政策的核心。拜登认为，应与美国盟友和伙伴建立统一战线，通过与民主伙伴协调外交政策，提高美国政策的影响力。在供应链领域，以往都是优先考虑速度和成本效益的"零库存"模式，而非安全性和韧性，但这一模式在新冠疫情期间受到巨大冲击，引起了2021年全球范围的芯片短缺，也扰乱了美国汽车、消费电子等多个关键行业，造成企业裁员和经济复苏放缓。在乌克兰危机中，美国提供给乌克兰的反坦克武器"标枪"，单发至少需要250颗芯片，每天需要提供数百个"标枪"，但美国公司难以采购满足需求的芯片。[①]因此，美国各界认为供应链短缺对美国经济和国家安全造成重大威胁。拜登政府的政策得到产业界的广泛支持，据布鲁金斯学会对全球158位科技企业高管的调查，50%的受访者支持美国与盟友合作，限制中国获取关键领先技术。拜登政府上台伊始就要求对半导体等关键供应链进行审查，供应链建设也成为美国芯片计划的一个重要内容。根据《芯片资助战略》，美国将向成熟工艺半导体供应链投资100亿美元，以满足国防、汽车、信息和通信技术，以及医疗设备等关键领域的半导体需要。

芯片的生产涉及一系列复杂的步骤，从设计到前端制造，再到后端测试和封装等环节均由不同的企业和国家实施，它们各自在供应链的不同环节具有比较优势，因此没有一个国家对芯片制造拥有完全的端到端控制能力。根

---

① Vishunu Kannan, Jacob Feldgoise. After the CHIPS Act: The Limits of Reshoring and Next Steps for U.S. Semiconductor Policy, 2022. 11.

据美国国会研究服务局的一份报告,按收入计算排名前 10 位的无晶圆半导体设计公司中,有 7 家是美国公司,但芯片制造被外包给中国台湾企业和韩国企业。链条的其他部分也同样难以复制:最重要的设备供应商是荷兰公司阿斯麦尔和日本公司东京电子;后端生产属于劳动密集型生产,主要集中在马来西亚、越南和菲律宾。根据波士顿咨询集团的一项研究,如果半导体区域供应链(美国、东亚、中国、欧洲等)想要实现完全自给自足,需要 1 万亿美元的前期增量投资才能满足当前的消费水平,同时可能导致半导体价格总体上涨 35%~65%。该研究还认为,即使要满足当今全球市场预期的半导体需求,未来十年仅半导体研发的资本支出就至少需要 3 万亿美元。[①]因此,美国白宫经济委员会主任布莱恩·迪斯说,美国独自建立半导体供应链既不可行,也不可取,必须与盟友和合作伙伴共建半导体供应链。

(一)美国积极吸纳盟友产品进入美国供应链

一是鼓励美国企业和盟友企业在岸外包、回岸外包。在岸外包指吸引原来就在美国设有工厂的企业进一步扩大生产。美国自 2010 年以来从海外召回的 130 万个工作岗位中,约有 50%可归因于外企在美国的直接投资。回岸外包是指原来已经将工厂外包到海外的企业将生产移回美国。在这一过程中,衍生出家包等新模式,即员工在家工作。新冠疫情后,电话中心等业务开始回归美国和加拿大,并有不少企业采取家包的工作方式。美国科尔尼公司《美国制造业回流指数》报告显示,2022 年,美国制造业回流指数由负转正,从 -154 转为 39;同年,美国从亚洲 14 个低成本国家或地区进口的制成品总额占美国国内制造业总产值的比例从 2021 年的 14.49%下降到 14.1%。这是自 2019 年以来,美国国内制造业增长首次超过从亚洲低成本国家或地区进口的增长。

二是鼓励其盟友企业参与美国的供应链计划。根据《2021 年创新与竞争法案》及《芯片和科学法案》规定,美国将设立 5 亿美元的美国芯片国际技术安全和创新基金,用于协调盟友伙伴建立芯片供应链等。在军用半导体领域,美国国防部的可信制造计划旨在确保芯片在设计和制造过程中的完整性

---

① GABRIELLE ATHANASIA, GREGORY ARCURI. RAI Explainer: The Lifecycle of a Semiconductor Chip, 2022.02.

和机密性，同时为美国政府提供前沿微电子技术。美国国防部统一管理可信制造工厂列表，以确保所有国防部门都能获得可信电子元件。同时，在盟友间，美国国防部建立了供应链安全计划，作为加强国防贸易伙伴合作的重要机制。又如，2023年2月，美国与丹麦双方国防部签署双边供应链安全计划，为促进国防工业产品、服务提供优先的互惠支持，使两国能够从对方那里获得所需的工业资源，防止供应链意外中断，满足美国国家安全需求。丹麦是加入美国供应链安全计划的第12个国家，此前已有澳大利亚、加拿大、芬兰、意大利、日本、拉脱维亚、荷兰、挪威、西班牙、瑞典和英国加入。在民用半导体领域，美国着重强调培育国防、汽车、信息和通信技术，以及医疗设备等关键领域的本土供应链。这些行业对先进芯片需求不高，应用较多的是成熟工艺芯片，美国通过在岸外包和回岸外包等方式鼓励国内外企业在美投资设厂，有利于提高相关领域的供应链安全水平。

三是为供应链建设提供融资支持。2022年12月，美国两党议员提出一项名为《2022年国家发展战略与协调法案》的议案，希望美国白宫设立一个内阁级委员会——国家发展融资计划机构间协调委员会，负责发现美国供应链中可能损害国家安全和国内制造业增长的薄弱环节并予以解决。该法案还建议修订《1973年联邦融资银行法》，以促进美国联邦银行对相关行业或企业给予帮助，推进美国的经济发展。

（二）联合盟友共建多元化供应链

除了巩固美国国内供应链，美国还与盟友合作增加供应链布局。

一种模式是近岸外包。所谓近岸外包，是指一国企业将业务外包给与其地理、时区、语言相近的邻国或邻近地区的企业。对于美国而言，近岸外包的主要目的国是墨西哥、巴西、加拿大等邻近国家。2020年7月生效的《美墨加协定》通过畸高的原产地标准使得全球价值链逐渐向区域价值链收缩，以此来鼓励、促进制造业的本域化。拜登政府上台后继续推进"近岸外包"体系构建。在2021年"美国—墨西哥高级别经济对话"期间，双方建立了供应链工作组，负责评估供应链需求，以吸引投资，降低半导体和信息通信技术（ICT）等关键部门因供应链中断而产生的脆弱性。2022年4月，美国众议院议员马克·格林（Mark Green）提出《西半球近岸外包法案》，提出为鼓励产业回迁，将向从中国迁往拉美的企业提供低息贷款，并给予 15 年免税待遇，但相关企业必须承诺不被中俄政府或其他外国竞争对手拥有或控制，企业总部不得设在上述国家。同年 6 月，在第九届美洲峰会上，美国宣布"美洲经济繁荣伙伴关系"倡议，旨在推动西半球经济复苏和增长，打造更具弹性的供应链。在美国政府的推动下，美国企业也及时作出响应。2020—2021 年，墨西哥供应商收到的美国大型公司投标数量增加了 514%，同期接受投标的拉美供应商增加了 155%。2021 年，美国前 30 家年收入超过 300 亿美元的大型制造公司从墨方采购化学品、生产和建筑材料等工业制成品的数量是 2020 年的六倍。据《每日经济》报道，2022 年美国企业对墨西哥投资达 150 亿美元。此外，美国多名官员还表示有兴趣促进对巴西半导体产业链的投资。

另一种模式是友岸外包（friendshoring）。所谓"友岸外包"，就是通过可信赖的双多边机制来推进供应链的多元化，从而加强美国的供应链安全。美国财政部部长珍妮特·耶伦建议通过"友岸外包"体系的构建，将供应链集中在"我们可以信赖的国家"，使美国能够继续安全地扩大市场准入，降低美国和贸易伙伴的供应链风险。美国战略与国际问题研究中心认为，一个值得信赖且经济上可行的跨国供应链需要包括墨西哥、加拿大、澳大利亚、韩国、新加坡、欧盟、日本等盟友，各方不但需要在生产环节加强合作，而且需要联合扩大半导体行业所需的公共产品供应，包括研究、劳动力、基础设施、知识产权保护等"软基础设施"，以及金融投资体系等。[①]

这一合作已经在广泛开展。2022 年 5 月，根据美韩双方发布的联合声明，两国将设立经济安全对话机制，在尖端半导体等科学技术和供应链领域加强沟通合作。2023 年 3 月，美国和印度签署了一份关于半导体的谅解备忘录，两国将讨论投资协调并继续围绕刺激私人投资的政策展开对话。同月，美国与加拿大计划建立北美半导体制造走廊，该行动以 IBM 公司在其位于加拿大魁北克工厂的一项重大投资作为起点，以开发和扩展芯片封装测试能力。

（三）美国联合盟友将中国排除在其供应链之外

2017 年 1 月，美国总统科技咨询委员会出台的《确保美国在半导体行

---

① JAMES A. LEWIS. Strengthening a Transnational Semiconductor Industry，2022.06.

业的长期领先地位》报告认为，中国半导体的崛起对美国已构成了"威胁"，建议美国政府对中国产业加以限制。此后，美国不断推动相关部门及盟友国家限制甚至完全拆除华为、中兴等中国企业产品。2021年1月，美国提出《美国供应链安全规则》，主要关注如何通过立法加强供应链安全，尤其是信息通信技术和服务领域，而中国被排在美国"外国对手"的第一位。2021年10月，拜登以G20峰会为契机，召开"全球供应链弹性峰会"，鼓动盟友共建美国主导的全球供应链，以达到"孤立中国"的目的。2022年5月，美国推出将中国排除在外的"印太经济框架"，强推供应链弹性规则，强调就关键产品弹性供应加强合作，以逐步摆脱对华依赖。2022年11月，美国联邦通信委员会禁止批准华为和中兴的新电信设备，称它们对美国国家安全构成"不可接受的风险"。2023年，《应对境外不可信海外电信法案》得到美国国会两党支持，该法案要求美国国务院报告美国的北约盟国和其他国家在其5G网络中使用华为和中兴等公司电信设备或服务的情况。根据法案，上市公司也要公开它们与华为或中兴的业务往来。同时，法案要求美国国务院审查驻外美国使馆依赖的基建设备是否来自华为及中兴，并要求美国国务院推动有利于美国国家安全的基建项目。此外，美欧贸易与技术委员会明确表示要增加半导体供应链的透明度和弹性，建立半导体产量变化的预警机制，形成生产协作体系。双方还建立了专门针对中国的副国务卿/副外长级别的"关于中国的跨大西洋战略对话"机制，加强对中国政策的协调。"芯片四方联盟"背后的意图与之类似，同样希望将中国排除在全球半导体供应链之外。

迫使供应链迁出中国的政策已经显出部分成效。此前，95%以上的iPhone、AirPods、Mac和iPad都在中国制造，但美国政府认为苹果公司与中国企业合作不安全，要求其降低对中国企业的依赖。针对这一要求，一方面，苹果公司增加了美国本土的生产，2022年在美国设厂的苹果供应商已增加到48家，而2021年是25家，几乎翻番。另一方面，苹果公司从2022年年底开始将iPhone 14系列产品约5%的产能转移到全球第二大智能手机市场印度。分析师称，到2025年，包括Mac、iPad、苹果手表和AirPods在内的苹果所有产品中，约有25%将在中国境外生产。到2027年，预计50%左右的iPhone将在印度组装。苹果的主要生产合作伙伴富士康、和硕科技和纬创集团也纷纷在印度建立了生产基地。

总之，整个《芯片和科学法案》及相关部署既兼顾了解决当下美国生产瓶颈的需求又兼顾了未来"后摩尔"和"超越摩尔"时代的发展需要；既注重研发基础设施和技术创新网络建设，又注重人才培养、供应链建设；既注重大型企业发展，又注重培育初创企业；既注重培育制造企业，又注重发展区域创新中心；既注重团结美国国内产学研各方，又注重与盟友国家、企业建立广泛的合作关系，最终形成了一个涵盖众多主体，涉及不同环节的芯片创新生态体系。

第三篇 政策分析篇

　　毫无疑问，以《芯片和科学法案》为代表的政策属于产业政策的范畴。此前数十年，新古典经济学一直主导着美国主流的经济思想，受其影响，产业政策往往是被批判的。但近几年相关学者大力呼吁政府制定产业政策，尤其是在加快新冠疫苗研发的过程中，产业政策的成效非常显著，美国各界普遍接受了产业政策的概念。不过，美国精英阶层普遍将产业政策的应用范围限定在高科技产业，并认为产业政策与技术战略是同义词。在相关制度设计中，美国知名智库和联邦政府文件普遍都会强调"全政府""举国"等特点。这一美国式的高科技产业举国创新体制显然与苏联集中式的举国体制有很大不同，后者更强调政府对技术研发和产业发展的行政管理，前者更强调通过一定的机制设计实现联邦各部门、不同层级政府，以及政产学研各主体间的密切协同，形成技术研发、产业发展和人才培养等方面的有机联动，实现创新链和产业链的相互配合。尤其是在相关机制下，美国建立了一整套鼓励创新型小企业发展的制度，为技术产业化和整个产业持续创新发展提供了源源不断的动力。

第九章

美国产业政策的基本框架

美国历史上曾长期使用产业政策，支持美国完成工业化，成为工业强国。近几十年，全球化的发展使得新古典主义理论逐渐居于主导地位，而产业政策则"隐而不显"。但近几年，美国各界普遍认可产业政策，且对产业政策的主要内容形成共识。《芯片和科学法案》及其对半导体产业的补助、支持，无疑是美国实施产业政策的充分体现。

一、产业政策再次受到重视

美国一直有运用产业政策的传统，最早可以追溯至亚历山大·汉密尔顿（Alexander Hamilton）。在长达一个多世纪的时间里，汉密尔顿基于关税的贸易政策一直是美国联邦产业政策的支柱之一。后来，美国制定《太平洋铁路法案》（1862 年），大力资助第一条连接东西海岸的横贯大陆的铁路；制定《莫里尔法案》，使用联邦土地出售的收益来支持各州的大学建设；设立田纳西河谷管理局，负责管理更广泛的田纳西河地区电力建设问题，均是产业政策的代表。联邦政府通过产业政策对贸易提供支持、对技术研发和工业设施提供支持，而不是直接参与到民用部门生产中，很好地促进了产业发展和经济增长。

第一次世界大战爆发后，美国于 1917 年成立了战争工业委员会，美国联邦政府引入了多种政策，如供应商生产配额、私营铁路临时国有化等。这些政策的规模超过了此前所有的产业政策，但随着战争结束，联邦产业政策又重归沉寂。在第二次世界大战期间，美国政府又成立了战争生产委员会，旨在促进工业、劳工和政府各方在生产制造和服务分销等方面加强协调。同时，富兰克林·罗斯福的科学顾问范内瓦·布什（Vannevar Bush）创建了一个高度关联的技术进步系统。由美国联邦政府资助的研究型大学被批量创办，这些大学与工业企业、军事和政府机构密切合作，美国联邦政府资助的一些研发中心也建立起来，促成了麻省理工学院"辐射实验室"和"曼哈顿计划"关键战时技术的进步。

战争结束后，布什在他著名的政策论著《科学：无尽的前沿》中，建议杜鲁门总统将重点放在基础研究上，他认为基础研究远比应用开发成本低，在战后缩减开支的情况下，政府仍然可为基础研究提供支持，且维护学术研究的独立性。具体而言，主要包括以基础研究为主的美国联邦研发体系和与之平行的美国国防部创新系统，而制造业不是重点。因为自19世纪末，美国就已经取得了世界生产的领先地位，在第二次世界大战期间，美国制造业在全球所占比重更是上升到前所未有的份额。这种巨大的领先优势使得美国不需要关注制造业发展，相反与欧洲科学技术的差距是美国认为需要追赶的重点。布什创建的这一创新模式后来被称为"管道模式"，即美国联邦政府对早期研究进行投入，后期开发则依赖于行业的投入。

受此影响，传统上不局限于基础研发的产业政策很少被人提起，甚至产业政策成为党派斗争的工具。1980年，美国卡特总统推出产业政策，几个月后，里根总统当选，毫不犹豫地否定了相关政策。从此，"产业政策"一词被推入了党派政治的漩涡，自由市场经济理念在美国越来越占据主导优势，任何产业政策主张都可能被冠以"挑选赢家"的帽子而受到各方抵制。同时，在经济学界，主流的新古典主义经济学家也一直强烈反对产业政策。他们认为，在"市场失灵"的情况下，某些政府干预是允许的，包括公共教育、交通基础设施和基础研究，但特定技术和产业支持政策不在此列。因为主流经济学家一直强调数学建模，而创新需要考虑技术进步之外的诸多复杂因素，如文化、传统、既得政治利益、政府架构、公众期望、集体行动和组织管理等，这些因素都不容易遵循经济模型。基于此，罗伯特·索洛（Robert Solow）提出了基于创新的增长理论，他认为技术是"外生的"，即有太多的变量，无法运用新古典经济模型进行预测。保罗·罗默（Paul Romer）用"内生"增长理论予以反驳，试图将增长理论重新纳入新古典经济学，但同样难以用量化的经济学工具建模。因此，在美国经济学界，对市场的强调始终占据主导地位，而对产业政策长期持反对态度。在美国政界和学术界双重影响下，虽然美国少数学者敏锐地认识到美国政府一直在实行"只说不做的隐形产业政策"，但总体上看产业政策在美国几乎成为不可触碰的敏感词汇。

2018年以来，越来越多的学者开始将产业政策视为强有力的政策工具。2018年，美国学者迈克尔·林德（Michael Lind）在《国家评论》发表长文称，目前，中国的"国家资本主义"正在重构美国经济，美国需要自己的国家产业战略，回到成功且经受了历史考验的汉密尔顿产业战略。为了确保引进或留住那些对美国军事力量必不可少的战略产业，这一战略需利用任何必要手段（关税、补助金、采购、税费减免，甚至是向那些购买美国制造业出口产品的国家提供海外贷款）。[①]2019年，美国外交关系委员会也指出，面对中国作为战略和技术竞争对手的崛起，美国白宫应该出台解决国家安全问题的产业政策，支持基础和通用技术创新，建立代表若干政府机构并与学术界和私营部门合作的机构间小组委员会，以协调研发项目的选择、开发和执行。2020年，美国信息技术与创新基金会指出，几十年来联邦政府对新技术的战略支持始终是企业能够将其市场化的关键因素。今后要想重获竞争力，美国需进一步制定国家先进产业战略并进行有效投资。美国战略与国际问题研究中心认为，产业政策不仅是赢得竞争的关键，也是积累国家财富的基础，美国有必要重新审视自己的产业政策而不是将其视作禁忌。[②]在国会，中美关系趋于紧张后，两党议员就不断呼吁加强政府对产业的干预。例如，共和党参议员Marco Rubio明确提出警惕"自由市场原教旨主义的危险"，并呼吁"振兴美国的产业政策"。

同时，客观实践也逐步改变了美国各界对产业政策的负面看法。在新冠疫情防控期间，为加快新冠疫苗研发的"火速行动"作为一种新的产业政策手段发挥了显著成效，被认为是一项重大成就，引起美国各界关注。2020年，由美国卫生部、国防部和其他机构建立了"火速行动"伙伴关系，从事新冠疫苗开发、制造和分发工作。在组织上，它不是一种公私伙伴关系，而完全是政府间的跨机构伙伴关系，但其协调的对象却是私营部门，且与私营部门

---

① MICHAEL LIND. Cold War II, 2018.05.

② JAMES ANDREW LEWIS.Semiconductors and Modern Defense Spending, 2020.09.

合作非常密切。在各方的共同努力下，美国新冠疫苗大约 10 个月就上市了，而开发麻疹疫苗用了 10 年，开发埃博拉疫苗用了 43 年。美国"火速行动"与科学研究无关，其背后的科学和技术在新冠疫情暴发前就已经存在了，美国政府只是用跨机构的、灵活的组织方式将技术成果产业化，并将产品迅速交付给用户。以往只有在国防领域，美国联邦政府才会关注新技术及其相关产品的推广应用，其他领域很少关注制造环节，且几乎从未开发过有助于实施相关行动的工具。但是，"火速行动"重新唤起了美国民众对产业政策的兴趣，产业政策不再是各方避之不及的敏感词汇。同时，美国经济合作与发展组织的一项研究发现，在芯片产业较有实力的 11 个国家中，有 10 个使用了补贴等形式的产业政策。美国半导体行业协会也发现，虽然美国一直占据全球芯片市场 50% 左右的份额，但制造份额却稳步下降至 11% 左右，其重要原因就在于美国(在联邦层面)没有使用补贴政策。[①]在这一背景下，《芯片和科学法案》的相关政策得以顺利制定、实施。

二、产业政策的内涵

产业政策是一个非常模糊的概念，政策工具、目标种类繁多，几乎不同的经济学家对产业政策都有不同的认识。但是，最近两年，美国政界和智库普遍将产业政策的重心放在技术战略上。例如，由于美国主流观念传统上对产业政策的抵触和排斥，2020 年 4 月，美国信息技术与创新基金会主席罗伯特·阿特金森(Robert D. Atkinson)不得不将产业政策和产业战略两个词区分开来，认为产业战略是一套有意制定的政策，侧重于支持对一个国家的经济竞争力和安全至关重要的高附加值关键贸易部门；而产业政策是个贬义词，指政府促进特定部门发展的努力，往往是指无能官僚管理的裙带资本主义及其产生的损害经济发展的不良结果。[②]但是由于舆论的转变和各方对产业政策的接受，不到一年后，美国信息技术与创新基金会已经可以直接探讨产业政策，并将其定义为：为支持具体的产业和技术而明确设计的一套政策和方

---

① JAMES ANDREW LEWIS. Strengthening a Transnational Semiconductor Industry, 2022.06.

② ROBERT D. ATKINSON. The Case for a National Industrial Strategy to Counter China's Technological Rise, 2020.04.

案，其政策目标是美国的国际竞争力，特别是在先进技术领域的国际竞争力。[①]显然，此时的产业政策与其一年前提出的产业战略内含非常相似。类似地，新美国安全基金会的产业政策战略项目指出，美国的产业政策是指通过政府干预市场以产生符合国家利益的经济效果，这里的国家利益主要是指技术竞争优势，以保持美国作为世界首屈一指的技术强国地位。不属于产业政策的只有一种情况，即政府试图通过塑造商业活动来保护衰退行业中的制造业工作，或挑选某一特定企业作为"赢家"给予特别的支持，此类行为会造成市场扭曲和道德风险。[②]而技术战略不是要求政府干预市场，而是建议政府通过适当投资于研发、教育和基础设施，为税收、法规和移民等领域制定符合自由市场原则和美国价值观的政策，从而创建一个国家级技术政策框架。从这一角度，技术战略是一种产业政策，并曾在美国历史上发挥了巨大的积极作用。[③]因此，当产业政策被定义为"一个国家的领导层采取行动，发展、增加或重新定位其部分或全部经济，以实现特定目标"时，就成为政府主导的技术战略理念的同义词[④]。

为了明确技术战略以及与其密切相关的产业政策的详细内容，2020年9月，新美国安全中心启动了国家技术战略项目，为国家技术战略开发知识框架，研究加速美国创新、降低风险，以及与竞争对手的技术战略抗衡等关键问题，作为美国长期成功创新和技术领先的路线图。其中，《掌舵：应对中国挑战的国家技术战略》指出，在地缘战略竞争中，技术是竞争的核心，技术领先地位比以往任何时候都更重要。美国政府必须制定国家技术战略，以应对与强大竞争者的持续竞争。《信任过程：国家技术战略的制定、实施、监测和评估》强调，为了有效地执行国家技术战略，美国政府需要创建新的流程或优化现有流程以制定、实施、监控和评估技术战略。《从计划到行动：

---

① ROBERT ATKINSON. Why the United States Needs a National Advanced Industry and Technology Agency, 2021.06.

② MARTIJN RASSER, MEGAN LAMBERTH, HANNAH KELLEY, et al. Reboot: Framework for a New American Industrial Policy, 2022.05.

③ MARTIJN RASSER,MEGAN LAMBERTH. Taking the Helm: A National Technology Strategy to Meet the China Challenge, 2021.01.

④ JOHN COSTELLO, MARTIJN RASSER, MEGAN LAMBERTH.From Plan to Action：Operationalizing a U.S. National Technology Strategy, 2021.07.

实施美国国家技术战略》侧重于明确美国决策者为实施国家技术战略应采取的具体和务实的措施。相关报告认为，国家技术战略应成为美国规划、执行和更新其技术政策的指导框架。美国政府必须制定出一项国家技术战略，以适应这样一个持续竞争的时代，提升美国的竞争能力；保护美国的关键技术优势；与志同道合的盟友合作，以最大限度地取得成功；强调战略的有效性，根据需要重新评估和调整计划。其中，技术领导力指的是一个国家如何发明、创新和部署技术来进行经济竞争并确保其利益，这将在很大程度上塑造国家的未来。

美国国家技术战略项目立项后不久，2020 年 10 月，美国国务院就发布了《关键和新兴技术国家战略》。强调美国需要发展"关键和新兴技术"，以确保在最优先的技术领域保持领导地位，继续在其他高度优先的技术领域与其盟国和合作伙伴保持技术合作伙伴的关系，并采用风险管理办法监测新兴技术发展情况。该战略提出发展关键与新兴技术的两大战略支柱：推动国家安全创新基础的发展，以及保护美国的技术领先优势，并明确了 20 项关键和新兴技术清单。虽然《关键和新兴技术国家战略》发布时，美国国家技术战略项目还未完成，但至少说明该项目的相关理念与政界主流观念基本一致，具有很强的代表性。

在国家技术战略项目基础上，新美国安全中心设立了延续性项目——国家产业政策战略项目，开发了美国的产业政策知识框架，目的是为增强和持续美国的经济竞争力和技术领先地位铺平道路。新美国安全中心认为，虽然美国历史上大部分产业政策都很成功，但是产业政策总体愿景过于宽泛，未形成总体的国家战略和清晰的愿景，导致政府的产业行动长期以零散的方式进行，长期性和规划性不足。在美国空军商业和经济分析办公室（OCEA）的资金支持下，美国国家产业政策战略项目通过召开一系列研讨会、撰写一系列报告和专栏文章，系统分析了可用于推行产业政策的国内和国际工具，以及现有法律框架可能对产业政策施加的限制，为产业政策战略制定了详细蓝图。

三、产业政策的目标、类型

美国信息技术与创新基金会认为，为了维护美国的技术创新优势，美国联邦政府必须制定并充分资助一项国家先进技术战略，同时改变自由放任的市场经济思想，制定产业政策。美国信息技术与创新基金会认为技术战略有三项关键的国家目标：支持突破性技术发展及其产业化；支持关键技术领域的企业发展；支持更多创新区域的发展。[1]新美国安全中心国家产业政策战略项目认为，产业政策的总体目标是保持美国作为世界首屈一指的技术强国地位，确保关键技术领域的长期竞争力，建立安全和有弹性的供应链，并在危机时期维护社会的日常运作。当前阶段，美国有两个具体目标。其一，有效地与中国竞争并降低对中国供应链的依赖。美国政府正在努力制定对华战略，该战略涉及经济、军事、技术和政治所有方面，产业政策将是其中一个重要组成部分。其二，确保关键技术领域的长期竞争力，建立安全和有弹性的供应链，促进美国经济繁荣，并在危机时期维护社会的正常运作。[2]显然，这两大目标与《关键和新兴技术国家战略》中提出的两大支柱基本对应：其一，促进有利于美国国家安全的创新基础发展；其二，保护美国的技术领先优势。美国信息技术与创新基金会与之不同的是，更强调强化自身的技术创新和产业化发展，但并非不关注与竞争对手的竞争，其十条建议中有一条强调对将生产从中国转移到美国劳动力过剩地区的企业设立税收激励。

为实现上述目标，美国政府需要重塑产业政策，调整自里根时代以来自由放任的产业政策，同时需要调整不利于技术创新的政策。具体而言，美国国家产业政策战略项目将产业政策分为三种类型[3]（见表 9-1）。

第一种为防御性产业政策，用以应对外部经济行为者造成的经济或安全危害。具体又可以分为两种：其一为解决外国贸易和经济政策造成的经济损害的防御工具，包括贸易救济、贸易法和世界贸易组织（WTO）的诉讼；其二为国家安全防御工具，包括出口管制、入境投资审查和境外投资管制，用于解决商业交易产生的国家安全风险。

---

① DAVID ADLER, ROBERT D. ATKINSON, et al. Next Steps for Ensuring America's Advanced Technology Preeminence, 2021.04.

② MARTIJN RASSER, MEGAN LAMBERTH, HANNAH KELLEY, and Ryan Johnson. Reboot:Framework for a New American Industrial Policy, 2022.05.

③ EMILY KILCREASE, EMILY JIN. Rebuild:Toolkit for a New American Industrial Policy, 2022.09.

表 9-1　产业政策的三种类型

产业政策类型	产业政策工具	具体的政策手段
防御性产业政策	经济防御工具	贸易救济、贸易法、世界贸易组织（WTO）的诉讼
	国家安全防御工具	出口管制、入境投资审查和境外投资管制
积极性产业政策	财政激励（补贴）	国防技术资助计划； 针对具有战略意义行业的特别激励措施（如芯片）； 州和地方政府的激励措施（包括税收减免、促进产学研合作）； 政府采购
	基础研发支持	对基础研发提供资金支持和其他相关的配套支持
	培养产业人才	弥补先进技术领域的人才缺口
	贸易政策	针对外国市场壁垒，设定贸易议程以提高竞争力
应急性产业政策	国防生产法案	为提升产业发展能力提前做准备； 确定可用于应对危机的临时政策

　　第二种为主动性产业政策，用以支持尖端技术发展并提高特定行业的竞争力。主动性产业政策是防御性产业政策的重要补充，防御性政策主要是针对国外政策对本国产业造成的危害进行补救，而主动性政策致力于正向促进关键行业发展。所谓关键行业，是指美国保持技术领先对其经济安全目标至关重要的行业。主动性产业政策包括联邦政府和地方政府提供的财政激励、基础研发支持、人才培养和贸易政策等。财政激励政策是指为特定技术发展提供资金支持，包括对国防技术发展和战略性产业（如芯片）提供资金支持、州和地方政府提供的税收优惠政策、各级政府的政府采购政策等；培养人才主要是为了弥补先进技术领域的人才缺口，既包括高学历、行业经验丰富的高端人才，也包括普通的技术工人；基础研发支持是指为基础研发提供资金或其他配套支持；贸易政策用于识别对关键行业产生负面影响的贸易壁垒，并通过贸易政策的调整、贸易协议的签署等优先解决这些壁垒问题，确保美国企业进入全球市场时更加具有竞争力。

　　第三种为应急性产业政策，相关政策使政府能够在危机时期提高工业产能，包括应对从高科技产品到生活必需品在内的一系列关键商品的供应链中断。国防生产法案是当今应急性产业政策的唯一"主力军"，根据该法政府可以为国防企业扩大生产提供强有力的资金支持。如果可以更有策略地使用这一法案，它可以成为应急性和积极性产业政策的有力工具。如，将国防生产法案的运用扩展至更多部门，或创新其他工具。

　　不管实施哪种产业政策，都需要注意避免通过影响商业活动来保护衰退行业中的制造业工作或"挑选赢家和输家"的单一企业，此类行为会造成市场扭曲和道德风险；同时也要避免保护主义泛滥，必须兼顾公平的全球竞争规则，依靠盟友和伙伴的合作以实现技术和供应链多元化。

如前所述，产业政策主要是针对特定先进技术行业的，往往与技术战略同义。基于上面的产业政策工具，对照《关键和新兴技术国家战略》进行分析，可以更具体地证明这一点。其中，促进创新基础部分主要运用的是主动性产业政策，涉及增加研发资金、培养人才、政府采购、与地方政府和国外盟友协同等；保护美国的技术优势主要运用的是防御性产业政策，涉及贸易和投资管制、知识产权保护、供应链安全等。促进有利于国家安全的创新基础主要包括以下方面：培养全球最优质的科技人才，吸引并留住发明和创新人才；利用私人资本和专业知识，快速开展各领域的创新；简化限制创新和产业发展的烦琐法规、政策和官僚程序；领导世界性技术规范、标准和治理模式的制定；建设学术机构、实验室、科研基础设施、风险资金、支持性企业等创新基础；提升研发在美国政府预算中的比重；在政府内部开发和采用先进的技术应用；鼓励公私合营的伙伴关系；与盟友和伙伴建立牢固而持久的技术伙伴关系；鼓励美国各州和地方政府采取类似行动。

在保护美国的技术领先优势方面，主要包括：确保竞争者无法通过非法手段，获取美国的知识产权、研究、开发或技术成果；要求在技术开发的早期阶段就强化安全设计，并与盟友和伙伴合作，确保采取类似行动；促进学术机构、实验室和工业研究成果的安全保障，保护研发企业的利益；对关键和新兴技术各方面进行适当控制，确保其符合出口法律、条例，以及多边出口制度的规定；督促盟友和伙伴关系国家遵循美国外国投资委员会的类似章程；督促私营部门充分理解关键和新兴技术及与之相关的未来战略风险；评估全球的科技政策、能力和趋势，以及对美国的影响；联合盟友保障供应链安全；向主要利益攸关方传达保护技术优势的重要性。

四、产业政策工具

新美国安全中心《重建：美国新产业政策工具包》①一文共提出了五大类

---

① EMILY KILCREASE, EMILY JIN. Rebuild:Toolkit for a New American Industrial Policy, 2022.09.

二十余项政策工具，广泛涵盖了防御性、主动性和应急性产业政策，为政策制定者提供了一系列具体、可操作的政策工具包。《我们编织的纠结之网：重新平衡美国的供应链》指出美国需要一项新的产业政策——制定供应链战略，以提高供应链安全性并使其多元化。信息技术与创新基金会在《对抗中国技术崛起的国家产业战略》中提出了产业政策的具体建议[①]，在《确保美国先进技术领先地位的下一步行动》中，认为美国政府应该为确保技术领先优势而采取更大胆的行动，其政策建议不仅包括创新政策，也包括产业政策[②]。可以看出，这两个机构提出的产业政策工具有颇多相似之处，在美国的智库机构和精英阶层中很有代表性，具体而言主要包括以下几方面。

其一，提高政府实施产业政策的能力。

信息技术与创新基金会认为，目前没有一个联邦实体负责竞争力分析，尤其是先进行业的竞争力。国会应该要求政府制定一个先进产业战略，并创建一个新的贸易部门和新兴技术分析部门，负责解释、分析和评估美国整体竞争力指标（如外国投资、就业、产出和市场份额等）并制定战略政策路线图。该部门最好作为一个负责跨机构协调的机构，设在美国商务部标准和技术研究院内，依据对全球产业的了解、美国的发展状况，以及对产品/细分市场等的了解，生成基于行业的战略评估报告。该部门应与其他机构（特别是国防部）以及产业、学术界专家合作，确定美国必须维持竞争力的关键部门（如航空航天、生物制药、仪器、半导体和软件），并确定保持每个部门竞争力的关键举措。它还应该建立一个程序，使产业界能够向其通报最重要的技术挑战。国会应该建立一个竞争力办公室，评估与美国竞争力相关的立法提案。

新美国安全中心也认为，大规模的产业政策是美国的一项新尝试，必须提高相关能力，包括：扩大和加强美国商务部工业分析办公室的职能，在美国商务部增加产业分析人员，开发新的产业分析方法，提高商业智能和数据分析能力；在美国商务部设立产业政策协调员职位，促进负有产业政策职责

① ROBERT D. ATKINSON. The Case for a National Industrial Strategy to Counter China's Technological Rise, 2020.04.

② DAVID ADLER, ROBERT D. ATKINSON, et al. Next Steps for Ensuring America's Advanced Technology Preeminence, 2021.04.

的部门加强合作；制定和公布优先行业的产业战略，战略制定由负责产业政策的国家安全副顾问领导多个机构合作完成；加强产业政策量化分析，美国商务部应明确数据收集要求，为相关行业制定产业政策提供依据；建立监督机制，国会应要求有关部门定期报告政府补贴资金的支出情况，可设立特别调查员监督补贴支付情况；相关政府部门应及时获取私营部门的专业知识，吸引私营部门人才，或与私营部门建立一定的人员轮换机制。

其二，深化联邦—州—地方合作。

新美国安全中心建议加大力度培育区域创新中心，并为其提供根据当地需求和条件调整计划的自主权；发出国家级需求信号，如发布产业战略；将国家层面的支持政策置于地方政策之上，要求州或地方政策与联邦政策保持一致。信息技术与创新基金会认为，虽然制定强有力的联邦产业战略至关重要，但国会也应该推动建立联邦—州发展伙伴关系，联邦—州协同可以产生比其各地方单独行动更好的效果。[①]

其三，创新产业融资政策。

新美国安全中心建议，应授权成立美国工业金融公司，该机构由政府所有，通过提供贷款、担保和少数股权投资以支持关键部门的生产制造；将国防生产法的应用扩展至民用部门，以确保相关供应链发生意外或短缺时，产能能够迅速提升；制订补贴方案，形成明确的补贴指导方针，扩大补贴的使用范围。类似地，信息技术与创新基金会也指出，由于缺乏必要的融资支持，美国的硬件发明很难在美国实现原型生产，所以国会应该创建一个新的为生产制造提供资金支持的金融机构或扩大现有相关金融机构的职责。此外，进出口银行和发展金融公司应负责提供担保和其他金融援助，以使获得支持的硬件企业能在全球范围内扩大生产规模。信息技术与创新基金会还建议，为了加强企业间的合作，并为商业研发提供更多的联邦支持，国会应该重新恢复美国商务部标准和技术研究院的先进技术计划。该计划会分担产品创新早期技术开发的成本，尤其是私营部门难以独立承担的高风险性研发项目。该计划于 1990 年开始实施，2007 年结束，国会应该在重建该计划的基础上扩大对生产创新项目的支持。

其四，促进技术产业化并培养产业工人。

信息技术与创新基金会认为，联邦政府应支持美国企业提高竞争力，具

---

① ROBERT D. ATKINSON. Time for a Federal-State National Economic Development Partnership, 2020.11.

体包括：政府应增加对关键技术研究的支持，尤其是支持技术产业化；制造业创新研究所代表了一种重要的创新组织模式，目前美国已经建立了 16 个研究所，还需要在"制造美国"网络下建立更多的制造业创新研究所；联邦政府应重振国家实验室，使其成为技术开发和产业化的更好引擎；需拿出适当比例的研究经费用于区域创新中心建设，并支持州政府的先进产业发展计划；对中小企业发放创新券，使其可以从大学、国家实验室和研究机构中"购买"专业知识，从而刺激创新并促进知识转移。

新美国安全中心认为，美国政策制定者需要加大力度培养产业工人，以适应产业发展对技能需求的变化。绘制人员需求图谱，评估特定区域的竞争力，并配备相应的教育和科研资源。将人员需求纳入产业战略，确定关键行业产业工人的短缺情况，以及对产业技能的需求情况。

其五，建立经济联盟。

所有关键产业完全在美国本土生产既没有必要也不需要，明智的产业政策需要与盟友伙伴加强政策协调和产业链合作，与盟友就补贴标准达成一致，发生争议时寻求协商而非诉讼解决，避免与盟友之间形成补贴竞赛；制定新的战略竞争框架，共同针对某些国家制定投资审查和出口管制规定，优先解决扭曲贸易的行为；激发联合创新，如多个国家联手成立的北约创新基金是世界上第一个多主权国家的风险投资基金；授予紧急监管豁免，制定一个常规流程，减少甚至清除对已批准产品设置的不必要的监管障碍。

其六，促进供应链弹性和安全性。

供应链是美国经济优势、国家安全和长期技术领先地位的支柱。安全、可靠且具有弹性的供应链对于美国的竞争力和社会经济至关重要，美国需要将供应链安全和弹性作为新的产业政策，加强供应链管理，促进供应链转型。在管理供应链方面，应该强调制定和实施某些政策以监控、评估和重组供应链，包括制定供应链战略、重组关键供应链、推动供应链审查制度化、提高供应链弹性、与私营部门合作重组供应链、提高软件供应链的安全性、评估国防供应链的安全性、鼓励政府机构运用区块链等新兴技术管理供应链等。在供应链转型方面，应该强调通过制度改革和利用新技术以改善供应链管理，并与盟友合作重组供应链，应该包括：设立负责供应链和技术安全的美国商务部副部长，建立盟友国家组成的网络以便在技术政策上开展合作，开展技术外交、培训一批技术外交官，在美国商务部建立信息融合中心，投资下一代供应链安全工具、平台和技术。

对于半导体产业，新美国安全中心认为，美国政府应将政策目标重点放在四个方面。①促进技术进步。投资于劳动力发展；强化技术开发和原型制造；改革签证政策，吸引芯片专家。②加强半导体供应链安全。投资半导体安全漏洞的识别技术；增加额外的半导体专业知识；降低对竞争对手供应链的依赖；推动制造基地多元化。③控制"卡脖子"技术。围绕"卡脖子"技术优先提供研发支持，与盟友共同加强对制造设备（包括零部件）的出口管制。④与盟国合作，保持美国对中国的技术优势。限制外资进入中国芯片行业；加强对"卡脖子"技术的出口管制；通过出口管制和制裁解决中国芯片补贴问题。①结合前面对美国《芯片和科学法案》相关内容的介绍可以看出，美国在半导体领域实际采取的政策与上面产业政策工具基本一致，防御性、主动性、应急性产业政策基本有涉及，促进技术进步、提升供应链安全和与盟国合作等工具都有运用。由此，可以将上述政策工具作为判断今后美国半导体政策走向及其他产业制定产业政策时的参考依据。

五、产业政策的基本原则

美国很多智库都对产业政策的基本原则进行过深入分析，如新美国安全中心国家产业政策战略项目提出产业政策的框架（共六个方面），认为这对未来制定具体的、可操作的政策提供了指引。②战略与国际问题研究中心在借鉴美国及日本、欧洲产业政策经验的基础上为美国提出了制定政策的十条原则。③哈佛大学学者 Dani Rodrik 在总结以往经验的基础上，为制定产业政策提出十条"设计原则"④。信息技术与创新基金会也总结了美国不同产业政策的十个共性。⑤综合相关内容，我们可以得知美国学者认为政府制定和实施产业政策应遵循的基本原则。

---

① CHRIS MILLER. Rewire: Semiconductors and U.S. Industrial Policy, 2022.09.

② MARTIJN RASSER, MEGAN LAMBERTH, HANNAH KELLEY, et al. Reboot: Framework for a New American Industrial Policy, 2022.05.

③ DYLAN GERSTEL,MATTHEW P. Goodman. From Industrial Policy to Innovation Strategy: Lessons from Japan, Europe, and the United States, 2020.09.

④ DANI RODRIK. Industrial Policy For The Twenty-first Century, 2004.09.

⑤ WILLIAM B. BONVILLIAN. Emerging Industrial Policy Approaches in the United States, 2021.10.

原则一：建立组织机构并制定政策目标。

白宫应设立相应委员会，建立负责产业政策的团队，团队人员需要一系列技能，如项目管理、项目工程和融资专业知识等。政策团队需要制定明确的政策目标，如保持美国经济竞争力和技术领先地位，确定技术领域的优先级等。有了明确的愿景目标就意味着联邦政府拥有提供长期支持的意愿，且有助于调动私人投资，凝聚所有利益相关者的注意力，朝着同一方向努力，即使偏离了既定目标，也可以及时纠正路线。

原则二：有效实施、监督政策并建立评估标准。

政策制定者应根据特定行业的技术成熟度、供应链的相互依存性，以及相对优劣等因素，及时把控政策走向并调整产业政策。政策制定者需要持续监测和评估与技术战略和产业政策相关的投入和进展，美国国家安全委员会和白宫科技政策办公室应当牵头对当前监管机构的权利和能力进行审查。要建立产业政策评估标准，美国联邦政府应当成立一个特别工作组，负责制定产业政策目标的衡量标准。该工作组可以包括来自美国商务部、教育部、国防部、白宫科技政策办公室、国家安全委员会、国家科学基金会的代表，以及来自产业界和民间团体的相关方。美国国会应当授权相关机构对美国产业政策进行持续的研究和分析，并定期提交报告。鼓励公众监督伙伴关系，建立问责机制，最大限度地提高资金透明度，降低政治俘获和寻租的风险。对于重大项目，应设置督察长角色，以监督资金的违规分配和使用中的道德风险。

原则三：加强政产学研合作。

将美国政府的财政资源与产业界、高校和研究机构的能力相结合是一种巨大的战略优势，该优势几乎没有其他国家能够与之匹敌。白宫和国会应当在重大技术领域建立公私合作关系，以确定共同的优先事项或目标。独立的技术专家应该对这些目标进行审查，以确定可行性并减少偏差。为了促进产学研合作，《芯片和科学法案》规定未来五年对国家科学基金会创新伙伴计划的拨款增至31亿美元，每个创新伙伴项目每年资助金额达100万美元。资金用途包括确定具有商业化潜力的研究，雇用技术转移专业人员，抵补专利和许可成本，举办创业竞赛等。只要不是纯粹为政府开发的"曼哈顿"或"阿波罗"类技术项目，所有项目都应该在私营部门开展。

原则四：对创新基础进行投资并重建制造业基础。

联邦政策应支持对有形基础设施、基础研究、中小学教育的投资，支持技术测试和验证，以及引进高技能移民。应出于国家安全目标而支持关键部门和技术的发展，而非选择性支持特定的企业或个别应用(如某种机器学习算法)。联邦政策可以通过以下方式纠正市场失灵：投资公共研究；对某些关键战略产品的研发提供资金支持；纠正国外贸易扭曲措施；克服学术研究和商业应用之间的"死亡之谷"。应重建制造业基础，任何产业政策都依赖于强大的制造系统，制造业需要被视为创新过程的一部分，对中小制造企业的融资支持尤其必不可少。

原则五：提高政府对创新失败的容忍度，改变政府监管方式。

失败必须被视为科学研究过程的一部分，是不可避免的。项目可能会因竞争环境的变化、管理问题或资金不足而失败，当失败发生时，决策者应该承认失败并从中吸取教训，根据需要及时中止项目。产业政策的目标不应该是将错误发生的可能性降到最低，而是将错误发生时的成本降到最低。良好的产业政策需要防止此类失败无限期地吞噬经济资源，政府的重点不是挑选赢家，而是及时发现输家。如果政府没有犯错，那只能说明他们还不够努力。目前，美国只有国防部拥有容忍失败的文化，其他部门仍需提高这一文化。各部门资助项目时应采用组合方法，对不同项目的技术开发和创新同时提供资助，以提高成功率。

原则六：将产业政策视为一个过程。

产业政策的正确模式不是政府对企业征收庇古税①或提供补贴，而是私营部门与政府之间通过合作，发现产业发展的障碍在哪里，以及采取哪种干预措施可以最有效地清除障碍。因此，对产业政策的分析需要关注的不是政策结果，而是要确保决策过程正确，明确过程比明确结果更重要，公私双方应聚集在一起共同解决问题。但是政府与企业合作太密切，可能会产生寻租、腐败等现象，若是合作太少，就无法提供私营部门真正需要的激励措施。可以说，关键的制度挑战是在完全自主和完全嵌入之间找到一个中间位置，即社会学家 Peter Evans 所说的"嵌入式自治"。为了实现这一点，可以设立问责制，加强对产业政策实施过程的监督。

---

① 庇古税是根据污染所造成的危害程度对排污者征税，用税收来弥补排污者生产的私人成本和社会成本之间的差距，使两者相等。由英国经济学家庇古(Pigou, Arthur Cecil, 1877—1959)最先提出，这种税被称为"庇古税"。

原则七：为创新产品提供初始市场。

美国大多数产业政策都是在供给端推动技术发展，在需求端的主要工具是政府采购。政府采购有助于新技术和系统的推广，可为新技术创造初始市场，这些需求是新技术规模化的关键。政府需要培养一个客户群，及时采用研究机构开发的新技术新产品，确保政府资助的研究成果被目标部门使用和吸收，它创造了一个积极的反馈回路，使研究成果能够产业化并被应用。在可能的情况下，政府采购面向的应该是一个优先部门或技术类别，而不是某个企业，应保持企业之间的竞争。

原则八：需要设置日落条款和激励措施。

每个公共资金支持的项目都需要事先明确说明什么是成功和失败，并设立日落条款明确政策支持的时间，避免长期投资于没有回报的项目。同时，需要设置激励措施，确保项目具有自我发展、自我更新、自我循环的能力，确保政府支持到期后，项目仍能正常运转。

原则九：保持灵活的计划。

产业政策最好有明确的任务、可衡量的中期成果和定期评估，这样才是最有效和最具成本效益的，但不是所有项目都一定会实现预期目标。根据研究的需要，以技术 A 为目标的研发计划最终可能会转向技术 B 的研发方向。有效的产业政策要求官僚机构有一定程度的自主权，要求政策实施过程考虑一定的灵活性。这要求政府调整工作方式，对中层监管机构放权，支持实施更灵活的产业和技术政策。

原则十：与盟友加强协同，遵守并执行国际规则。

在有效实施产业政策方面，美国不具备单打独斗的能力，而是需要盟友配合，各盟友和合作伙伴可以提高美国政策的实施效果。国会应当顺应这一形势并提供专门资金，支持建立一支科技外交官队伍。任何产业政策都应遵守商定的国际规则，如世界贸易组织《补贴和反补贴措施协定》或《政府采购协定》，美国应采取措施惩戒违反国际规则和原有承诺的国家。

第十章

美国产业政策的特点

每个国家对产业政策的理解和经济体制都不同，产业政策的运用往往也有很大差异。美国的产业政策有其明显特点，除了前述适用范围、原则等特点，在实施方式和政策重点等方面也都有其自身特点。

一、产业政策的实施方式：全政府、举国式

美国实施技术战略和产业政策时往往都采用全政府、举国参与的方法。

（一）全政府、举国参与的内涵

"全政府"或称"整体政府""整合政府"，是 20 世纪 90 年代中后期兴起的西方"后新公共管理改革"运动中出现的概念。尽管在各个国家的名称不同，但目标一致，都是为了改变前期改革所导致的愈来愈严重的"碎片化"和"部门化"问题。"9·11"事件使美国认识到"确保国土安全需依赖各级政府、公共和私人部门的协调"。2010 年 5 月，奥巴马政府的《国家安全战略》报告第一次在官方文件中明确提出"全政府"战略，强调不同联邦政府部门的协同，并提出"举国"概念。2015 年，奥巴马政府第二份《国家安全战略》报告又提出了"全社会"战略，协同主体由联邦政府部门扩展至地方

政府、企业、社区、个人等，但这时的"全政府"或"全社会"战略主要针对恐怖袭击、自然灾害等危及国家安全的重大危机事件。近几年，随着大国博弈的进行，相关概念的应用领域不断扩大。例如，《2019 财年国防授权法案》要求制定"全政府"对华战略，强调"对华长期竞争是美国的第一要务，为此必须整合外交、经济、情报、执法、军事等国家力量来保护和加强国家安全"。随着产业政策在美国的回归，很多机构建议运用"全政府"（全面）、"举国"等方式加强相关产业发展。

例如，新美国安全中心认为，美国应该采取全面的方法在具有国家安全和经济安全影响的关键领域加强管理，即跨越国内和外交政策领域将研发支出、公私伙伴关系、税收政策和补贴、移民改革和教育合并成一个连贯的整体，为政策制定者提供解决国家安全和经济安全目标重叠问题的路线图。[①]美国政府的对华战略应该涉及经济、军事、技术和政治所有方面，其中关键的组成部分将是产业政策。美国不能再将经济安全和国家安全视为不相干的两个概念，现代化和对技术领先地位的追求已将两者融为一体，且密不可分。美国需要改变冷战思维，重塑产业政策，努力制定由政府主导、促进经济发展和增长的政策，使美国在面临国内外挑战的时候，结合安全、经济和技术的相互影响，采取保持竞争力的关键行动措施。

所谓举国方法，是指广泛动员联邦和州政府、私营企业、学术界和民间社会的利益相关者，充分整合人力资本、基础设施、投资、税收和监管政策，以及行政制度等要素以保持其当前技术优势并创造新优势。[②]为此，有必要通过设立新职位和赋予新权力来改变美国政府的结构，并且必须建立一个政府范围的工作组来确定适当的指标。国会必须通过授权和资助对美国产业政策的持续研究来发挥自己的作用，政府需要与行业合作以执行这些政策，确保美国国家利益与私营部门的利益保持一致，公私合作伙伴关系将成为美国新产业政策的核心特征。

---

① MARTIJN RASSER, MEGAN LAMBERTH, HANNAH KELLEY, et al. Reboot: Framework for a New American Industrial Policy, 2022.05.

② MARTIJN RASSER,MEGAN LAMBERTH.Taking the Helm: A National Technology Strategy to Meet the China Challenge, 2021.01. John Costello, Martijn Rasser, Megan Lamberth.From Plan to Action：Operationalizing a U.S. National Technology Strategy, 2021.07.

(二)建立统筹协调的组织机构

如上所述，美国的产业政策强调要有组织机构，且一般情况下其组织机构往往是跨部门的，强调协同多个部门的力量共同推进相关政策。以半导体政策为例，2015 年 7 月，美国国会就成立了"半导体核心工作组"，为联邦政府半导体研发投资提供政策支持。2016 年 10 月，总统科技顾问委员会成立了半导体工作组，以确定美国半导体产业面临的国内外关键挑战和保持美国竞争力的重要机遇、行动建议。2020 年的《为芯片生产创造有益的激励措施法案》和《2021 财年国防授权法案》进一步支持在国家科技委员会设立半导体小组委员会，负责制定半导体技术和产业战略。2022 年的《芯片和科学法案》要求在白宫设立实施指导委员会，并设立了专门的白宫协调员(位于经济委员会)负责计划总体协调。这意味着美国政府立法、行政、咨询等层面均将半导体提升到战略层面，尤其行政层面在白宫领导下对联邦各部门工作进行统筹，运用全政府方法加强不同政府项目、活动之间的协同，推动战略顺利实施。

1. 白宫芯片实施指导委员会

《芯片和科学法案》颁布后，美国在白宫设立了芯片实施指导委员会，负责协调政策制定，以确保该法案在行政部门内有效实施。该委员会由美国总统经济政策助理、总统国家安全事务助理和科技助理三人担任联席主席(他们分别为美国国家经济委员会、美国国家安全委员会和美国科学技术政策办公室主要负责人)。除联合主席外，指导委员会还包括 13 个部门的主要负责人：美国国务卿、美国财政部部长、美国国防部部长、美国商务部部长、美国劳工部部长、美国能源部部长、美国管理和预算办公室主任、美国小企业管理局局长、美国国家情报局局长、美国负责国内政策的总统助理、美国经济顾问委员会主席、美国国家网络主管、美国国家科学基金会主任。在国家经济委员会设立专职的白宫芯片实施协调员(第一任为 Ronnie Chatterji)，负责管理芯片实施指导委员会的工作，并与国家安全委员会、白宫科技政策办公室、商务部密切合作，确保机构间有效沟通协调。根据总统的行政令，芯片实施指导委员会的联合主席可根据法律与总统科技顾问委员会，以及行业、工会、高等教育机构、研究机构等负责人进行沟通，听取其意见、建议。管理和预算办公室主任应与芯片实施指导委员会和负责执行该法案的机构负责人合作，促进相关政府资金的有效管理和监督。

2. 美国商务部芯片计划办公室和芯片研发办公室

为实施芯片计划，美国商务部在标准和技术研究院建立了两个新的办公室，即芯片计划办公室和芯片研发办公室。其中，芯片研发办公室负责与标准和技术研究院合作孵化国家半导体技术中心并提供指导，管理相关的产业咨询委员会及研发项目。研发项目除了国家半导体技术中心的建设、运营，还包括国家先进封装制造计划、半导体制造研究所和计量计划。该办公室由一位研发总监领导，向负责标准和技术事务的美国商务部副部长汇报。芯片计划办公室是芯片项目的主导单位，旨在实施芯片计划，并为相关方提供政策性支持和指导。它与美国商务部部长办公室、负责标准和技术的副部长密切合作，协调美国商务部内所有涉及芯片的工作和活动。它还将与芯片实施指导委员会一起参与白宫领导的协调工作,确保不同政府部门能够密切配合、切实有效地落实《芯片和科学法案》。芯片计划办公室负责联邦政府芯片补贴的发放，申请机构提交申请后，芯片计划办公室负责严格审查申请材料，以确保项目在经济上可行并符合芯片资助战略。审查通过者在接受补贴的同时，也需要接受芯片计划办公室的各种监督，如要求提交绩效报告、审计等。补贴不是一次性发放的，而是随着项目的推进，由芯片计划办公室逐步拨付的。芯片计划办公室将严格监督资金的使用情况，包括项目延误、知识产权交易，以及在某些国家的投资情况等。如果相关企业滥用补贴，芯片计划办公室将会追回资金或寻求其他补救措施。2023 年 2 月，美国商务部表示，将任命十多名专家成立一个监管团队，负责管理 527 亿美元芯片资金的具体使用。监管团队的成员包括具有管理大型联邦项目经验的官员、半导体行业的专家，以及具有金融行业经验的高管。

芯片计划办公室将与相关部门及美国盟友合作，提高美国和盟国半导体供应链的整体弹性。国际合作将侧重于提高市场透明度，包括共享公共投资和供应链中断的信息，降低产业的地域集中度，建设多元化供应链，促进投资保护和国家安全承诺，限制行业补贴升级。芯片计划办公室联合美国国际开发署、进出口银行和国际开发金融公司等机构，将与国务院加强协调，以支持国际半导体供应链建设。

3. 美国国家科技委员会微电子领导力小组委员会

2021 年 6 月，基于供应链调查，美国白宫形成了报告《建设弹性供应链，振兴美国制造业，促进广泛的增长》，要求加强供应链弹性，而半导体业是报告关注的重点产业之一。报告建议，美国政府和产业界需要采取行动增加国内半导体的生产能力，增加人才培养，扩大研发投资，并与盟友和伙伴合作加强供应链弹性。根据美国《2021 年国防授权法案》要求，美国国家科技委员会设立了微电子领导力小组委员会，负责制定微电子研发、制造和与供应链安全相关的战略政策，成员包括美国国防部、美国能源部、美国国家科学基金会、美国商务部、美国国务院、美国国土安全部等部门负责人和美国贸易代表、国家情报总监等。该小组委员会由美国白宫科技政策办公室、美国商务部国家标准与技术研究院，以及美国国防部国防高级研究计划局共同主持，与十几个联邦机构和部门广泛接触，以更好地了解其微电子研发优先事项，以及这些优先事项如何适用于机构任务和公共利益。[①]

2022 年 9 月，美国白宫科技政策办公室代表国家科技委员会微电子领导力小组委员会发布《国家微电子研究战略草案》，广泛征询公众意见。该战略明确了微电子研发优先事项，以及机构间任务重点，为机构领导者、项目经理及学界提供了有关微电子研发活动的规划和实施指导，并确保其与更广泛的芯片相关法案保持协同。草案充分利用研发基础设施网络，加强公私合作伙伴关系，强化先进技术研发、人才培养和研发成果转化，共同应对美国在微电子创新、竞争和供应链安全方面面临的挑战。微电子领导力小组委员会与其他机构关系简单示意图如图 10-1 所示。

此外，加强美国在微电子领域的领导地位需要产业界和学术界的广泛参与、建议和监督。2022 年 10 月，美国商务部宣布任命 24 名成员加入芯片产业咨询委员会，该委员会负责就半导体研究、开发、制造、政策等方面问题向商务部部长提供决策建议。该委员会将定期向美国商务部部长提供报告，也将主动识别新兴的技术研发和人才需求，但不参与审核联邦芯片补贴的申请材料。该委员会由来自微电子领域广泛学科的领导者组成，包括学术界、产业界、联邦实验室和其他领域，美国应用材料公司前首席执行官 Mike Splinter 担任咨询委员会主席。

---

① The Biden-Harris Administration Begins Implementation of CHIPS and Science Act to Benefit American Communities, 2022.09.

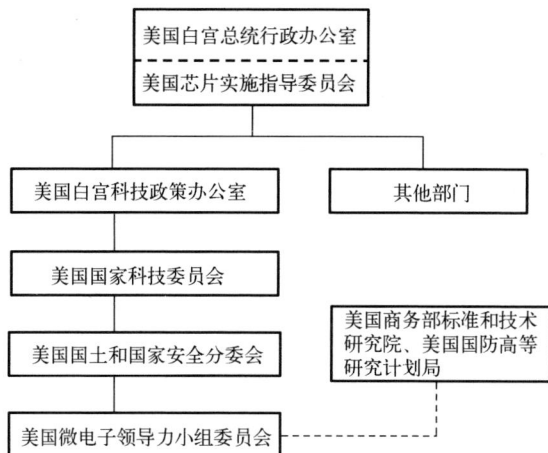

图 10-1　微电子领导力小组委员会与其他机构关系简单示意图
资料来源：作者根据白宫网站和相关资料绘制。

产业咨询委员会成员任期三年，可连任两届。第一届临时行政理事会成员的任期分别为一年、两年和三年，因此每年都要重新选举三分之一的成员。虽然提名可以在任何时候进行，但新成员的任命预计在每年 10 月进行。2023 年 5 月 17 日，美国国家标准和技术研究院公开征询产业咨询委员会新的候选人提名。提名通过联邦公报公开征询的同时，也向美国商务部标准和技术研究院、美国商务部、美国国防部、美国能源部、美国国土安全部、美国国家科学院、美国专业协会、美国劳工协会以及其他适当的组织和个人定向征询，以确保候选人的多样性。候选人可以由同行提名，也可以自行提名。美国商务部部长拥有委员会成员的最终任命权，并负责任命委员会主席和副主席，主席和副主席的任期为两年。成员应免费服务，不得获得报酬，但承担产业咨询委员会相关公务期间可以获得差旅费和每日津贴。

（三）建立联邦政府主导的全面的协调机制

在《芯片和科学法案》发布之前，美国也有技术战略和相关的全政府、举国体制，如附录 A、附录 B 所示。由于当时美国各界对产业政策没有共识，所以政府的政策重点主要放在技术研发及其推广应用上，协调工作主要由白宫科技政策办公室下辖的跨部门协调机构国家科技委员会完成，国家科技委员会下设若干分委员会及小组委员会，分别负责某一具体技术领域的跨部门协调工作。对某些重点领域，白宫科技政策办公室会设立国家协调办公室，为其提供行政支持。白宫管理和预算办公室会协助科技政策办公室确认相关跨部门研发计划的预算明细，总统科技顾问委员会负责定期评估计划执行情况，提出改进建议，并向总统提交报告。在这一机制下，美国政策制定者侧重帮助学术界、产业界和国家实验室中的一系列分散参与者围绕重要的共同目标组织起来，以促进技术创新。这种方法介于"自上而下"和"自下而上"之间，政府只设定明确的目标，只支持关键活动，以及各部门、各主体间的协调组织，而不是试图全面决定所有活动。

但是，芯片计划不仅涉及技术研发，还涉及产业发展，且美国政府认为该领域对国家安全至关重要。所以，芯片计划的统筹机构与以往有很大不同，由国家经济委员会、国家安全委员会和白宫科技政策办公室负责人共同担任主席，并联合军民、技术、产业、劳工等十余个部门负责人在白宫组建芯片实施指导委员会，统筹面更广，统筹层级更高。管理和预算办公室仍然会协助计划预算的制定，但咨询机构已不局限于总统科技顾问委员会，还包括总统经济顾问委员会。这一机制确保了从技术和产业政策制定之初，创新链和产业链上各环节、各方主体就能充分地沟通、协调，从而确保了政策实施后，军民自然融合、创新链畅通、产业链完整。按照惯例，重要的技术研发战略一般由总统科技顾问委员会对计划实施情况定期进行评估，并给出改进意见，确保计划可以长期、稳健发展。芯片计划虽尚未明确评估机构，但从咨询机构的设施情况看，未来总统科技顾问委员会和经济顾问委员会可能共同进行对计划总体实施情况的评估。同时，该计划是通过《芯片和科学法案》确立的，国会相关委员会和政府问责局等部门同样会定期对计划实施情况进行监督。

在技术研发部分，仍然在国家科技委员会下面设立了微电子领导力小组委员会，但与以往不同的是，该小组委员会除了由美国国家科技委员会相关机构管理，美国商务部标准和技术研究院、美国国防高等研究计划局也将参与管理，这一设置不但能够确保研发计划符合技术本身的需求，而且能够确保研发计划符合国家安全和产业发展的需要，更好地与芯片实施指导委员会的目标保持一致。该小组委员会制定的《国家微电子研究战略草案》不仅涉及技术研发的部署，还对研发基础设施建设、技术产业化和学科建设、人才培养等均进行了全面部署。美国国家半导体技术中心在承担公共研发基础设施职责的同时，还需要创建一个约5亿美元的投资基金，为半导体初创公司提供资金支持和使用实物原型、接触实物工具的途径。专门负责培育创新型初创企业的小企业管理局局长同样是芯片实施指导委员会的成员，可能与国家半导体技术中心及其他机构一起为初创半导体企业提供资金、技术、安全等方面支持。劳工部部长和国家科学基金会主任作为芯片实施指导委员会的成员，又可以确保教育领域人才培养体系和职业培训体系符合技术与产业发展需要。显然，这一机制有利于在技术创新和产业发展之初就实现创新链、产业链、资金链、人才链的深度融合。

在产业发展部分，直接在美国商务部标准和技术研究院设立芯片计划办公室和研发办公室，负责产业发展、产业补贴发放，以及国家半导体技术中心等公共研发设施建设等工作，且芯片计划办公室与芯片实施指导委员会、微电子领导力小组委员会在业务上高度协同。一直以来，美国商务部都是负责产业发展的部门，直接管理承担制造业公共性应用技术研究任务的制造业创新研究所及"制造美国"创新网络，还管理承担制造技术推广任务的制造业拓展伙伴网络，以及负责区域经济均衡发展和区域创新中心建设的任务。这样的安排有助于统一协调半导体基础研究、应用技术研发、技术应用推广，以及在区域间的合理布局等工作，有助于促进创新链和产业链的精准对接，能够围绕产业链部署创新链、围绕创新链布局产业链，提高产业链、创新链协同水平，以及区域经济间的均衡发展。

拜登就任总统后，将芯片实施指导委员会共同主席之一的白宫科技政策办公室主任一职提升至内阁级别。白宫科技政策办公室下设的国家科技委员会负责统筹协调美国不同政府部门的科研活动和经费管理，这些机构都有科研经费预算和科研项目的决定权，有时难免存在争抢经费、经费使用效率低，甚至重复立项等问题，亟须内阁级别的科技管理机构进行统筹管理。关于这一职位是否应提升至内阁级别已争论多年，拜登政府执政后做出的这一决定，表明白宫科技政策办公室的统筹力度可能进一步加大。2022 年 4 月，美国国务院宣布成立网络空间和数字政策局，负责统筹此前分散在各联邦机构内部的网络空间和数字外交相关工作，应对与网络空间、数字技术和数字政策相关的国家安全挑战、经济机遇以及对美国价值观的影响。网络空间和数字政策局的成立标志着科技外交正式成为美国外交战略的重要组成部分，极大提升了美国联合盟友强化网络空间和数字产业合作的能力。《芯片和科学法案》要求设立的 5 亿美元美国芯片国际技术安全和创新基金也位于国务院，且可能在网络空间和数字政策局的管理之下。此外，2023 年 2 月，美国联邦贸易委员会成立技术办公室，应对数字技术挑战，具体职责包括：支持联邦贸易委员会对商业行为及其基础技术进行调查，向联邦贸易委员会提供有关非执法行动的技术建议，针对影响联邦贸易委员会工作的市场趋势和新兴技术进行研究，并与行业企业合作、对话。这表明，联邦贸易办公室可能对半导体等技术领域的贸易活动提供更有力的支持。总之，对内对外的政策协调结构和相应机制都已经逐步建立起来，确保了美国半导体政策在"全政府""举国"层面的协调，确保了美国与"民主伙伴"形成广泛的"科技合作战线"。

（四）加强项目、计划之间的协同

《国家微电子研究战略草案》强调运用全政府方法加强政府部门相关项目、活动的协同，对各部门研发计划起到指导作用。目前，美国商务部/标准和技术研究院、国防部、能源部、国家航空航天局、国家科学基金会、国土安全部等二十多个政府部门都对微电子技术或产业提供了研发支持，只有相关部门在上述研究战略草案指导下密切配合，才能确保创新生态系统顺畅运行。

仅以对初创企业的支持为例，就存在多个政府项目。例如，国家科学基金会收敛加速器项目通过支持不同学科、部门和产业开展合作，为创新成果提供快速进入实际应用的机会。国家科学基金会的创新军团计划为学者提供创业培训，能源部的能源创新军团也在国家实验室做类似的事情。能源部在四个国家实验室设立了嵌入式企业家计划，帮助创新型初创企业利用实验室的专业知识和技术、基础设施开发技术，并加速产业化进程。国家标准和技术研究院的技术成熟加速器计划建立了一个研究人员可便利地向风险投资家和产业专家介绍其技术的平台，帮助其吸引投资。国防高等研究计划局创建的嵌入式创业计划与中央情报局下属的高科技风险投资公司 In-Q-Tel 合作，为初创企业提供融资指导，并协助其对接投资者。美国空军的风投机构 AFVentures 利用小企业创新研究计划和小企业技术转让计划为初创企业提供市场化融资，获得风险投资的初创企业比例大大提高，由 2015 年之前的 10%提高到目前的 29%。有的政府计划通过风险基金为初创企业提供股权融资。其中，In-Q-Tel 风险投资公司侧重于支持情报界的创新技术，生物医学高级研究与发展局（BARDA）风险投资公司侧重于支持公共卫生领域的创新技术。有的政府项目通过贷款和贷款担保为初创企业提供资金。例如，美国能源部贷款计划办公室的三个贷款计划，通过灵活的机制为微电子项目提供通过商业途径无法获得的融资服务。此外，国家航空航天局还发起了企业家挑战赛，以选拔可能产生航空航天领域新技术和新设备的企业家。显然，相关项目不仅涉及国家实验室、技术创新中心等体制内机构，还包括广泛的学术机构和企业，所以不同政府计划、项目之间的协同不但深化了政府部门之间业务的协同，而且带动了产学研之间广泛的协同。

总统科技顾问委员会在《振兴美国半导体生态系统》中指出，国家半导体技术中心应该在研究议程的指导下与其他机构，以及公私合作伙伴关系加强协同，包括国防高级研究计划局（电子复兴计划等）、国家科学基金会（半导体未来研究等），以及半导体研究公司的《半导体十年计划》等，实现广泛的多部门合作。为了提高联邦部门间半导体投资的成效，该报告建议从 2023 年开始，每年由国家科技委员会网络和信息技术研发（NITRD）计划整理并公布所有联邦机构的半导体年度投资数据。NITRD 计划同样是一个"全政府""举国"式跨部门计划（见附录 A）。按照规定，总统科技顾问委员会负责定期评估 NITRD 计划的实施情况，并会给出改进建议。在 2021 年的评估报告中，总统科技顾问委员会发现，对微电子研究的协调仍是 NITRD 的一个空白，因此建议将微电子研发明确纳入 NITRD 计划中，并加强 NITRD 计划与纳米计划之间的协同。从 2022 财年的预算计划来看，NITRD 计划新设了微电子的预算领域，在一定形式上采纳了相关建议。总统科技顾问委员会建议每年由 NITRD 计划整理并公布所有联邦机构的半导体年度投资数据，意味着该计划及相应的小组委员会，需要更科学地监督部门投资，以促进彼此间在半导体业务上的协同。同时，国家半导体技术中心与其他机构和研发计划之间的协同也在商务部发布的《国家半导体技术中心的愿景和战略》中被进一步明确和细化。

总统科技顾问委员会在《振兴半导体生态系统》中也强调，未来的大规模创新，需要在流程、设备、架构、设计、应用程序和系统级别进行广泛而深入的协同。国家半导体技术中心应推动其支持的研究团队、企业、初创公司和政府开展大规模和全国性合作，以推动能力的阶跃和质量的提升，而 Z 级计算就是国家半导体技术中心应该优先解决的三大挑战之一。Z 级计算的计算速度比当今最快的超级计算机快 1000 倍，而能量消耗却是当今的 1/100。美国政府认为它应成为第一个建造 Z 级超级计算机的国家。但是，如何实现

Z 级超级计算机的建设显然不是微电子研发战略和国家半导体技术中心就能完全解决的，美国已经制定了专门的计算战略，而半导体研发战略则需要与之协同推进。2020 年，《引领未来的先进计算生态系统：战略计划》强调加强未来技术研究、应用、推广，进行跨设备、系统、软件和应用程序的全域研究，确保美国在后摩尔时代的领导地位。该战略计划明确指出，未来的先进计算是为了适应半导体、量子计算、人工智能、大数据、边缘计算等新技术规模和可用性不断增长的需要。计算战略同样也是一个"全政府""举国"式的体系（详见附录 B）。所以，美国的举国体制就是由这样若干个围绕关键技术和产业形成的"全政府""举国"式政策体系和协同机制联结而成的巨大网络。

（五）各方全面参与、有效监督

"举国"参与需要政产学研各方广泛参与，公私合作伙伴关系将成为美国新产业政策的核心特征。从芯片计划看，美国在政策制定、计划监督、项目实施等方面都特别注重调动政产学研各方力量。

在政策制定方面，对芯片实施指导委员会提供咨询的美国总统经济顾问委员会、总统科技顾问委员会，对美国商务部提供咨询的产业咨询委员会都是由产学研领域的专家组成的，确保了在政策制定之初，产学研各界就能共同参与其中。

在计划监督方面，对美国商务部产业补贴资金进行监督的专家团队同样来自产学研各界，最大可能地确保了政府资金拨付的透明度和合理性。总统科技顾问委员会在《振兴半导体生态系统》的报告中也强调，要定期评估《芯片和科学法案》和国家半导体技术中心的进展、成效，并每年向总统提交报告。报告还建议制定国家半导体技术中心的绩效指标，其指标可能包括但不限于以下几方面：对其卓越联盟和项目里程碑的绩效和进度进行年度审查；审查来自非联邦成员单位的收入（包括实物捐助）；提交和授予的专利和版权数量；使用国家半导体技术中心的设施进行原型设计的机构数量（初创公司、大学等）；由国家半导体技术中心资助（实物或资金）的半导体初创公司数量；大学参与情况（培养学生人数、基于国家半导体技术中心研究成果发表的论文数量、人才发展基金资助的学生人数）。至于国家半导体技术中心对美国的经济价值可按以下标准衡量：技术领先地位、供应链稳健性、创造的就业数量（直接和间接)、对国家安全的作用。商务部在《国家半导体技术中心的战略和愿景》中虽然没有明确具体的绩效指标，但是明确指出在确定国家半导体技术中心运营商后，由商务部芯片研发办公室与其共同确立绩效指标，还将聘请独立的外部专家进行严格的第三方评估，评估报告将向公众公开。

在项目实施方面，美国政府也尽最大可能调动各方力量参与。例如，国家半导体技术中心按照规定将是一个公私合作组织，鼓励企业、研究机构参与建设并应用其设备。《芯片和科学法案》强调建立区域创新中心、区域创新引擎，而这些机构无一不需要地方政府、当地企业、高校、研究机构广泛参与，需要他们为产业发展提供技术、人才、基础设施等配套资源。从这个意义上说，芯片计划的确是动员了"举国"力量。

总之，建立政府高度统筹的组织机构和协调机制，广泛调动产学研各方力量共同参与重要技术的研发和产业发展，已经成为美国重要的产业政策。这一做法并不局限于半导体技术领域，新能源、生物制造等领域也在推行类似政策。

二、产业政策与创新政策、经济政策

在过去几十年，新古典经济学主导着美国的政策制定。按照新古典经济学的理论框架，产业政策不仅是不必要的，而且是有害的。1992年，当美国白宫经济顾问委员会主席迈克尔·博斯金(Michael Boskin)被问及美国是否应该有一个明确的半导体政策时，他打趣道："薯片和电脑芯片有什么区别？"在他看来，美国政府没有必要关心经济的产业结构，只要美国国内实际生产总值(GDP)在增长就可以了。这一观点在当时颇有代表性，如托马斯·弗莱德曼所强调的"世界是平的"，以及弗朗西斯·福山"历史终结论"所推崇的自由市场经济和民主制度都是如此。然而，《芯片和科学法案》的发布说明电脑芯片与薯片差异巨大，美国政府需要关注经济的产业构成，需要制定产业政策。

为了从理论上说明这一问题，以美国信息技术与创新基金会(ITIF)创始人、美国白宫科技政策办公室中美创新政策专家组前联合主席罗伯特·阿特金森(Robert Atkinson)为代表的一批支持产业政策的学者对产业政策与经济政策、创新政策这几个概念进行了区分，并说明了什么是竞争力。其中，经济政策的目标是确保经济稳定增长，它覆盖所有行业，涉及的领域极为广泛，包括教育、知识产权、财政、货币、税收政策等，但并不关注特定的行业、技术或能力。产业政策则是一套有意制定的政策，侧重于支持对一个国家的经济竞争力和安全至关重要的关键技术产业。创新政策是指政府鼓励企业、机构等应用创新技术、产品、流程、商业模式或组织等的政策。竞争力则是指一个国家的非资源型贸易部门在没有补贴和政府保护的情况下，在全球市场有效竞争的能力。这里之所以强调非资源型贸易部门是因为实践表明，从事矿产等初级产品生产的部门非常容易患上"荷兰病"，很难真正具有竞争力。①相应地，对于能够维持强有力的贸易条件，确保本国产品比国外同类产品有更大竞争力，能够创造良好的贸易条件的政策，也被称为竞争力政策，它与行业和技术无关，主要是针对贸易部门而言的。

罗伯特·阿特金森认为，产业政策是经济政策的重要组成部分，强大的先进技术部门是宏观经济增长和活力的源泉，美国 35%的经济增长来自 75 个知识产权密集型产业。可以说，健康且不断增长的先进技术产业，为经济持续增长提供了驱动力。②这样的产业显然也是有利于一国竞争力提升的。经济政策是适用于所有产业的，竞争力政策是适用于贸易领域的，产业政策是适用于战略性产业的。③至于创新政策，也是适用于所有产业的。但是,这四种政策之间的关系却很难用一个简单的结构图进行概括。从应用范围看，似乎创新政策是包含产业政策和竞争力政策的；但是从表 9-1 产业政策的类型来看，产业政策又是包含创新政策和竞争力政策的，因为其中既有基础研究、人才培养等创新政策，又有贸易政策，而这里的贸易政策是指清除贸易壁垒、制定贸易议程等，显然属于竞争力政策。下面将围绕产业政策，对其与其他政策的关系具体进行分析。

（一）产业政策与创新政策

产业政策并不是自由市场经济的对立面，两者不是非此即彼的关系，而

---

① ROBERT D. ATKINSON. Why America Needs a National Competitiveness Council, 2021.12.
② ROBERT D. ATKINSON. The Case for a National Industrial Strategy to Counter China's Technological Rise, 2020.04.
③ ROBERT D. ATKINSON. Computer Chips vs. Potato Chips: The Case for a U.S. Strategic-Industry Policy, 2022.02.

是通常位于自由市场经济与政府完全替代市场两种极端做法之间。但长期以来，美国盛行自由放任的新古典主义经济思想，产业政策被贬低为由无能官僚管理的裙带资本主义的产物，其典型做法被认为是政府取代市场机制，挑选具体的技术/企业进行支持，严重影响效率。传统经济学家对国家干预产业和技术的看法如图 10-2 所示。在他们看来，完全交给市场，由市场推动创新的立场 1 是正确的方法；立场 2 为政府投入大量创新要素的创新政策，也是可以接受的；对立场 3(支持较为宽泛的关键技术/产业)和立场 4(挑选特定的技术/企业)都是反对的，认为它们都属于国家资本主义的行为。

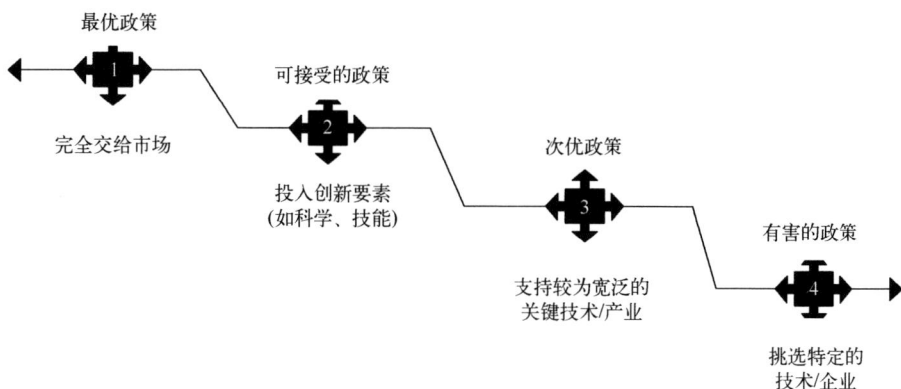

图 10-2　传统经济学家对国家干预产业和技术的看法
资料来源：ROBERT D. ATKINSON. The Case for Legislation to Out-Compete China.

不同的立场与相应的经济学流派密切相关。坚持立场 1 的是自由主义流派，他们认为创新的外部性和市场失灵是有限的，远远没有政府失灵的可能性大，所以国家除了保护民众财产权和保护公平的竞争环境，不应该再采取其他经济举措。坚持立场 2 的经济学家，承认存在与创新相关的市场失灵，认为政府除了促进公平竞争，还应该对市场失灵的情况进行干预，如研发普遍被认为是一个外部性较大的市场失灵领域。如果没有政府干预，那么企业对研发的投资很可能会处于次优水平，企业收益远远低于社会收益。因此，政府应该采取创新政策以获取更大的创新收益，显然，坚持这一立场的经济学家很多。

2008 年，美国提出再工业化战略后，在官方层面仍然只重视立场 2 的创新政策，而排斥立场 3 和市场 4。2011 年，总统科技顾问委员会在《确保美国在先进制造业的领导地位》中曾专门强调美国的先进制造业需要创新政策，而不是产业政策。报告指出，许多国家制定产业政策，是直接向特定的企业提供投资来推进制造企业发展。美国政府不应采取这样的方式，不能扮演直接风险投资人的角色，不能把赌注押在培育某些大公司或者特定工业门类上。相反，美国政府应该运用创新政策，基于市场竞争机制优选那些最好的工业门类、企业和产品，为此政府需要创造一种支持先进制造业创新的外部环境条件，应主要包括这两方面：一是创造一个有利于创新的环境（税收、立法和劳动力）；二是克服技术市场化过程中的失败。这一报告将产业政策和创新政策进行了明确的分割，显然属于图 10-2 中立场 2 的支持者。

2020 年，知名智库美国战略与国际问题研究中心在《从产业政策到创新战略：日本、欧洲和美国的经验》报告中，基于对美日欧产业政策经验的分析，为美国当下的创新战略提出了 10 点建议，包括确定清晰的目标、投资创新基础（如基础教育、基础科学）、政府采购创新产品、制定标准、最大限度地提高资金透明度等，还包括政策制定者应采取有针对性的政策支持关键的技术部门和广泛的技术类别（如人工智能），而不是挑选特定的公司或有限的应用（如某种机器学习算法），以解决市场失灵问题，并帮助企业将新技术推向市场。[①] 显然其中的建议既包括图 10-2 中立场 2 的政策，也包括立场 3 的政策，作者是支持产业政策的，但是从题目可以看出，作者从多个国家产业政策中得到的经验没有作为对本国产业政策的借鉴，而是仍将其称为对本国创新战略的建议，说明作者当时可能还不敢公然提倡在美国实施产业政策。

但是，很快情况就发生了变化。2021 年，彼得森国际经济研究所在《美国 50 年产业政策评估（1970—2020）》报告中不仅明确使用产业政策这一概念，而且将美国 50 年来大量政策都称为产业政策，包括以支持研发为主的创新政策。报告基于 18 个产业政策案例分析了美国过去 50 年实行的产业政策及其影响。研究发现，研发类产业政策取得了最为瞩目的成就，尤以国防高级研究计划局（DARPA）最有代表性。该机构对科技和工程专家进行广泛指导，在没有政治干预的情况下，为有发展前景但存在高风险的研发工作提供资金。研发取得成功后，私人企业就会介入，将研发成果产业化。[②] 这种模

① DYLAN GERSTEL, MATTHEW P. GOODMAN. From Industrial Policy to Innovation Strategy: Lessons from Japan, Europe, and the United States, 2020.09.
② GARY CLYDE HUFBAUER, EUIJIN JUNG. Scoring 50 Years US Industrial Policy, 1970—2020, 2021.11.

式得到了拜登政府和国会的青睐。拜登政府已经提出其他项目，试图复制相关经验，如健康高级研究计划局（ARPA-H）和气候高级研究计划局（ARPA-C）等。这说明，产业政策已经逐步被接受，不再是一个可能被误解的词汇，甚至像这种以研发为主传统上被视为创新政策的政策也直接被称为产业政策。正是在这一背景下，《芯片和科学法案》顺利通过。

既然产业政策可以被视为创新政策，创新政策也可以被视为产业政策，那么涉及战略产业或关键技术部门时，如何区分二者？信息技术与创新基金会提出了一个有价值的思路，它认为当将产业政策聚焦于关键技术产业时，政府在技术研发、原型开发、测试、演示、产品开发、生产融资、市场进入和创建更大规模的市场中任何一个阶段进行干预，只要不是纯粹地支持研究，而是试图在"研究"之外的产业阶段，将创新体系中的部分参与者重新连接起来，都可以被称为产业政策。沿着这一思路，第二次世界大战结束到2020年之前，美国联邦政府已经历了四个不同的产业政策阶段[①]。从这几个阶段的内容可以看出，为什么传统上的创新政策也可被视为产业政策。

第一个阶段始于1950年的朝鲜战争，其特点是军方将创新相关者直接联系起来。曼哈顿计划、阿波罗计划都是这一时期典型的产业政策，DARPA也被视为运用产业政策的代表，因为美国国防部无法在非连续的系统中完成国防用品的生产，因此它建立了一个系统，不仅支持研究、开发、原型制作、测试和演示，还通常会支持初始市场化。相比之下，对民用研发机构，政府仅为其早期研发提供支持。这意味着美国一直存在两个并行的不同创新系统——一个非连续的民用系统和一个连续的国防系统。DARPA支持的研究大多是需求驱动的，它通过"右—左"方式，在确定创新管道右侧需要的潜在突破性技术后，又回到管道左侧支持基础科学研究以实现这一目标。它横跨科学和技术两个领域，与布什模式所支持的好奇心驱动的基础研究形成了鲜明对比。与之相反，20世纪五六十年代的政府采购政策虽然对半导体业发展起到了巨大的促进作用，但由于美国国防部和航天部门采购半导体产品主要是为了满足自身的需要，所以相关政策不被认为是促进半导体业发展的重要产业政策。

第二个阶段是20世纪70年代和80年代与日本竞争的时代。日本利用其精益生产体系，在以前由美国主导的汽车和电子行业取得了行业领先地位，

---

① WILLIAM B. BONVILLIAN. Emerging Industrial Policy Approaches in the United States, 2021.10.

结果导致美国中西部和东北部工业区的衰落。作为回应，美国在了解精益生产的同时，推出了一系列政策，帮助创新者跨越研究和技术产业化之间的"死亡之谷"。其一是 1980 年的《拜杜法案》(Bayh-Dole Act)。该法案允许从事相关研究的大学拥有联邦资助的研究成果的知识产权。通常情况下，大学与相关院系、实验室的研究者和发明家共享知识产权，鼓励研究人员将自己的研究产业化。事实证明，这一方式对支持新兴的生物技术行业发展尤其有用，因为生物技术企业经常是从大学研究中破土而出的。其二是 1988 年批准设立的制造业拓展伙伴计划(MEP)。该计划侧重于将最新的制造技术、工艺和"精益制造"等管理经验推广给美国各地的小企业。研究表明，过去 30 年中，MEP 每年为制造业小企业节省了约 188 亿美元成本，维系了 1113 亿美元的销售额。其三是始于 1982 年的"小企业创新研究"(SBIR)计划，该计划为小企业和初创企业提供研发资助，与之相关的是"小企业技术转让"(STTR)计划。该计划重点关注大学创办的初创企业，促进研发成果转让给相关企业。其四是 1981 年颁布的研发税收抵免政策。该政策旨在激励美国企业创新，对其在本纳税年度增加的研发投资给予税收抵免优惠。其五是"半导体制造技术研究联合体"计划(SEMATECH)。该计划重点关注半导体设备发展，旨在改进芯片制造工艺。这一做法也被认为是美国采取的典型的半导体产业政策。

第三个阶段是克林顿和奥巴马政府时期。能源部为应对气候变化，从一个围绕化石燃料、核能、基础物理研究、核储备和处理的运作机构，转变为一个更多围绕技术创新的组织，并增设或扩大了多个部门。其中，借鉴 DARPA 模式的 ARPA-E 是新方式的典型代表(该机构的详细介绍见第 11 章)。

第四个阶段是促进先进制造业发展的时期。为了实现再工业化的目标，美国创建了 16 家制造业创新中心。每个都是围绕一个特定的先进制造技术组建的，包括增材制造、数字生产、机器人技术、电力电子、生物制造、柔性电子和光子学。这些创新中心包括生产企业、地区大学和社区学院，以及政府部门，由行业、州政府和区域组织提供支持，由联邦政府提供相应的配比资金。制造业创新中心围绕特定先进制造技术，与大学和行业合作开展应用研究，与区域性的制造生态系统建立密切联系，并提供教育培训服务。简言之，他们希望回归一种更为"连接"的创新模式，将以前超出联邦权限的研究之外的创新阶段涵盖进来，将创新参与者联系在一起。在创新中心的 1900

个成员组织中，61%是制造业企业，其中70%是雇员人数不超过500人的中小型制造商。可见，除了纯粹的基础研究，与先进技术或关键技术产业化或相关方合作的创新政策均可被视为产业政策。

尤其是，2020年新冠疫苗研发的"火速行动"为美国政府运用产业政策提供了近距离的实践经验和参考范例。当时，美国疫苗制造商的数量已从30多家下降到只有4家，且大部分疫苗生产都已转移到了国外，印度成为最大的疫苗生产国。美国国防部高级研究计划局调查了美国100多个待定的疫苗项目，确定了四种不同类型的疫苗技术平台，选择了两家公司提供支持，并设计了一个组合来管理技术风险。在"火速行动"的支持下，相关企业迅速建设或翻新工厂，购买和装配设备，雇用员工，采购原材料，以及配套的瓶子、注射器和针头。在采购流程上也充分简化，广泛使用了国防部的"其他交易授权"合同协议，采购可以在几天内就完成，而正常的政府采购流程需要数个月。在技术认证上，食品和药物管理局使用"紧急使用授权"计划，加快了疫苗上市速度。同时，"火速行动"向企业派遣联邦机构人员，以帮助它们完成复杂的监管审批流程，并协助项目管理和联系供应渠道，加快了产品开发、审批和生产速度，将平时需要数年，甚至数十年才能完成的研发工作压缩到10个月内。"火速行动"还根据各州人口制订了配送方案，及时将疫苗运送到各州，为美国实施产业政策提供了有效的工具和经验。所以，面对半导体的供应需求和安全需求，美国两党一致通过了《芯片和科学法案》，这被认为是"数十年来政府对产业政策最重大的干预"。

(二)产业政策与竞争力提升

在现实世界中，完全自由的市场经济是不存在的，弗里德曼说的扁平的、一体化的世界也是不存在的。任何一个国家要提高产业竞争力都需要不断发展科技产业，提升技术水平。当年，亚历山大·汉密尔顿之所以强调采取贸易保护政策以促进制造业发展，就是为了确保美国不再是一个"伐木取水"的技术落后国家，不会再受欧洲列强摆布。在之后的一个多世纪里，美国始终将政策重点放在发展战略性产业上。当前，先进技术已经成为国家之间竞争的重点，但是先进技术及其供应链非常复杂，不是单个企业能解决的。同时，逆全球化的趋势已经出现，且短期内难以逆转。在这一趋势下，没有哪个国家可以不制定战略性产业政策，除非它不考虑本国的经济安全，愿意接受依附于技术大国的地位。与主要关心经济增长的新古典经济学家不同，创新经济学家对国家干预产业和技术的看法如图 10-3 所示。他们认为，立场1(完全交给市场)容易导致较低的创新水平和竞争失败，不是好的政策；立场4(挑选特定的技术/企业)，可能存在选择错误公司或限制技术路径的风险，也不是好的政策；立场 2(投入创新要素)很重要，但仅有这一项政策还无法满足提高竞争力的需要；立场3(支持较为宽泛的关键技术/产业)是最佳选择，能够直接提升相关产业竞争力，应该成为产业政策的重点。

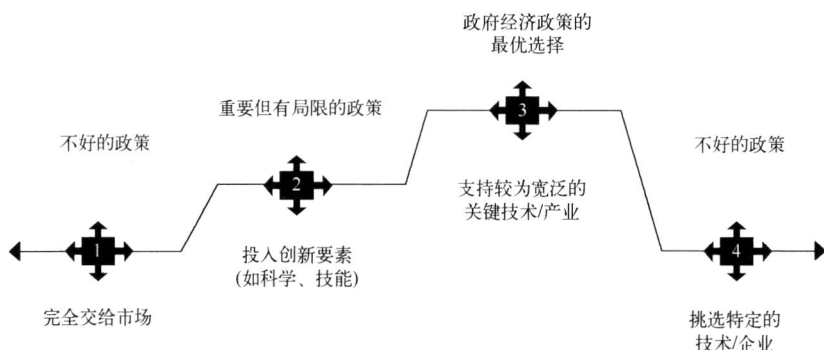

图 10-3　创新经济学家对国家干预产业和技术的看法

资料来源：Robert D. Atkinson，The Case for Legislation to Out-Compete China, 2021.03.

坚持立场 3 的经济学家认为仅有立场 2 的政策不足以应对与竞争对手的竞争，原因包括多方面。其一，技术之间的外部性差异很大，研发税收抵免等政策工具不足以应对较高的外部性。尤其是有些技术可能存在巨大的、不可预测的长期外部收益，如电、激光、互联网和半导体技术，原始创新者无法获得与之相称的收益激励。其二，企业可能过于关注短期利润最大化，将制造外包到海外或削减研发投入，但这一做法显然不符合企业的长期利益，也不符合国家整体利益。其三，大多数创新行业都遵循规模报酬递增规律，如果政策得当，单个企业集团就可能垄断特定行业的生产制造。若其他国家支持先进技术和产业发展，而美国不提供支持，则美国企业很可能无法维持全球竞争优势。其四，先进技术和产业的竞争力越来越与国防需求联系在一起。虽然国防部一直在采用产业政策促进国防工业发展，但是国防工业只是战略性产业的一小部分，大量产品仍然需要从市场上购买，所以政府仍需要制定覆盖范围更广泛的产业政策。[①]

先进的产业政策是指一组明确设计用于支持特定产业和技术的政策工具，相关产业或技术的选择有四个主要标准：在没有积极的政策支持的情况下表现不佳(无论是由于自身原因还是外国竞争)；基于现有的资源和实力，在相关产业或技术方面具有成功的潜力；产业或技术的成功对于实现国防安全、能源安全，以及更好地解决气候、贸易问题或提高生产率等关键国家目标非常重要；相关企业需要政府支持且愿意投入企业资源从事技术开发或产业发展。既然产业政策是针对特定的战略性产业制定的，那么在大部分非战略性行业应该实施基于市场的竞争政策，而在某些特定的战略性行业则应该制定相应的产业政策。这意味着美国经济将包括两个共存的体系：一个是更自由的市场体系，适用于非贸易部门和非战略性部门(如纸浆和造纸、渔业、农业等)；另一个是实施产业政策的战略性产业。在这些产业应用哪些产业政策(税收、支出、监管、反垄断、贸易或采购)，主要取决于其对美国技术和产业能力的影响，这样一个经济结构可以称之为"新二元经济"(见表 10-1)。[②]这也意味着图 10-2 中立场 1、立场 2、立场 3 的政策都是必要的。

表 10-1 美国新二元经济的政策框架

	非战略性产业	战略性产业
行业示例	银行、零售、公用事业、农业	航空航天、半导体、生物制药、量子计算
总体政策方法	自由主义经济政策	产业政策和创新政策
政策类型	支持有效的商业环境和一般要素投入(如科学、教育等)	有针对性的政策，包括税收激励、直接产业补贴、贸易条款、监管条款(包括反垄断)等
政策咨询	经济学家	技术政策分析师、商业学者、产业分析师
牵头机构	财政部、美联储和总统经济委员会	商务部、国家安全委员会
领导委员会	国会筹款委员会、金融委员会和商业委员会	新的联合性战略产业委员会

资料来源：ROBERT D. ATKINSON. Computer Chips vs. Potato Chips:the Case for a U.S. Strategic-Industry Policy，2022.01.

战略性产业显然是政府选择出来的，但是有的人却认为政府没有能力选

---

① ROBERT D. ATKINSON. The Case for Legislation to Out-Compete Chinam, 2021.03.

② ROBERT D. ATKINSON. Computer Chips vs. Potato Chips:the Case for a U.S. Strategic-Industry Policy, 2022.01.

择未来产业，对此产业政策支持者认为，这种观点至少存在三点错误。第一，在第二次世界大战后的数十年里，美国政府投资支持了航空、航天、核能、计算、互联网、农业和生物等领域的技术创新，很多产业都取得了巨大成功。第二，对于许多先进产业和技术来说，社会回报率高于私营部门回报率，让私营部门独自承担相关成本，存在经济表现不佳的可能。第三，正确识别未来的关键技术和产业并不难，因为大量商业咨询报告、智库报告和政府机构的报告之间存在很多高度重叠的技术，如基因组学、纳米技术、人工智能、量子计算、半导体、航空航天、机器人。政府虽难以准确判断哪种技术或哪个企业会成功，但政府完全可以识别出可能成功的领域并广泛地进行投资。[①]

还有人认为政府选择特定产业可能导致比较优势被扭曲，对此产业政策支持者认为，新古典经济学强调的按照比较优势进行生产是 19 世纪的过时观念。当时的生产和交易主要与自然资源相关，一个国家如果没有煤和铁矿石，根本不可能生产并出口钢铁。但只要不是自然资源类产品，基本涉及产业选择问题。研究表明，随着穷国经济逐步发展，即使是资源和要素禀赋相同的国家，其产业部门和就业也可能趋于多样化，分别生产不同类型的产品。例如，孟加拉国出口大量帽子，而巴基斯坦几乎没有帽子出口；相反，巴基斯坦出口大量足球，而孟加拉国也没有相关产业。显然，这些产业的出现不可能完全归因于比较优势，而是相关个体、企业或政府在偶然因素下主动选择的结果。[②]在现代世界里，比较优势更是大多依靠创造形成的，没有哪个国家天然地拥有人工智能或机器人等行业的比较优势，都需要依靠技术投资和人才培养逐步形成优势。

针对产业政策可能会演变成保护主义和裙带资本主义的质疑，产业政策支持者认为，一项产业政策可能会存在执行不力之处，可以说缺乏精心设计的产业政策是危害经济的最大风险。但只要政策设计合理，并对政府行为进行充分监督，执行不力的情况不一定会发生。美国国防部高级研究计划局、能源高级研究计划局、标准和技术研究院等机构和项目的实施都清楚地证明了这一点。[③]

---

① ROBERT D. ATKINSON. The Case for a National Industrial Strategy to Counter China's Technological Rise, 2020.04.

② IMBS, JEAN, and ROMAIN WACZIARg. Stages of Diversification. American Economic Review, 93(1), March 2003, 63-86.

③ ROBERT D. ATKINSON. The Case for a National Industrial Strategy to Counter China's Technological Rise, 2020.04.

要在战略性产业实施产业政策，提高其竞争力显然需要设立相关政府机构，如表 10-1 所示的联合性战略产业委员会，其成员主要包括贸易行业和先进技术领域的行业精英、官员、专家、学者，不包括经济学家。产业政策支持者认为，该委员会需要提出有利于竞争力提高的创新性建议，如相对于增加技术移民，更应考虑如何制定刺激性措施以鼓励高附加值工作回流美国；相对于增加基础科研资金，更应考虑如何扩大行业为主导的研发共同体；相对于降低公司税，更应考虑如何扩大商业激励措施，如制定投资标准、提高工人技能、增加研发等。[①]美国为了落实《芯片和科学法案》，在白宫成立了新的联合性领导机构——芯片实施指导委员会，在商务部设立了芯片计划办公室和芯片研发办公室，显然这一做法是符合战略性产业需要的。

（三）产业竞争力与经济政策

产业政策是只适用于战略性产业的，但有些与战略性产业相关的政策并不是专属于战略性产业的，而是适用于所有产业的。而且，产业政策最终也是以不同的经济政策呈现出来的。因此，若希望如期实现战略性产业发展目标，就需要围绕战略性产业竞争力的提升和产业政策目标的实现来制定经济政策，如表 10-2 所示。

经济政策是否以产业竞争力为关注点，直接影响到政策的实施方式及对产业的不同影响。例如，以往美国联邦贸易委员会制定反垄断政策时，更多以竞争程度为依据，很少会考虑到产业竞争力的影响。20 世纪 70 年代，施乐公司是世界上占主导地位的复印机公司，为了防止其垄断，联邦贸易委员会强迫其与竞争对手（主要是日本公司，如佳能、东芝和夏普）分享图纸和大约 1700 项专利，结果导致施乐公司失去了一半的市场份额。20 年前，美国司法部迫使西部电气剥离其加拿大设备部门（即后来的北电），结果给自己创造了一个强大的外国竞争对手，北电从西部电气和后来重组的朗讯手中夺走了不小的市场份额，导致后者破产。显然，若美国经济政策转向更多地关注产业竞争力，这类反垄断行为将会大大减少。

① ROBERT D. ATKINSON. Why America Needs a National Competitiveness Council, 2021.12.

表 10-2　以产业竞争力为重点的经济政策

政策类别	政策举措
贸易政策	需要坚持对美国战略产业最有利的贸易条款，把有限的执法资源（包括政治资本）用于对美国战略产业构成最大威胁的国家，需要关注外国投资是否会削弱美国的战略产业
反垄断政策	不能只关注竞争本身，更要关注相关举措对美国产业竞争力的影响
税收政策	不能采取供给学派所支持的普遍降低所得税率、对每家公司采用相同税率的做法，相反应重点对战略性产业给予税收优惠，如对美国半导体投资设施和设备给予25%的税收抵免优惠
财政金融政策	应更多地支持竞争力更高的高增长企业。例如，有的议员提出通过工业金融公司为制造商提供"耐心资本"，小企业管理局应更加关注贸易行业中的小企业和高增长、以技术为重点的初创企业
研究政策	更多的资金应用于工业研究，特别是贸易部门的工业研究，应大幅增加对产学合作研究机构或项目的资助，研究机构也应关注技术应用，如建立国家科学基金会技术、创新和伙伴关系理事会，甚至建立国家先进产业创新基金会
统计政策	需要更多地收集国内和国际的产业、经济数据，而不能仅仅依靠对美国企业收集数据
监管政策	确保主要的监管立法提案和行政举措都考虑到对竞争力的影响，以及如何在对竞争力影响最小的情况下实现监管目标

资料来源：ROBERT D. ATKINSON. Weaving Strategic-Industry Competitiveness Into the Fabric of U.S. Economic Policy, 2022.02.

就美国半导体产业而言，结合表 10-2 可以看出，相关贸易政策、税收政策已经在实施。在研究政策方面，除了颁布微电子相关研发战略、提供研究资金支持，2022 年 3 月，美国国家科学基金会宣布成立技术、创新和伙伴关系理事会，旨在推动科学和工程领域的实验室研究成果加速市场化转化，促进经济增长和就业，强化产业竞争力。反垄断政策虽然尚未有明确规定，但从联邦贸易委员会成立技术办公室来看，该机构未来执行政策时必然会更加关注技术因素，而不会仅关注市场竞争因素。至于财政金融政策和统计政策，已有多个智库提出相关建议，未来存在变为正式政策的可能。总之，随着美国各界开始接受并运用产业政策，整个经济政策也将相应发生调整。

三、不同于苏联集中式的举国体制

虽然美国的产业政策具有全政府、举国式的特点，但是显然与苏联主导的自上而下的集中式举国体制有很大不同。苏联有着悠久的科学传统，到 1940 年，俄语在全球科学出版物中的使用率位居第二。第二次世界大战后，美苏冷战的局面加速了苏联在科技领域的投入。苏联的科学研究和开发机构包括三大系统：一是科学院系统；二是工业部门科研系统；三是高等院校科研系统。科学院系统包括苏联科学院、14个加盟共和国科学院、5个专业科学院（农业科学院、医学科学院、教育科学院、建筑设计科学院和艺术科学院）。工业部门科研系统基本隶属于大型企业，拥有苏联近半数的科学技术人员，被称为"工业部门科研机构"，侧重于应用研究，解决与生产紧密联系的科研问题。到20世纪80年代，苏联的工业部门科研机构已经达到3000多个。高等院校科研系统，即高校拥有的研究机构，其科研人员约占苏联的1/3。到1991年，苏联仍拥有世界上最大的科研群体，在数学、地质学等领域和大型工程项目（如火箭制造）方面取得了巨大成绩，尤其是数学研究非常深入，享誉世界。与此同时，苏联科研管理中存在的弊端也非常明显。

（一）科研体制过于集中

在计划经济体制下，科学技术研究的投入来自国家预算，政府包揽所有科研经费，科研单位不需要与市场接触就可以获得资金，研究成果也由政府部门组织鉴定、验收和推广。在这一模式下，国家能够迅速动员大量资本和人力投入大型项目，如制造核弹或太空计划，并取得显著成效。如果一个科学家能够说服某个中央资助机构或与政治有关的项目负责人相信其价值，也可以让高风险、低回报的重要研究持续很长时间。但是，一旦这一科技系统产生了误导性的决定，其影响同样是巨大的，且这类错误很难消除。例如，1948年，苏联就禁止了基因研究，这对其分子生物学和与杂交作物相关的研究产生了毁灭性的影响。又如，20世纪50年代，苏联在机器翻译等计算领域处于领先地位，1962年也研究出第一台晶体管计算机"明斯克2号"。但是1964年，美国IBM公司推出世界上第一台集成电路计算机IBM-360后，苏联决策部门认为其计算技术落后了，从而放弃了对计算技术的广阔研究，将资源转向对IBM-360的技术复制和逆向工程，其结果是削弱了计算技术研究能力，对国家安全和经济发展产生了深远的不利影响。[①]在这一过程中，由于错误的判断，苏联没有继续研究晶体管而是继续改进、应用电子管，错过了以晶体管为主流的集成电路发展大势。1958年，苏联科学院成功研究出三进制计算机样机并开始量产。三进制计算机的创新之处是对"模糊数学"的应用：符号1代表真；符号–1代表假；符号0代表未知。三进制比二进制架构更简单、稳定、高效，速度更快，耗电量更少，更接近人类大脑的思维方式。但是，决策层认为该计算机过于科幻，并不适用于冷战环境下的计算需要，而勒令其停产。类似地，1958年，苏联工程师库普里扬诺维奇就发明了ЛК-1型移动电话，这款电话外形小巧，只有两个香烟盒大小，且非常轻薄，重量仅500克左右，能够在200公里范围内有效工作。但是，当时的决策层对此不感兴趣，而普通民众又无力购买，最终这款创新性产品只能退出市场。16年后的1973年，摩托罗拉的第一款移动电话才问世。

这一结果的形成，一方面在于，苏联的经济实力有限，必须集中资源用于对国家至关重要的优先领域，不能广泛支持不同的研究路线；另一方面在于，苏联有浓厚的技术移植传统，即从发达国家复制和引进先进科学技术、设备。在彼得大帝时期，俄国就大量引进西方工艺和技术。十月革命后，苏联把吸收欧美技术和资本作为"首要任务"，将矿山、森林、油田等租让给外国资本家经营，以换取西方的资金和技术。斯大林、勃列日涅夫从国外引进的资金、技术和设备更是规模空前。这一传统导致一些官员对本国原创性技术重视不够，在国外出现新产品时，很容易放弃本国的技术研发路线。

(二)科研与生产脱节

在计划经济体制下，苏联工业部门、科学院和高等院校三大系统自成一体，彼此因条块分割而处于相互隔绝的状态。科学院和高等院校系统主要进行基础研究；工业部门科研系统主要从事应用性研究和试验开发，基础研究、应用研究和试验开发分别由不同部门掌管。科研机构按政府任务从事生产，不关注企业需求，而企业的生产及其新产品开发、技术改造、技

---

① SETH CENTER,EMMA BATES. Tech-Politik: Historical Perspectives on Innovation, Technology, and Strategic Competition, 2019.12.

术引进等计划也全部由国家制订，企业没有进行技术创新的内在要求和外在压力，从而导致科研与生产严重脱节。此外，苏联一系列制度也加剧了这一现象。

其一，从苏联科研经费的安排看，有助于实现科研成果转化的试验开发比重长期偏低。研究表明，1977 年，苏联基础研究、应用研究、试验开发三者在研发支出中所占比重分别为 12.9%、65.5%、26.6%，而 1978 年时美国上述三项研究的比重分别为 12.80%、22.70%、64.5%。显然，苏联基础研究占总研究支出的比重与美国基本持平，但其试验开发的比重却远低于美国。在各研发环节中，试验开发是最接近产业化的，基础研究和应用研究只有经过试验开发的转化才能促成生产力进步与经济增长，苏联这一比重过低意味着政府资助的大量研发成果无法转化为实际生产力。苏联后来也意识到这一问题，并不断调整，到 1990 年苏联试验开发的比重已经上升到 55.43%，而美国这一比重为 61.89%，两者比较接近，可惜当时苏联已经处于解体前夜。①

其二，苏联法律规定发明专利属于政府，但政府推动成果转化的效果不佳。1919 年，苏俄的法令就规定，发明的权利属于发明人，但每一项被政府认为有用的专利都可以被宣布为国家财产。1973 年的《发明与技术改进条例》再次强调专利强制许可制度，即当发明对国家有特别意义，又不能与专利所有人达成提供许可或转让专利的协议时，国家可以强制购买该项专利或允许有关组织使用该发明，即无论专利是否在政府资助下产生，政府都可以强制购买。1959 年的《关于发现、发明和合理化建议的法规》规定，在医疗、调味和食品原料、治疗疾病的新方法、动植物新品种和改良品种四个领域，发明者只能申请"发明者证书"，可以凭借该证书获得适当的发明使用费。②在这一制度下，政府若不建立专门的技术推广机构，技术转化很难取得良好效果。因此，冷战时期，虽然苏联的专利数量长期高于美国，但从统计数据上看苏联经济似乎没有从中得到明显益处。

其三，"反移植"的要求也阻碍了科研成果在民用领域的应用。"反移植"就是防止本国的先进技术被他国窃取。为了达到"反移植"的目的，"军

---

① 谢超，李彤玥，邓洪波，等. 基于美苏比较的美国科创举国体制. 中金研究院报告，2022 年 8 月 18 日.
② 同上.

转民"道路被人为阻塞。许多发明无法进入市场，科学技术优势难以形成真正的经济效益和社会效益。统计表明，苏联虽然每年颁发约 8 万件发明证书，但成果转化过程长达 10～12 年，而美国仅为 5 年，日本为 3 年。苏联所有发明只有 1/3 在经济领域内找到应用途径。[①]同时，苏联科学家的学术论文和著作在国外发表和出版受到极其严格的审查。任何一项研究在完成之前都被认为是保密的，发表任何论文，都必须有六个专家签字。任何著作在交付出版之前，都必须经过一个专门委员会确认为"非机密"。科研领域极为严格的保密制度进一步加剧了各个科研机构之间的隔绝，阻碍了科技人员和科技信息的自由流动，极大地影响了民用产品的开发，未能形成一个以国防科学技术带动民用工业不断发展的良性循环。

总之，苏联的举国体制存在集中的决策机构，且依靠行政命令逐级落实，但在协调不足的情况下，这一机构的某些决策可能出现失误，对相关领域影响巨大。同时，各研究和生产机构均听命于上级命令，导致彼此间缺乏联动，研究、生产活力不足，从而影响到整个举国体制的创新效果。相反，美国的举国体制虽然没有一个集中决策机构，但白宫科技政策办公室及其下辖的国家科技委员会专门负责协调各部门政策，制订跨部门研发计划，同时总统科技顾问委员会、国会相关委员会均会对相关政策、法案制定提出建议，并从不同角度对政策实施情况进行监督，从而确保了联邦层面政策制定的科学性，实现了不同政府部门间的协同，也确保了产学研各界专家在政策制定之初就能积极参与其中，实现了产学研之间的高度协同。在政策实施过程中，美国不依靠行政命令，而是充分尊重市场机制，鼓励创新，支持创新，在战略性产业中通过制定产业政策以及项目牵引、资金引导，吸引地方政府和产学各界积极参与其中，从而确保了参与方的活力及各方的整体合力。

---

① 宋兆杰，张敏卿，严建新. 苏联科技创新体系成败的移植文化因素分析[J]. 科学学研究，2012，30(11)：1621-1626；1683.

第十一章

以创新型小企业为重点的产业政策

　　大部分国家并没有像苏联一样采用计划经济条件下政府过度干预经济的产业政策，但在支持关键技术产业创新发展的效果方面，往往仍与美国相差较大。一个重要原因在于美国更注重培育创新企业，并为此建立了一套较为完备的制度。美国国家研究委员会指出，至少有 8 个 IT 部门源于联邦政府的科学资助，其中有 7 个已成为价值超过 100 亿美元的全球产业。[①]可以说，正是联邦政府的研发支持才确保了美国信息通信业的领先地位。

　　从企业的角度看，技术创新一直存在悖论。即企业如果不创新，需求可能萎缩，市场地位将瓦解；如果持续创新，市场地位也可能被自己的创新所颠覆。所以，尽管大企业有技术创新的能力，但由于较多的内外部利益相关者绑定在原有的技术路线和商业模式上，很难投入大量资源生产颠覆性的创新产品，从而可能延滞技术发展速度，甚至耽误了企业自身转型的时机。例如，在智能手机出现前，诺基亚一直是行业巨头和技术领先者，即使在 iPhone 出现的 2009 年，诺基亚的营收依然是苹果的 2.9 倍，研发投入是苹果的 11 倍。巨额的研发投入产生了大量创新技术。2003 年，诺基亚就获得了美国专利局授权的触摸屏技术专利。2004 年，诺基亚开发出触屏智能手机的原型机，但诺基亚并没有深入开发相关产品。苹果虽然 2007 年才开发出智能手机，且

---

① STEPHEN J. EZELL, ROBERT D. Atkinson. The Vital Importance of High Performance Computing to U.S. Competitiveness, 2016.04.

大部分技术并非苹果原创的，但其坚定不移地开发，最终掀起智能手机革命浪潮。类似地，数码相机技术也是柯达的工程师开发的，其管理层同样没有支持相关产品开发，并最终被该项技术所颠覆。

与大企业相比，创新型小企业没有任何包袱，更容易投入创新产品开发。但这些企业面临的现实困难较多，需要政府提供的支持也相对多一些。多年来，美国为创新型小企业提供了多方面的支持，并取得了显著的成效，对经济发展起到了巨大作用，所以利坦（Robert Litan）等经济学家认为，初创企业已经成为美国创新型增长的关键。从美国芯片实施指导委员会的成员来看，小企业管理局的局长也位列其中，说明该项政策制定之初，就着眼于为半导体领域的初创企业提供良好的发展条件。根据美国的政策设计，包括初创企业在内的中小企业，能获得更多更全面的支持。

一、提供资金支持

资金短缺是全球小企业普遍面临的困难，美国为了支持创新型企业发展，一方面为其提供研发资金支持，另一方面也为小企业提供担保贷款等其他融资支持，以满足小企业生产运营和购置厂房设备等需求。

（一）提供研发资金

美国"小企业创新研究"（Small Business Innovation Research，SBIR）计划是根据 1982 年的《小企业创新发展法案》设立的。该法案要求每年对外委托研发项目资金超过 1 亿美元的美国联邦政府部门（共 11 个，不包括小企业管理局）需要将其 1.25%的资金用于 SBIR 计划，支持小企业的研发创新活动（这一比例 1992 年提升至 2.5%，2017 年提升至 3.2%），该计划每年向小企业提供的资金总额超过 30 亿美元。仅在 2021 年，SBIR 计划就资助了 6769 个项目。其中，美国国防部、卫生部、能源部、国家科学基金会、国家航空航天局五个机构贡献了 SBIR 总资金的 97.6%，其中尤以国防部、卫生部出资最多。[①]SBIR 计划共有四个目标：刺激技术创新；利用小企业满足联邦研发

---

① GABRIELLE ATHANASIA. RAI Explainer: the Small Business Innovation Research Program, 2022.07.

需求；促进和鼓励少数民族和弱势群体参与技术创新；提高私营部门承担的联邦研发创新的产业化比例。1992 年颁布的《小企业技术转让法案》设立了小企业技术转移计划(Small Business Technology Transfer Program，STTR)，要求对外委托研发项目超过 10 亿美元/年的联邦政府部门(共 5 个)将其中 0.45%用于支持小企业的创新成果转化，该计划重点关注大学创办的初创企业。每年，STTR 计划的研究资金总额为 4.5 亿美元左右。实践表明，相关计划对中小企业起到了巨大的促进作用。1982—2022 年，仅 SBIR 计划就在 40 年的时间里产生了 7 万项专利、近 700 家上市公司，并带动了约 410 亿美元的风险投资。[1]

SBIR/STTR 对于小企业研发的资助形式不仅包括财政拨款，还包含研发采购合同，财政拨款与研发采购合同大约各占一半。其中，美国卫生部、国家科学基金会主要采用财政拨款形式，而美国国防部、航空航天局则更多采用研发合同形式。SBIR 计划和 STTR 计划一般分为三个阶段。第一阶段，确定研发工作的技术价值、可行性和商业潜力，补助额通常为 5 万~25 万美元，为期 6 个月(SBIR)或 1 年(STTR)。第二阶段(SBIR/STTR II 期)，继续开展研发工作，补助额通常为两年 75 万美元。第三阶段，要求实现研发成果的产业化，但 SBIR/STTR 计划不对第三阶段给予资助。有资格获得 SBIR/STTR 资助的企业必须具备以下条件：必须是营利性企业，营业地点位于美国；50%以上股权由一个或多个美国公民或美国永久居留者直接拥有和控制(或由其他小企业直接拥有和控股)；不超过 500 名员工(包括附属公司)。此外，在 STTR 计划中，小企业必须在第一阶段和第二阶段与非营利研究机构开展合作。[2]

由于资助总额固定，而申请企业众多，所以最终申请通过率仅为 15%~20%。[3]在申请通过率不高的情况下，却有少部分企业能够成功申请多个项目资助，引发一些议员对项目支持的广泛性提出质疑。例如，参议员兰德·保罗(Rand Paul)表示："根据小企业管理局的公开数据，共有 196 家企业获得

---

① GABRIELLE ATHANASIA. RAI Explainer: the Small Business Innovation Research Program, 2022.07.

② CARA WULF. SBIR/STTR Extension Act Preserves Innovation Programs, But Comes With a Bite, 2022.10.

③ CHARLES WESSNER, SUJAI SHIVAKUMAR. Renew SBIR, Just Defend the Recipients against China, 2022.09.

了 100 个以上的项目支持，有的企业竟然获得了 900 多个项目。[①]"针对这一问题，《2022 年 SBIR 和 STTR 扩展法案》要求提高"有经验"企业的最低绩效标准，"在一个周期内获得超过 50 个阶段 II 项目的企业，在该周期内，平均每个项目的销售和投资总额要达到 25 万美元以上；获得超过 100 个阶段 II 项目的企业，相应金额需达到 45 万美元以上。"这里的周期是指最近一个财政年度之前的连续五年。如果企业未达到上述最低标准，则此后一年该企业最多能获得的阶段 I 和阶段 II 项目总数不允许超过 20 个。这些新绩效标准必须在 2023 年 4 月 1 日前到位。如果项目主题"对联邦机构的任务至关重要或与国家安全相关"，企业可申请 SBIR/STTR 项目主题豁免，免于遵守新绩效标准。

《2022 年 SBIR 和 STTR 扩展法案》还要求，此后每年（2023 年不迟于 7 月 1 日），美国小企业管理局必须向国会提供一份绩效标准不达标的小企业名单。不过，这些名单是保密的，不会根据《信息自由法》进行披露。小企业管理局需要定期组织审计，并向国会报告各联邦机构执行新标准的情况。该法案还要求，法案通过一年后，美国政府问责局需要向国会参众两院提交审查报告，说明项目企业是否遵守《联邦资助问责制和透明度法案》、项目分包的情况及承担分包任务的企业情况等。法案通过 18 个月后，美国政府问责局需要对 10 年内（最近两个财政年度前连续 10 年）获得超过 50 个阶段 II 项目的企业进行分析，包括 SBIR/STTR 计划对企业的影响、获得阶段 II 项目的企业比例、产业化情况、最低绩效标准实施情况、首次申请者和新技术引入情况等。

研发税收抵免也是对研发活动给予资金支持的一种形式，这一政策最早于 1981 年颁布，旨在激励企业创新，支持企业开发新的、改进的或技术先进的产品或工艺，为企业本纳税年度增加的研发投资给予税收抵免优惠。2015 年奥巴马政府签署法案，放开了对小企业和初创公司的部分限制，永久延长了研发税收抵免政策。每年，美国政府为企业提供的直接研发资助，以及针对企业投入的研发投资给予的税收优惠规模都很可观。例如，2017 年，美国提供的研发资助和研发税收优惠总和达 440 亿美元，位居世界第一，占 GDP 的比重也位于二十国集团前列。同期，中国的资助规模仅有 154 亿美元，占 GDP 的比重也远远落后于美国。[②]

---

① SHANE MCCALL. Congress Reauthorizes SBIR/STTR, Adds a Few Wrinkles, 2022.12.

② 王乃玺，谢超. 美国创新链资助政策及 WTO 规则兼容性分析. 中金研究院报告，2022 年 10 月 31 日.

为了防范计划实施过程中可能出现的资金欺诈、浪费和滥用等问题，美国分别于 2011 年和 2014 年发布了《SBIR/STTR 重新授权法案》和《SBIR 政策指令》，对欺诈、浪费和滥用行为采取刑事、民事和行政三方面的处罚措施：刑事方面，最高可判处 20 年监禁，没收欺诈所得财产及最高 50 万美元罚款；民事方面，最高需要赔偿政府三倍的实际损失；行政方面，政府可以终止合同，并视情形严重程度可能三年内禁止相关企业和人员参与联邦政府业务。此外，小企业管理局会提高项目透明度，接受全社会监督。项目网页均标明举报方式，依据《虚假申报法案》，对举报者奖励政府所得罚金的 30%。[①]

（二）提供其他融资支持

为了缓解小企业融资难问题，美国小企业管理局设立了担保贷款，由银行等合作贷款机构负责出资，小企业管理局提供担保（一般不是全额担保）。2023 年 3 月，美国国防部战略资本办公室和小企业管理局发布备忘录，表示将推进关键技术投资合作，重点扶持关键技术领域的早期投资。例如，半导体、先进材料和生物技术等领域需要长期、低回报、具备"耐心"的投资。新的计划将以美国小企业管理局相关法规为基础，扩大原有合作并引入新的金融工具"应计债券"，以更好地满足硬件技术领域初创企业对资金的需求，为这些企业提供所需的长期资本。

根据 1958 年的《小企业投资法》，美国小企业管理局还创立了小企业投资公司（Small Business Investment Company，SBIC），旨在增加对美国小企业的风险投资。美国小企业管理局为符合条件的风投公司、私募基金等机构颁发小企业投资公司证书，并为这些机构的融资提供担保。由于美国小企业管理局的融资支持方式是债权性的，所以小企业投资公司对于小企业的投资也以债权形式为主。此外，个别联邦机构，如美国中央情报局的 In-Q-Tel 作为战略投资基金，为满足中央情报局的技术开发，可以对创新企业进行股权投资并提供业务指导，并可以与企业签订技术许可、技术开发协议，或为企业提供产品测试场景。In-Q-Tel 成立两年后，就为美国中央情报局提供了 260 多项技术成果，从而吸引了美国联邦调查局、国防部情报局等机构对 In-Q-Tel

---

① 王乃玺，谢超. 美国创新链资助政策及 WTO 规则兼容性分析. 中金研究院报告，2022 年 10 月 31 日.

的投资。此后，其他联邦机构也陆续设立了风投公司，但总体规模都不大。

正是因为有政府背景的小企业投资公司、风投公司等的存在，所以 SBIR/STTR 计划不对项目提供第三阶段资助，而希望小企业在 SBIR/STTR 计划和政府风险投资的基础上，能够进一步吸引商业投资实现技术产业化。但是，美国的风险资金目前分布极不均衡，75%的风险资金位于三个州：加利福尼亚、纽约和马萨诸塞州，共有 1503 家，大约是中西部各州的 12 倍，尤其是加利福尼亚旧金山湾区更为集中。显然，这一状况不利于其他创新区域的小企业发展，为此 SBIR 计划提供了一个经过验证的模型，说明联邦机构如何帮助一定区域内有前途的初创企业吸引风险资金，肯塔基州等地方政府也制订了补充 SBIR 的地方计划，以促进州内经济和创新企业发展，如提供政府采购报价、信息披露、降低政府采购项目标的、提高小企业竞争力等。

二、建立技术和咨询服务机构

在小企业管理局的领导下，美国成立了小企业发展中心（Small Business Development Center，SBDC），它是由私人机构、教育界、小企业管理局、州政府共同建立的全国性的小企业服务网络，目前美国已经建立了超过 1000 个分支机构。小企业发展中心为小企业或有意创业者提供专业、高质量、个性化的咨询、培训和申请政府补助、融资、技术援助等全方位服务，如帮助小企业完善商业规划、战略、运营、财务管理、人事管理、营销及申请出口援助等，大部分服务是免费的或收取很少费用。

以同样公私合作形式建立的制造业拓展伙伴计划（Manufacturing Extension Partnership Program，MEP）始于 1988 年，在美国各地有数百个 MEP 中心，旨在将最新的制造技术和工艺流程介绍给美国各地的小企业。该项目在每个州都设立了分支机构，美国联邦政府为各中心提供 50%的运营资金，另 50%来自会员费、服务收费等。美国商务部对各中心建设提供支持，负责项目评估，并将最佳实践案例分享给各分支机构。《振兴美国制造业和创新法案》要求美国商务部部长有效利用 MEP 计划，使之与制造业创新网络形成密切的协作关系。因此，各 MEP 中心能够参与制造业创新研究所建设，负责将研究所的技术推广给广大企业，同时将企业技术需求反馈给创新研究所。MEP 中心的数据显示，过去 30 年中，该机构每年为小型制造商节省了约 188 亿美元成本，支持了 1113 亿美元的销售额。

三、加强政府采购

美国长期推动购买美国货政策。《1933 年购买美国货法》就要求美国联邦政府在采购中优先购买美国货，近几年历任美国总统都以不同形式反复强调这一政策。例如，2009 年，美国奥巴马总统在 8000 亿美元的经济刺激计划中设立了"购买美国货"条款，要求在公共工程项目中使用美国制造的钢铁等产品。2017 年，美国特朗普总统签署了"购买美国货、雇用美国人"的行政命令，要求改革签证政策，并采取措施让政府采购更多美国产品。2021 年，美国拜登总统签署行政命令，敦促联邦政府增加对美国产品和服务的采购。拜登政府还在白宫管理和预算办公室设立了一个职位，负责监督承包商是否有效执行了购买美国货的相关规则。同年，拜登政府发布了一项倡议，要求根据"购买美国货"计划采购的产品中美国制造零部件的价值至少占 60%，高于目前 55%的要求，到 2029 年，这一比例将增加到 75%。2021 年 4 月，美国白宫设立了美国制造办公室，发布了新的购买美国货豁免指南，以最大限度地利用公共资金支持美国产品和服务。

小企业在政府采购中一直受到额外的关照。1953 年的《小企业法案》明确要求，10 万美元以下的政府采购合同需要优先考虑小企业。美国国防部 2023 年 1 月发布的《小企业战略》(Small Business Strategy)也强调，小企业广泛参与国防采购至关重要，有助于支持创新、促进竞争、降低成本。为此，美国国防部要求对采办人员培训小企业事务，并要求相关人员参与采购战略制定和同行评审，提高其识别未来采购的商业机会。

2022 年 12 月，美国国防部与美国小企业管理局签署了一份谅解备忘录，旨在打破信息孤岛，促进小企业发展中心和国防部采购技术援助中心(PTAC)合作，以便为参与联邦、州、地方各级政府采购项目的小企业提供采购支持，使其能够找到采购需求并成功签署合同。之后，美国国防部采购技术援助中心被更名为 APEX 加速器。该项目以前隶属于美国国防部后勤局，现在将成为国防部小企业项目办公室的一部分。美国国防部在全国(包括波多黎各、关岛等海外领地)共运营着 96 个 APEX 加速器,其任务是"通过加速创新、培养创造力和建立有弹性、多元化的供应链来加强国防工业基础",协助企业了解政府政策,为小企业申请政府项目提供培训、咨询等服务。APEX 加速器对于那些刚开始从事政府采购业务、希望扩大业务范围或希望获得免费的业务发展建议的公司来说非常有帮助。APEX 加速器向所有政府承包商提供帮助,可以提供免费的一对一咨询、解读政府招标文件、帮助寻找投标合作伙伴、确定团队和合作伙伴、准备合同等支持。《小企业战略》要求国防部进一步强化 APEX 加速器的作用、职责,为其提供相关工具和资源,使其更好地了解国防部的要求,使更多小企业可以通过当地的 APEX 加速器参与国防部的项目。小企业发展中心会帮助有需要的小企业寻找联邦、州和地方政府的采购合同,并向其提供帮助,包括帮助小企业在管理系统中注册、认证、确定签约机会、准备投标,以及协助创业早期阶段的发展等。一般来说,通过小企业发展中心或 APEX 加速器提供的服务是免费的,两者都为政府承包商提供广泛的支持。

四、促进研究成果产业化转化

美国一向注重研究成果产业化转化,并出台了诸多政策法规,其中既有适用于所有行业的一般性规定,也有适用于半导体等特殊行业的规定。

(一)一般性规定

促进研发成果的产业化转化,需要为技术转移创造良好的便利条件。1980 年,美国发布《史蒂文森—怀德勒技术创新法案》,鼓励国家实验室与私营企业签订合作协议,实验室提供科研人员、仪器设备等,企业提供资金支持和试验平台等,共同推动实验室成果产业化。该法案将推进技术转移转化作为联邦科研机构的法定职责和义务,明确要求在每个国家实验室建立研究和技术应用办公室,专门负责开展与产业界的技术合作;要求实验室必须将至少 0.5% 的研发预算用于技术转移工作。由于早期知识产权归属问题并未明确,私营企业的参与热情不高。1986 年的《联邦技术转让法》授权国家实验室将合作研究的科研成果转让或许可给私营企业进行商业开发。2000 年的《技术转移商业化法》,进一步规定只要是实验室所有的,与合作研究相关的专利,都可以转让或授权给私营企业。该法还建立了国家实验室技术转移绩效考核机制，要求美国能源部、国家航空航天局等部门每个财政年度都必须提交所属实验室的技术转移绩效报告，并由美国商务部汇总形成年度技术转移报告，提交给美国总统和国会审议。

研究成果要顺畅地实现产业化转化必须有原型生产的条件。美国的制造业创业企业不仅面临着早期技术发展的缺口，还面临着规模化生产的缺口。当它们要求风险资本增资以进行规模化生产时通常会被拒绝，因为风险资本缺乏制造业深层知识和投资本地生产所需的资源，所以通常会直接将业务介绍给亚洲的制造外包企业。在新技术刚应用到生产中时，可能涉及很多重要的工程技术改进和原型制造工作，还可能需要重新开展科学研究。这是一个创造性的过程，也是流程创新的一部分。但是，将原型制造外包到海外必然导致创新知识的外移，后续进行的渐进式创新也将被留存在海外。因此，美国经济学家 Martin Weitzman 指出："经济增长的最终限制不在于我们有没有产生新思想的能力，而在于我们有没有将大量原始想法转化成有形产品的能力。"[①]

美国各高校和科研机构也为小企业的创新发展提供便利。例如，麻省理工学院在创新孵化中心开辟了 24 000 余平方米的空间，并配备丰富的技术、足够的设备和专业知识，为 60 多家创业企业提供服务，帮助其尽快起步，还为创业企业提供桥梁资金。美国能源部劳伦斯伯克利国家实验室提出"回旋加速器之路"，为创新者提供两年的薪资和种子基金，允许创新者运用实验室设备从事项目研发，并聘请企业家、研发管理人员、投资者和政府研究人员作为创业导师为创新企业提供支持，帮助初创企业找到最佳的商业化途径和融资渠道。又如，美国波士顿弗劳恩霍夫中心的"技术桥"模式根据大公司感兴趣的技术寻找合适的初创企业，请专家对其进行详细的技术评估和验证，帮助初创企业设定合适的规模化路径。

美国政府部门也积极推动研究成果的产业化转化。例如，2022 年 12 月，美国国防部宣布设立战略资本办公室(OSC)，确保具有军事应用前景的重要技术获得市场转化资金。根据声明，该办公室将把开发"对国家安全至关重要"技术的企业与资本联系起来并扩大生产规模，其中包括先进材料、下一

---

① 威廉姆·邦维利安，彼得·辛格. 先进制造：美国的新创新政策. 沈开艳，等译. 上海：上海社会科学院出版社，2019.

代生物技术和量子科学等关键技术。该办公室将探索采用不同的资金来源方式，如贷款、贷款担保等。又如，2023年2月，美国国防部小企业项目办公室表示，将重启"快速创新基金"（自2019年开始停止了该项基金的预算），为拥有创新技术平台的小企业提供种子资金，帮助小企业度过"死亡之谷"，促进国防技术原型向实际生产转化。

(二)适用于半导体等特殊行业的规定

如前所述，由于美国的风险资本基本不资助原型制造，所以半导体初创企业在原型制造阶段的投资是外国资本占据主导地位的。对美国2015—2017年募集B轮和C轮资金的半导体企业进行统计，可以发现66%的企业必须依赖外国资金，从而可能形成"在这里创新，在那里生产"的情况，危及美国未来的创新能力。[①]2022年5月的风险投资报告也显示，只有18%的受资助半导体初创企业位于美国，而位于中国的达59%。[②]

美国国家半导体技术中心的创建在一定程度上为解决这一问题创造了条件。美国总统科技顾问委员会在《振兴美国创新生态系统》中建议，到2023年年底，美国国家半导体技术中心应创建一个约5亿美元的投资基金，为半导体初创企业提供资金支持和使用实物原型、接触实物工具的途径。从美国经验看，今天领先的半导体公司都是由创新型初创企业发展而来的，20世纪60年代的英特尔和AMD公司、80年代的高通公司，再到90年代的英伟达和博通均是如此。与软件或服务性初创企业相比，半导体初创企业由于设计复杂性和制造成本较高，以及IP许可较为复杂等因素，在上市或被收购之前需要投入更多资金，运营更长时间，且投资回报率更低，因此需要的政府支持也更多。根据建议，美国国家半导体技术中心投资基金应投资于初创企业的种子轮前和种子轮，还应向优质初创企业提供实物支持，以较低成本或零成本提供原型设计工具。

类似地，美国白宫发布的《国家微电子研究战略草案》也将加快研发成果的产业化进程作为三大战略目标之一，卓越的研发与快速的产业化能力将成为美国必不可少的竞争优势，必须构建贯穿研究到制造的基础设施网络。其一，

[①] WILLIAM B. BONVILLIAN.Emerging Industrial Policy Approaches in the United States, 2021.10.

[②] President's Council of Advisors on Science and Technology. Revitalizing the U.S. Semiconductor Ecosystem, 2022.09.

促进学术界、政府和产业界沟通协作。通过建立公私合作伙伴关系可以将多方主体组织在一起，就某些特定技术进行研发合作。例如，美国国家科学基金会与半导体研究公司合作，将学术研究与行业技术需求和人才培养结合起来，建立了联合大学微电子计划，促进了更广泛的跨行业信息交流。其二，支持研发人员创业并促进初创企业发展。初创企业在推动微电子技术创新方面作用巨大，但初创企业一般没有设计和制造尖端芯片所需的大量资本，而美国联邦政府的资助计划可以为企业提供业务发展、人才培训和使用研发基础设施的机会。其三，促进业者广泛参与政府资助的研发项目。2021 年，美国国防部高级研究计划局（DARPA）的电子复兴计划对企业（包括大企业和初创企业）共资助了 30 多个研发项目，而企业并不是 DARPA 传统上的资助对象，合作关系的这一扩展增加了将微电子技术转化为两用商品的直接途径。其四，在美国商务部成立微电子产业咨询委员会，就美国微电子科学和技术需求向美国政府提供建议，并定期向美国商务部部长提供报告，主动识别新兴的技术研发和人才需求。

此外，美国总统科技顾问委员会建议的小芯片平台更是能够大大简化芯片设计的复杂度，提高研发速度、降低研发成本，有利于初创企业发展。

五、强化网络安全、供应链安全和知识产权保护

一项调查表明，只有 18% 的美国小企业对其网络安全举措的有效性充满信心[①]。网络安全问题不仅可能导致企业知识产权泄露，还可能威胁供应链安全。对此，美国小企业管理局 2022 年向州政府拨款 300 万美元，用于开展小企业网络安全试点工作。2022 年 12 月，美国颁布《中小企业网络法案》，要求小企业管理局改善其网络防御，制定网络战略，评估 IT 系统采购外国组件的风险，并向国会提交其网络安全进展的年度报告。报告应包括：提高基础设施网络安全的战略；供应链风险管理战略，降低使用中国实体 IT 组件的风险；在初次报告发布前两年内发生的小企业网络安全事件，包括小企业管理局的应对举措。美国国防部在《小企业战略》中同样强调，国防工业基础面临的网络安全威胁数量、频率和危害性不断增长，而 70% 以上的国防承包商为小

---

① CHARLES WESSNER, SUJAI SHIVAKUMAR.Renew SBIR, Just Defend the Recipients against China, 2022.09.

企业，尤其容易受到攻击。为此，美国国防部启动了一个综合性平台——项目光谱，为企业和相关组织提供网络安全信息、资源、工具和培训，提高小企业和供应链的网络安全防护水平、韧性和合规性。

《2022年SBIR和STTR扩展法案》要求美国各联邦机构在2023年6月27日之前制订尽职调查计划，评估小企业所面临的网络安全问题、专利、员工以及与外国的关系情况。为确保供应链安全，获得SBIR/STTR项目的小企业需要披露企业所有权及其与国外的联系，尤其是中国、俄罗斯、朝鲜和伊朗等重点国家。具体而言，小企业必须披露：所有者和员工是否被外国人才招聘计划聘用；其合资企业或子公司是否位于重点国家，是否由该国出资或与该国有附属关系；是否与重点国家或实体存在商业安排或未决合同、财务义务等；是否被外国全资拥有；在该企业担任领导职务的其他企业派出人员，是否与外国有联系，若有，则需公布该企业投资的比例；此前五年内，是否向外国出售技术许可或知识产权；其他相关的外国商业实体、离岸实体或境外实体的情况。如果相关企业被发现有对美国安全构成风险的重大错误陈述或发生任何"所有权变更、实体结构变更或对美国安全造成风险的其他重大变化"，则需向联邦机构偿还"收到的所有款项"。此外，美国国防部《小企业战略》要求设立小企业外国所有权、控制或影响力工作组，关注国防领域小企业所有权被国外控制的情况。美国国防部还将部署一套强大的市场情报数据工具，以跟踪小企业绩效，提升尽职调查能力，掌握国防承包商被外国控制或影响的风险，提高整个国防工业的供应链韧性。

在知识产权方面，自《拜杜法案》发布后，就形成了有利于发明人和企业的知识产权保护制度（见专栏11-1内容）。在此基础上，美国联邦政府尤其注重对小企业的知识产权保护。一方面，防止大企业侵犯小企业的知识产权。大企业向小企业分包合同时，通常会对小企业进行技术审核，要求其披露详细的技术信息，导致小企业的专利技术可能被大企业剽窃。因此，美国国防部等部门给大企业发放合同时，允许作为分包商的小企业以SBIR申请文书和年度报告作为知识产权证明，并明确规定对大企业侵犯小企业知识产权的行为零容忍。[①]另一方面，防止小企业知识产权被国外掌握。2021年，美国国防部对SBIR计划的研究指出，中国等国家的风险投资资金直接和间接投资SBIR计划资助企

---

① 王乃玺，谢超. 美国创新链资助政策及WTO规则兼容性分析. 中金研究院报告，2022年10月31日.

业，可能导致相关企业的技术创新被转移至国外。美国国防部的《小企业战略》要求美国国防部建立的小企业外国所有权、控制或影响力工作组有助于关注并解决这一问题。此外，美国战略与国际问题研究中心建议，相关政府部门应从不同角度关注这一问题。例如，美国贸易代表办公室应在其年度审查中对国外盗用 SBIR 项目知识产权的情况进行评估，必要时应启动调查；美国外国投资委员会有权审查外国实体收购美国"关键技术"企业的情况，必要时可要求其剥离相关业务（已通过）。[①]

📖 **专栏 11-1：美国法律、政策对知识产权的保护**

1941 年，美国就设立了专利计划委员会，该机构对政府资助研发的专利成果提出政府和企业共享知识产权的许可思路，即企业继续保留专利权，但政府可以获得免收专利使用费的许可。然而，相关政策实施效果不佳。据统计，1980 年时，美国联邦政府持有的约 2.8 万项专利中，只有不到 5% 获得了商业许可，同年的《拜杜法案》将美国联邦资助的研究成果知识产权授予进行该项研究的大学。通常情况下，大学与相关院系、实验室的研究者和发明家共享知识产权。

在《拜杜法案》之前，美国高校和科研机构的技术发明人虽然可以持有专利并开设公司，但美国政府也可以将专利授权给第三方，如果第三方是资本雄厚的大公司，则技术发明人的初创企业很难生存。但是，《拜杜法案》发布后，研究机构和发明人可以独享专利及其经济利益，于是科学家创业者和"双长制"企业模式开始出现。"双长制"是指由一位经验丰富的 CEO 和一位拥有尖端科技的教授（首席科学家）合作，形成创业企业的核心。一般来说，首席科学家在公司里兼职，其主要工作还是在高校、研究机构里从事研究。有些科技创业者还成为天使投资人，支持新的科技创业者。

为了确保专利持有人合理使用专利，防止其将专利束之高阁或对专利产品定价过高、谋取垄断收益，美国政府保留了"介入权"。如果企业未

---

① CHARLES WESSNER, SUJAI SHIVAKUMAR. Renew SBIR, Just Defend the Recipients against China, 2022.09.

在合理时间内将政府资助的科研成果产业化、未能满足健康或安全需要或未能满足联邦政府规定的公共使用要求，政府可以介入其对专利的使用。不过，为了避免破坏企业对政府资助制度的信心，联邦政府几乎从未行使过介入权。

美国联邦研究机构也注重中小企业的知识产权问题。例如，美国制造业创新研究所致力于为各参与方，尤其是中小企业降低知识产权使用障碍，使之可以更容易地利用所需知识产权，从而提高其加入制造业创新研究所的意愿。针对中小企业面对繁复的知识产权法律条文无力判断如何使用的现状，创新研究所为中小企业提供了一个使用背景知识产权的标准平台，避免各企业自行其是，同时，也为成员之间创造和共享知识产权提供便利。在《振兴美国半导体生态系统》中，美国总统科技顾问委员会建议，所有由国家半导体技术中心资助开发的知识产权均应作为非排他性、免专利费的永久许可，授权给信誉良好的成员企业使用，知识产权的所有权将由发明人或发明人各自的机构保留。

2023年1月，美国商务部专利商标局发布了《2022—2026年战略计划》，确保企业以公平和负担得起的方式获得知识产权。该计划强调了5个重点：促进半导体供应链，以及供应链高增长中小企业发展；支持新兴技术研发，支持企业参与技术标准制定；与盟友和合作伙伴合作，扩大出口，执行出口管制和外国投资限制，保护对国家安全至关重要的新兴技术；保护知识产权，推动创新、创造力和创业精神；鼓励包容性创新，培育多元化劳动力，建立可持续的、雇主驱动的职业道路。

此外，《芯片和科学法案》为了解决知识产权盗窃问题，要求设立研究安全办公室，并明确开发工具和流程，以管理和降低与研究、开发、示范和部署活动相关的研究安全风险。

六、美国国防部高级研究计划局（DARPA）等机构对创新提供较为全面的支持

如前所述，多个美国智库将 DARPA 视为产业政策的典范，该机构如此成功是与其对企业提供的较为全面的政策支持密不可分的。借鉴这一经验，美国还设立了其他类似机构。

（一）DARPA 及其对创新的支持

DARPA 成立于 1958 年，主要目的是应对苏联成功发射第一颗人造卫星造成的所谓"斯普特尼克"（Sputnik）冲击，希望通过开展"蓝天研究"继续保持美国的军事优势。但是，在和平时期，DARPA 的主要任务并非军事任务，而是将之前的投入转化为提升经济竞争力的技术。因此，20 世纪 90 年代初冷战结束后，DARPA 启动了技术再投资计划，并拨款 8000 亿美元用于升级现有技术。通过这一计划，DARPA 有针对性地发展了军民两用技术。

DARPA 的规模一直不大，负责科研项目的项目经理通常只有大约 100 名，基本是来自学术界和工业界的顶级科学家、工程师，他们积极主动而非被动地为该领域的研究人员制定研究议程，协助研究机构克服技术难关。研究资金资助的对象包括美国高校和研究机构的研究人员、初创企业、企业集团等。DARPA 投资的领域没有严格区分基础研究和应用研究，因为二者之间没有明显的分界线。为了促进技术应用，该机构的使命还延伸到帮助企业产品商业化的阶段，给企业提供了科研经费之外的大量帮助。DARPA 是以项目经理作为连接研发领域不同思想、资源和人员的建设性纽带的，所以对项目经理的素质要求很高，需要相关工作人员具有高水平的专业知识，有能力对科研人员和企业提供方向性的指导和协调，也要求官员必须深入扎根于他们所资助的具体技术团体中，与被资助机构之间建立紧密关系，为其更好地提供指导、代理、协调等服务。

马祖卡托认为，对于美国政府来说，关键的不是对私营企业提供激励、服务和降低其风险，而是要承担起选择特定变化方向的风险。可以说，DARPA 是美国政府承担这一风险的最佳体现。因为 DARPA 从事的是应用导向的基础研究，以创造出突破性应用成果为目标，而私营企业很少投资于这一领域，对他们来讲突破性创新风险较大，且可能影响现有业务。因此，设立 DARPA 的意义就是克服市场机制的"弊端"，以国家的力量动员"市场"的资源和科技力量，使其有意识、有组织地进行突破性创新。具体而言，DARPA 具有以下特点。

一是灵活性与独立性。作为美国联邦机构的负责人，DARPA 局长在项目资金使用方面具有不同寻常的灵活性，无须监督委员会正式批准就可以将资金从一个项目转移到另一个项目。DARPA还在典型的公务员招录流程之外采用了一种快速流程，并经常从其他机构接收临时员工，这构建起机构间的合作机制并赋予该局以更灵活的方式对特定领域投资，而不需要增加全职员工的数量。DARPA从事的是未来的"蓝天研究"，由于对未知的创新性技术和产品很难有统一的评判标准，无法判断哪条技术路线能胜出、谁能胜出，评审时难以形成共识，所以DARPA没有立项评审委员会，项目经理只需要说服所属办公室主任和DARPA主任两个人就可以为项目提供资助。

二是扁平化结构和短暂任期。DARPA的扁平化结构强化了其位于技术前沿的能力。项目主管被授予可观的资源和自主性，可以按照他们的判断推进项目，其作用有点类似于极早期的风险投资人。但DARPA经理的任期一般不长，只有3～5年，由其选择的项目通常要在自己的任期内完成。DARPA认为有限任期一方面防止了思维定式与个人偏好制约项目选择；另一方面可以促使项目经理更有紧迫感和使命感，更加专注于项目任务的完成和业务拓展，而非职位晋升。

三是与业界和学术界合作。DARPA与领先科技企业和科研机构联系紧密，弥补了其全职工作人员不足的缺陷。通过这些关系网络，DARPA能够确定新的技术趋势、发现顶级研究人才并识别出值得联邦政府资助的创新理念。DARPA较短的人员流动周期也有助于美国在政府、企业和学术界之间构造动态的创新网络。

四是容忍高风险。DARPA有着实现变革性技术突破的雄心壮志。为了实现这一目标，项目主管将提案置于严格的审查之下，并经常拒绝那些被认为没有足够的技术回报的项目。因此，如果潜在回报足够高，DARPA非常能够容忍失败。DARPA每年召开两次项目经理汇报会，审查项目进展和预定目标的完成进度。在项目年限内，不管采用什么技术和方法，只要拿出来的产品或技术能实现预期的目标，则项目可以继续；如果没有成果，或者研究证明完成项目的可能性很小，则项目终止，但也不会追究研究者的责任。

五是得益于国防采购。DARPA建立了许多正式和非正式的沟通渠道，以确保其技术与军队的需求一致，其研究项目可以利用美国国防部的巨额采购预算来刺激发展。国防采购为新兴技术或实验性研究创造了应用市场，甚至促进了更广泛的商业化发展。DARPA的"其他交易授权"使其能够快速与企业签订合同，超越标准的联邦采购烦琐程序。《国防生产法案》也为其提供了干预制造业供应链的权限，以确保与国家安全相关的关键产品能快速扩大生产规模。

DARPA 自成立以来，取得了相当多的变革性技术突破——互联网、GPS、自动驾驶、脑机接口、个人计算机、人工智能等，不仅对国防领域，而且对整个科技领域都产生了重大影响。因此，2021 年美国参议院通过的《创新和竞争法案》提出未来五年要使 DARPA 的预算资金翻一番。

(二)能源高级研究计划局(ARPA-E)

在克林顿和奥巴马政府时期，美国能源部都致力于通过能源创新应对气候变化，并逐步成为一个技术创新组织。美国能源部在原有的基础上新增了多个部门，包括：能源高级研究计划局(ARPA-E)；能源效率和可再生能源局旗下多个重大可再生能源项目部；高级制造办公室；新能源技术"贷款项目办公室"；能源创新中心；能源前沿研究中心；技术过渡办公室；等等。其中，ARPA-E 是新机构中最有代表性的，该机构于 2009 年成立，目的是成为"能源领域的 DARPA"，着重促进能源领域具有革命性商业潜力的研究项目发展。

大多数 ARPA-E 项目源于产业界和学术界对具有商业潜力项目的投标建议，这种做法的效果是将美国政府研究资金引导到与行业相关的重要研究议题上。尽管 ARPA-E 隶属于美国能源部，但它独立于美国能源部的官僚机构之外，独立运作，其主任由美国总统任命，主任只向能源部部长报告，不向中级官员报告。与 DARPA 一样，ARPA-E 没有自己的研究设施，而是通过一小群被赋予较大决策权和自主权的项目经理执行任务。项目经理来自科研、工程、政府和产业等不同背景，其中许多人在两个或多个领域拥有经验，薪酬水平不受公务员要求的约束。ARPA-E 是扁平化的结构，强调非正式的团队合作，没有僵化的等级制度。

ARPA-E 采用了 DARPA 的"右—左"模式，即在能源创新管道的右侧设想所需的新能源技术进步，然后在管道的左侧寻求研发突破以实现这一目标。但美国能源部缺乏像美国国防部制订的采购计划来推动其技术进入市场，这意味着 ARPA-E 缺乏实施伙伴。美国能源部原本计划通过强大的美国风险投资体系来实现这一目标，但在 2008—2009 年金融危机中，风险投资家们从能源技术中退出。他们认为能源技术风险太大，而且周期太长。因此，ARPA-E 必须发挥创意，只为那些技术路线合理、能被市场接受的项目提供初始投资，之后采用美国能源部已实施的其他项目来帮助企业扩大规模，并在 ARPA-E 内部建立了一个具有私营部门专长的从"技术到市场"（"Tech-to-Market"）团队，为每个项目制订商业化计划。

根据规定，美国国家科学、工程和医学院（NASEM）对 ARPA-E 设定了广泛的绩效指标，并负责每五年对其进行一次审查。NASEM 承认"所有指标都不完美"，但仍使用了几个"外部"指标来衡量该机构的绩效：在科学期刊上发表文章的情况、专利数量、从公共和私人来源吸引后续资金的能力、市场参与情况。NASEM 还对单个项目和项目组合进行了详尽的案例研究，以便能够对这些项目是否实现了该机构的使命进行定性评估，如项目是否寻求实现突破性目标而非增量目标；项目是否有助于改变能源和公用事业部门对创新普遍存在的保守态度；是否刺激了特定领域研究新社区的形成等。NASEM 2017 年对 ARPA-E 所做的绩效评估表明，虽然尚没有充足的时间确定其工作是否会产生改变游戏规则的新技术，但有明确的迹象表明该机构正在朝着其使命和目标取得进展。[①]

尽管外部审查必不可少，但最重要的绩效评估应该是 ARPA-E 内部持续对其目标进展情况的审查。NASEM 建议该机构建立一个内部系统，确立进展里程碑，收集绩效数据，并定期进行评估。即将其内部指标数据库中的数据与目标（包括商业和非商业成果指标）联系起来，将这些目标与可观察的创新指标联系起来，并用这些指标定期评估该机构是否在实现其使命和目标的正确轨道上前进。

七、取得巨大创新红利

从实践情况看，美国政府对创新企业的各种支持，对很多企业的发展起到了巨大作用。以苹果公司为例，在 1980 年首次公开募股前，它就从小企业管理局授权设立的小企业投资公司——伊利诺伊大陆风投公司获得了 50 万美元早期股权投资。苹果公司还充分利用了政府重大研究项目、军方项目、政府采购合同、公共研究机构研发的大量技术，iPod、iPhone、iPad 中使用的每项先进技术都是美国政府和军方资助的研发成果，如点击式触摸屏、全球定位系统、智能语音助手、锂电池、液晶显示器，苹果公司只是将别人开发的新技术和新部

---

① SUJAI SHIVAKUMAR, CHARLES WESSNER, THOMAS HOWELL.The Pillars Necessary for a Strong Domestic Semiconductor Industry, 2022.05.

件整合成创新产品而已。又如，20 世纪 80 年代，当苹果产品难以进入日本市场时，苹果公司向美国政府求助，美国政府通过贸易政策为其打开销路；80 年代末，当苹果公司的 Apple III 和 Apple Lisa 电脑销路不畅时，又在美国政府推动下，公立学校每年向苹果公司采购大量的电脑和软件。此外，地方政府和州政府也持续向苹果公司提供各种补贴，确保其不断创新。

美国联邦政府对技术创新的全方位支持最终形成了多家类似苹果公司的创新企业，这些企业招聘了数百万名工人，缴纳了数十亿元税款，使美国政府和人民获益匪浅。但这些收益只能算作投资的间接回报，而非直接收益。直接收益越来越集中在少数企业家手中，而企业家为其收入缴纳的税款却越来越少。即创新成本大多由政府承担，而创新收益却大量被企业家获得。对此，学者乔纳森建议应分享创新红利，让公共投资的回报直接惠及美国公民，并提出三个方案。其一，将未来新建的创新中心周围的土地国有化，将其收益分享给纳税人。地方政府如果想建设创新中心可能需要使用自己的房地产或通过规范的交易在公开市场购买土地，另外，还应考虑联邦政府、地方政府，甚至大学之间的土地置换。社区在宣布创新中心竞标结果之前就应购置土地，否则联邦资金一旦开始流入一个地区，该地的价格就会迅速上涨。其二，政府应探索与绩效相关的创新租赁结构。例如，政府可以收取与企业业绩挂钩的租赁费，同时为创新初期可能无法支付高额租金的企业提供部分保险。通过这种方式，政府既分担了企业创业的风险，又分享了其创新收益。另外，将政府回报率与本地企业的成功率联系起来，也提供了一种进步机制，确保政府不会用人唯亲，不会为没有竞争力的企业提供资源，也不会与现有的公司协同套利。其三，将政府持有土地的回报投入国家捐赠基金，该基金可以将创新红利分配给所有美国人，每人每年能获得等量美元。该做法在美国有多个成功的经验。例如，1976 年，阿拉斯加人投票将当地石油特许使用费和管道系统 25% 的石油收入投入阿拉斯加永久基金。该基金是一专用基金，每年向居住在阿拉斯加的成年人和儿童支付年度红利。居民必须每年重新提出申请，以证明其居民身份。又如，美国加利福尼亚州要求该州所有排放温室气体的发电厂、天然气分销商和其他大型工业企业根据污染量付费，然后将这些资金作为水电费的信用金重新分配给该州的每个居民。[1]

---

① 乔纳森·格鲁伯，西蒙·约翰逊. 美国创新简史：科技如何助推经济增长. 穆凤良，译. 北京：中信出版社，2021.

　　类似地，著名学者马祖卡托也认为，政府在创新过程中风险最大的阶段大胆投资，在失败时承担损失，那么在成功时也要获得相应的收益，这样才公平。但实际上，政府通常无法从创新成功中获得太大收益。虽然相关企业会向政府缴纳必要的税收，但税收资金根本无法抵补政府投资于企业的支出，何况大企业很多时候擅长避税、逃税，政府连基本的税收可能都难以足额收取。具体而言，马祖卡托提出了五种思路。其一，设立国家创新基金。如果应用型技术突破是由政府直接资助的，那么政府应该从技术应用中获得特许权使用费。从多个行业、多种科技中获得的特许权使用费应存入"国家创新基金"，政府可以用该基金资助未来的创新。其二，持有知识产权黄金股。政府资助的研究在实现收益之后，政府应持有大部分股票，确保专利持有人积极配合，在过了最初保护期后，专利可以被广泛合理地授权。这样既能确保创新者抵补创新成本，获得创新收益，又不会阻碍他人从创新中获益。其三，按收入比例还款型贷款/拨款。政府提供给企业的贷款或拨款均可附加条件，如按收入比例还款型贷款要求企业获得政府贷款或拨款之后若获利超过一定额度，应按照一定比例向政府上缴超额利润。其四，政府可以持有相关企业的股权，这是很多国家的常规做法。例如，芬兰国家研发基金在诺基亚发展的早期就通过投资持有其部分股权，这类投资正是风险资本不愿意参与的早期投资。其五，国家开发银行是更直接的资助方式。国家开发银行一方面在满足反周期贷款需求中可以发挥重要作用，另一方面可以获得合理收益，继续资助未来的技术投资。例如，巴西国家开发银行便是一个典型代表，这个银行一直积极投资清洁技术和生物技术领域的创新。2013 年，巴西国家开发银行的产权收益率达到 14.5%，其部分收益继续用于突破性技术研发，其余收益用于建立和支持社会文化工程。[①]

　　显然，在很多学者的呼吁下，美国政府接受了分享更多创新红利，以使收益与投资相匹配的观点。《芯片和科学法案》要求获得政府资助的芯片企业，将其超过一定收益的部分与政府分享即体现了这一理念。但这一政策的实施效果如何，还有待今后持续观察。

---

① 玛丽安娜·马祖卡托. 创新型政府：构建公共与私人部门共生共赢关系. 李磊，等译. 北京：中信出版社，2019.

结　语

当前，美国政府和研究界普遍将产业政策视为与技术战略类似的概念。为了实现相关技术创新，美国政府大力培育与该技术和产业相关的创新生态，通过一定的激励机制和组织方式，有效凝聚联邦各政府部门、地方政府、高校、研究机构和企业的力量，形成创新合力。从应用范围看，产业政策主要适用于战略性、关键性技术产业，着重提高相关领域的产业竞争力，尤其是大企业的竞争力。从竞争力的角度看，虽然初创企业很重要，但如果大企业的技术和生产能力被削弱，则美国相关产业难以与其他国家竞争。从一定意义上说，美国未来的技术实力取决于前 100 强先进技术企业。[①]但大企业并不是凭空产生的，大多是从小企业、初创企业发展而来的，所以在支持大企业发展的同时，美国也为初创企业、小企业提供了创新发展的便利条件。

美国的这一做法无疑是对其传统产业政策的回归。一直以来，技术变迁都是经济力量的根本来源，创造了产业进入的主要壁垒。[②]汽车、电力、信息技术创新之所以能够带动工业革命的兴起，就在于只有新技术才能给经济和社会带来根本性的改变。1926 年，凯恩斯在《自由放任主义的终结》一书中指出，成功发展的关键，不是比较优势和自由贸易，而是启蒙经济学家所

[①] ROBERT D. ATKINSON. The Case for Legislation to Out-Compete China, 2021.03.

[②] 埃里克·S.赖纳特. 富国为什么富穷国为什么穷. 杨虎涛，陈国涛，等译. 贾根良，审订. 北京：人民大学出版社，2010.

说的"竞赛",即为了赶上乃至超越先发国家而进行生产模仿。1937年,熊彼特在《经济发展理论》日文版序言中也指出,他对经济动态的理解与卡尔·马克思非常相似,都是在经济系统内部寻找力量之源,而经济系统本身会打破它可能达到的任何均衡,这一力量就是企业家精神和技术变迁。任何成功实现技术变迁的国家,经济都会加快发展,否则难以摆脱贫困陷阱。从目前国际分工体系的现状也可以看出富国和穷国的不同逻辑,富国拥有技术外溢的高地经济,其经济活动总是与知识、创新、报酬递增等联系在一起,因而能够持续创造财富;而穷国所从事的则是被富国技术溢出的低地经济,这种经济活动无法使本国进入良性经济循环。

发达国家在促进先进技术发展的过程中,并非只采取鼓励研发、促进创新的政策,相反在经济赶超时期几乎无一例外都采取过干预主义的产业、贸易和技术政策,以促进幼稚产业发展。例如,采用出口补贴和出口退税的方法刺激出口,对基础设施及制造业进行补贴和政府投资;通过合法和非法途径引进外国技术,如资助留学、支持工业间谍活动、走私违禁机器、拒绝承认外国专利权,向研发、教育和培训领域提供资金支持等。工业革命前,英国曾长期学习国外的纺织技术,并通过关税政策限制纺织原料出口,限制国外纺织品进口。正如李斯特所言,英国是最早成功推行幼稚产业保护战略的国家。同样,美国也被认为是"现代贸易保护主义的发源地和堡垒",直到1925年美国工业品平均关税税率仍高达37%,1931年更是达到48%。[1]第二次世界大战以后,随着工业霸主地位的确立,美国才逐步实施自由贸易政策。以芝加哥学派和华盛顿共识为代表的主流经济学大力向世界宣言自由主义理论,认为国家和地方政府不应该干预经济,否则会影响市场机制正常发挥作用,干预者也可能被定义为"非市场经济国家"。但与此同时,美国自己却一直在国内采取各种措施干预经济、促进创新。例如,芝加哥学派所在的芝加哥市市长从未接受其自由放任的观点,相反,他花费了数百万美元公共资金建立起高技术产业孵化器;美国小企业管理局每年都会用联邦资金为美国私营企业提供超过200亿美元的贷款和担保,但几个街区之外的世界银行和国际货币基金组织则对贫困国家实施遏制的做法,不让第三世界国家建立类

---

① 张夏准. 富国陷阱: 发达国家为何踢开梯子? 肖炼, 等译. 北京: 社会科学文献出版社, 2007.

似机构和制度。[①]

近几十年的实践也证明，古典经济学强调的自由贸易，以及新古典经济学强调的"要素价格均等化"理论，只适用于发达国家之间的贸易。对那些尚未完成工业化，还没有形成技术优势的国家，自由贸易是不适用的，甚至是有害的，其结果将会如缪尔达尔指出的那样，导致发展中国家和发达国家之间的收入差距进一步扩大，并呈现极化发展的趋势，即穷国越来越集中，富国也越来越集中，而中等收入国家则趋于消失。[②]即使发达国家能从自由贸易中受益，但是当其产业竞争优势受到威胁时，它们也会很快抛弃自由贸易理论，以各种借口推行贸易保护主义。如今，美国以中国为假想敌，对中国产品征收较高关税，对中国实施出口管制、加强投资审查等做法，都是美国在制造业竞争力下降的情况下再次回归贸易保护政策的表现。现在，美国更是通过《芯片和科学法案》等政策支持对制造业提供补贴，支持先进技术研发，并承认是在运用产业政策。

不过，美国并不认为自己是在干预经济，也不认为自己是"非市场经济国家"，相反，美国认为主流经济学根本不适合技术创新的需要，需要修正的是经济理论。理查德·利普西（Richard Lipsey）和肯·卡劳（Ken Carlaw）等创新学者一直强调，单靠市场力量远远不足以产生最佳创新。马祖卡托也通过对美国政府支持创新型产业发展经验的分析指出，仅依靠市场机制不足以实现创新，政府不但起到了弥补市场失灵的修正市场的作用，而且能够预见技术变革的方向并积极投资、创造市场，在技术创新中扮演着企业家、风险承担者和市场创造者的角色，是创新型政府。[③]如今，罗伯特·阿特金森等美国学者更是毫不留情地指出，以市场为基础的价格体系无疑是创新的基础，但这对于最大化美国的创新和竞争力是远远不够的。新古典经济学所熟悉的价格调节市场运作的机制已经不适用于当今先进技术和产业发展的需要了，他们过时了，经济学家不应该在联邦政府制定先进技术和产业战略方面拥有太多话语权。因为先进的产业和技术发展是经济发展最重要的驱动力，需要

---

① 埃里克·S.赖纳特. 富国为什么富穷国为什么穷. 杨虎涛，陈国涛，等译. 贾根良，审订. 北京：人民大学出版社，2010.

② 同上.

③ 马祖卡托. 创新型政府：构建公共与私人部门共生共赢关系. 李磊，等译. 北京：中信出版社，2019.

引入新技术、新产品和新的生产流程、商业模式，而在指导生产力、创新力和竞争力的政策时，新古典经济学"这位经济大帝没穿衣服"。美国传统上不是一个自由市场经济国家，而是一个发展主义国家，产业政策是美国传统的一部分，现在是时候重新发现并恢复美国成功的历史了。①重视产业政策，大力促进技术创新，提升产业竞争力，意味着美国经济理念的巨大转变，不再将芯片视为和薯片没有本质区别的可平等交换的产品，而是更重视技术含量高的产业。

多年来，埃里克·S.赖纳特（Erik S. Reinert）、张夏准（Ha-Joon Chang）等学者反复提醒广大发展中国家，不要光听美国说什么，还要看美国做什么。美国之所以言行不一致是为了"踢开成功的梯子"，使发展中国家无法沿着其成功的路径成长为发达国家。但是，在其自身需要时，美国又毫不犹豫地搬回了"成功的梯子"。因此，我们在分析美国产业政策时，需要认清其政策本质及其政策的动态性。美国在不同时期的政策，以及同一时期对自己和对别人的政策主张都可能存在明显不同，其他国家需要客观看待相关主张，认清其观点背后的真实想法。

---

① ROBERT D. ATKINSON. The Case for Legislation to Out-Compete China, 2021.03.

附录 A

美国网络与信息技术研发计划及其举国体制

一、美国网络与信息技术研发计划的演进

20 世纪 80 年代末 90 年代初，高性能计算已经在科学界广泛应用。1991 年，白宫科技政策办公室发布报告《大挑战：高性能计算和通信》（Grand Challenges：high-Performance Computing and Communications），勾画出高性能计算研发框架。同年 12 月，《高性能计算法案》签署，指出计算科学领域的领先地位对国家繁荣昌盛、经济稳定和科学进步至关重要，并要求制订高性能计算计划。在此基础上，1995 年，国家科技委员会又提出了计算、信息和通信（Computing，Information and Communication，CIC）计划，以促进长期信息技术研发。1998 年《下一代互联网研究法案》对《高性能计算法案》进行了修正，将与互联网相关的研究纳入其中。在高性能计算计划和 CIC 计划的基础上，1999 年总统提出 21 世纪信息技术倡议。2007 年，美国政府发布了《美国促进技术、教育和科学法案》（即"竞争法案"），其中第 7024 条款再次修订了《高性能计算法案》，将其变为一个包括网络和信息技术的内容广泛的计划。

2009 年 4 月，国会提出《网络与信息技术研发法（2009）》（Networking and

Information Technology Research and Development Act of 2009，NITRD Act），又一次修订了《高性能计算法案》，并将高性能计算计划重新命名为网络和信息技术研发（Networking and Information Technology Research and Development，NITRD）计划，明确了对该计划的监督管理机制和相关机构职责。2012 年、2013 年，国会对该法案又进行了修订。2017 年《创新和竞争法案》再次对 NITRD 计划进行授权，要求 NITRD 计划关注大数据、网络物理系统、隐私和网络安全研究。

二、NITRD 计划的组织管理架构

美国联邦政府一直有协调跨部门科技研发计划的机构，包括国家科技委员会、总统科技顾问委员会、白宫科技政策办公室。其中，国家科技委员会是美国最高级别的科技政策协调机构，成员包括正副总统和各部代表，下设若干分委会负责不同领域的协调工作。总统科技顾问委员会是总统任命的非官方咨询机构，由产业界和教育科研界专业人士组成，直接向总统行政办公室和国家科技委员会提出决策建议。白宫科技政策办公室为总统提供科技决策服务，其办公室主任由总统直接任命，并同时担任国家科技委员会召集人、总统科技顾问委员会的联合主席。NITRD 计划的管理机构同样是在这一框架下设立的。

（一）协调管理机构：NITRD 小组委员会

自 NITRD 计划设立后，国家科技委员会就在技术分委会设立了专门的 NITRD 小组委员会负责该计划协调管理工作。各分委会和小组委员会经常调整，目前该小组委员会位于科技项目分委会下面。作为一个跨部门研发计划，截至 2022 年，NITRD 计划已经从最初 8 个成员发展到 26 个，参与机构超过 80 个（除了成员单位，参与的联邦部门和机构指定专家参与其中至少一个工作组的协调工作），连同白宫科技政策办公室、国家科技委员会和管理与预算办公室，共同组成了 NITRD 小组委员会，在国家协调办公室的协助下监督 NITRD 计划。NITRD 小组委员会下设了若干个跨部门工作组（Interagency Working Group，IWG），就具体研究项目进行协调。IWG 也是根据需要不断调整的，NITRD 小组委员会两位联合主席每年都会审查 IWG 设置情况，并根据需要对其增设、合并或删除。截至 2022 财年，共有 12 个 IWG，如图 A-1 所示。

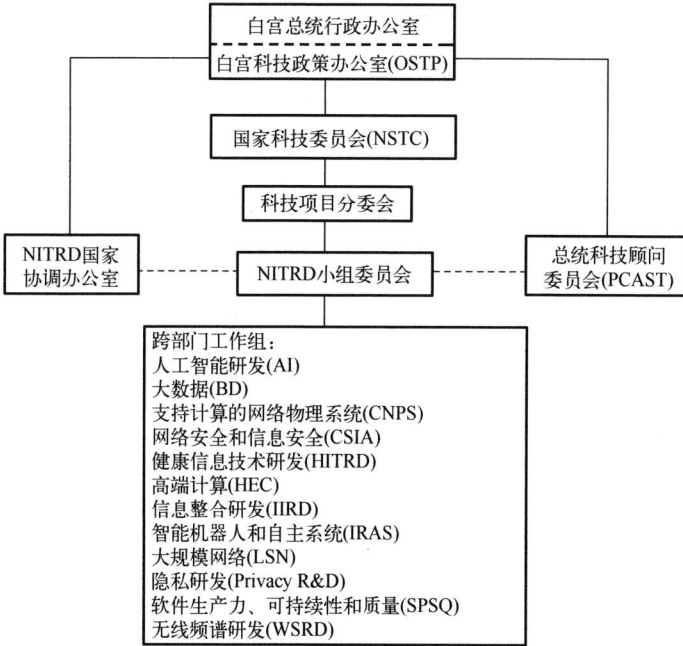

图 A-1　NITRD 计划的主要管理机构

资料来源：根据 NITRD 网站资料绘制.

各 IWG 每年负责计划、组织跨部门、跨领域的相关技术研讨会，编译、发布和更新联邦研发计划资源指南和清单，审查和更新研发战略计划，推动美国国内公私各方力量共同促进相关领域发展。

（二）支持机构：国家协调办公室

NITRD 小组委员会并不是一个实体机构，为了支持其日常协调活动顺利开展，白宫科技政策办公室专门设立了 NITRD 国家协调办公室，为 NITRD 小组提供支撑服务，包括：支撑小组委员会的日常工作；担任联络中心，为 NITRD 计划提供日常管理人员；负责 NITRD 研究成果的应用推广，接洽社会投资方；与 NITRD 计划各个机构和工作组合作，编写 NITRD 计划的年度预算备忘录/年度工作总结报告、NITRD 五年战略规划、网络与信息技术研究需求调研报告；为总统科技顾问委员会（PCAST）提供支持，召集各界专家参与 NITRD 计划的评估，并支撑评估报告的撰写工作。NITRD 小组委员会一般有两位联合主席共同主持，一位由 NITRD 国家协调办公室主任担任，一位由白宫科技政策办公室从 NITRD 成员机构中指定一名代表担任。国家协调办公室主任由白宫科技政策办公室主任任命并直接向其报告，该办公室运行所需要的资金由参与 NITRD 计划的机构分摊。

（三）咨询和评估机构：总统科技顾问委员会

《高性能计算法案》要求设立高性能计算咨询委员会，负责向白宫科技政策办公室主任提交高性能计算相关建议。1998 年《下一代互联网研究法案》将对高性能计算计划实施情况进行评价的权力授权给总统创新和技术咨询委员会（PITAC），而 PITAC 的所有职能于 2005 年根据 13385 号总统令被授权给总统科技顾问委员会（PCAST）。根据该总统令，在对 NITRD 项目提供咨询服务时，PCAST 应被称为 PITAC。PCAST 机构的活动经费不同时期有所不同。根据 2010 年 13539 号总统令，白宫科技政策办公室应提供 PCAST 可能需要的资金、行政和技术支持。而 2019 年 13895 号总统令则要求，能源部应提供 PCAST 可能需要的资金、行政和技术支持。PCAST 成员在提供相关咨询服务工作时，无任何报酬，只有一定的交通费或生活补贴。

PCAST 负责定期评估 NITRD 计划的实施情况，并会给出改进建议，相关建议大部分都会被采纳。在 2021 年的评估报告中，PCAST 认为，NITRD 计划仍然是协调机构间先进计算、网络和 IT 研发工作以满足国家需要的可靠、有效机制，建议优先支持人工智能、量子计算、先进无线网络、先进制造、生物技术等与未来产业相关的 IT 研发；扩大联邦机构在 IT 教育和人才培养方面的协调工作。PCAST 发现，对微电子研究的协调仍是 NITRD 的一个空白，因此建议将微电子研发明确纳入 NITRD 计划中，并加强 NITRD 计划与纳米计划之间的协同。[①]

三、NITRD 计划的管理机制

在 NITRD 法案和相关机构的组织协调下，NITRD 计划管理已经逐步体系化、制度化。

---

① PCAST. Networking and Information Technology Research and Development Program Review, 2021.01.

（一）制定定期的研发规划和绩效评价机制

NITRD 法案规定，NITRD 小组委员会负责制订网络和信息技术领域五年期跨部门研发计划，并指导各成员机构制订各自的五年期研发计划，且每三年更新一次。五年战略规划需明确近期和长期目标，以及实现近期目标的预计时限、评估目标进展的指标、实现预定目标的方式等。战略规划需听取 PCAST 的建议和国家协调办公室征询的意见，之后由国家协调办公室提交至国会进行审议。根据五年计划，并结合当年政府工作重点，NITRD 小组委员会每年都要制订年度工作计划和预算，并在白宫科技政策办公室及管理与预算办公室批准后，报给国会和总统审批。

PCAST 负责从第三方角度定期评估 NITRD 计划的实施情况，并向总统和国会提交评估报告。根据法律规定，"咨询委员会应至少每 3 个财政年度向众议院科学、空间和技术委员会与参议院商业、科学和运输委员会报告一次其调查结果和建议"。[①]不过，由于政府换届和 PCAST 重新授权等原因，有时无法严格按照三年周期评估。例如，最新的一份评估报告完成于 2021年，而上一份报告是 2015 年的。

（二）促进跨部门研发合作

2009 年 NITRD 法案鼓励联邦各部门支持开展大规模、长期、跨学科的网络和信息技术研发计划，要求此类研发活动应该：包括基础研究和应用；促进研究成果产业化转化，美国国家协调办公室有义务向美国国内机构和企业提供 NITRD 研究成果；鼓励各州合作，有效利用联邦资金；当两个以上联邦机构从事同一领域的大规模研发活动时，应指导相关机构加强研发合作。在相关法律的支持下，不同政府部门之间、国家科技委员会不同小组委员会之间，以及相关的国家协调办公室之间的合作日益增多，如图 A-2 所示。

一种跨部门合作方式是国家科技委员会下属不同的小组委员会加强协同。例如，NITRD AI 研发机构间工作组与机器学习和人工智能小组委员会

---

① PCAST. Networking and Information Technology Research and Development Program Review, 2021.01.

合作审查了人工智能在云计算中的作用及人工智能在制造业中的运用；NITRD 高端计算机构间工作组和未来先进计算生态系统(FACE)小组委员会制定了国家先进计算生态系统战略[①]。

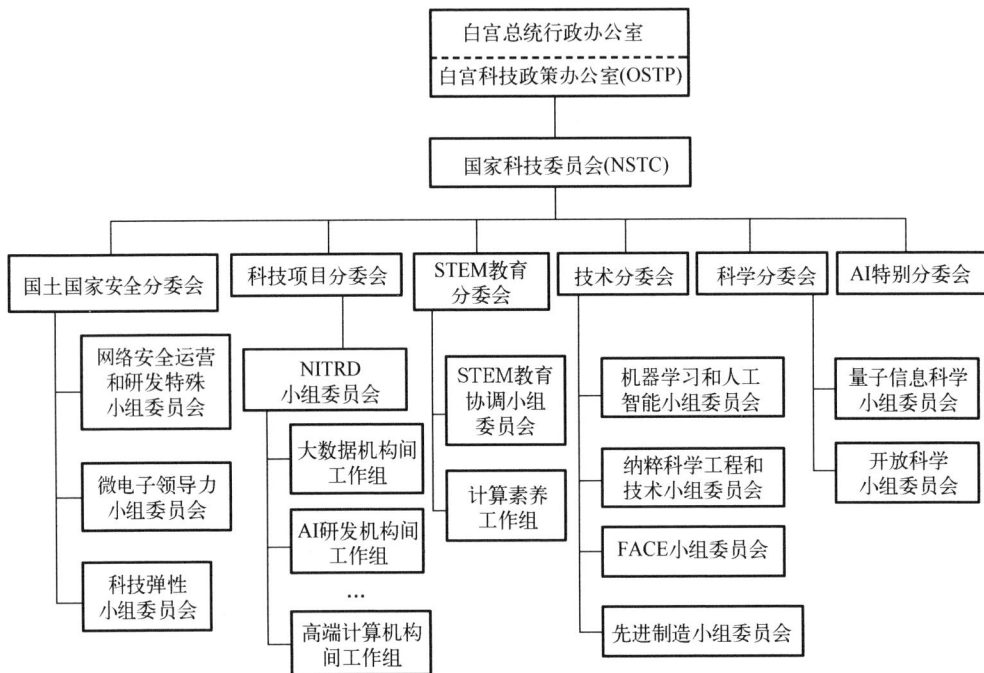

图 A-2　与 NITRD 小组委员会合作较为密切的主要小组委员会
资料来源：根据 NITRD 网站资料绘制.

　　另一种跨部门合作方式是负责不同技术的国家协调办公室之间加强协同。例如，与计算硬件、组件相关的纳米材料研发和专注于未来信息处理和通信技术研发的量子计算都有助于促进后摩尔定律时代计算性能的增长，而计算和数据分析也是 NITRD 计划关注的重要内容。因此，支持纳米科学、工程和技术(NSET)小组委员会的国家纳米技术协调办公室、支持量子信息科学小组委员会的国家量子协调办公室与支持 NITRD 小组委员会的 NITRD 国家协调办公室之间在后摩尔时代的计算方面存在合作。

---

① National Science and Technology Council. NITRD and NAIIO Supplement to the President's FY2022 Budget, 2021.12.

此外，一些机构有时指定同一名专家在不同的小组委员会或 IWG 任职，这也是跨部门协调的一种重要方式。由于每个小组委员会都有数十个成员单位，彼此间相互合作实则形成了几乎所有政府部门的"全政府"合作关系。与此同时，美国非常注重通过公私合作伙伴关系团结各方共同参与政府推动的计算项目。例如，2011 年，白宫就宣布建立公私超级计算伙伴关系，通过教育、培训和提供模拟仿真技术来提高中小企业对高性能计算的应用。竞争力委员会联合由原始设备制造商组成的国家数字工程和制造联盟（NDEMC），基于商务部经济发展局提供的资金，启动了 NDEMC—中西部项目，重点帮助中西部中小企业运用高性能计算技术进行仿真[1]，最终，探索出适合中小企业的"软件即服务"或"按使用付费"模式。此外，NDEMC 的合作伙伴还探索出其他成功模式，如通过制造业拓展伙伴计划中心联系中小企业、将中小企业与大学相关科研人员匹配、向中小企业介绍仿真软件领域专家、为中小企业制作网络教育材料等。因此，网络和信息技术研发合作实则已由"全政府"扩展至全社会，基于广泛的公私合作关系，在计算领域形成了具有自身特色的举国体制。

（三）以严格的预算管理确保部门间研发计划协同

预算资金按照项目进行审批、管理，是确保联邦各部门遵循跨部门研发计划实现部门间协同的重要手段。白宫科技政策办公室（OSTP）和管理与预算办公室（OMB）根据中长期研发重点、往期预算情况，每年 9 月前后发布下下个财年跨部门研发预算备忘录，如 2021 年 8 月底发布 2023 财年预算[2]。各政府部门的研究人员在该备忘录的指导下，根据部门研发需求，编制部门科技计划研发预算案，提交给 OMB 和 OSTP 共同审核。OSTP 重点关注部门预算是否真正体现了跨部门研发计划确立的研发主题，OMB 主要审核各部门提交的预算表格中是否存在某些设备或子项目重复申请的问题，并在 OSTP 协助下负责确定预算资金。审核确定后，将被纳入年度联邦研

---

[1] Council on Competitiveness.Modeling, Simulation and Analysis, and High Performance Computing: Force Multiplier for American Innovation, 2015.03.

[2] Executive Office of the President. White House Multi-Agency R&D Priorities for FY 2023 Budget, 2021.07.

发预算草案，提交总统批准、提请国会审议。同时，OMB 和 OSTP 会将计划/草案提供给 NITRD 小组委员会，编制跨部门研发计划年度预算，作为联邦政府年度预算案的附件一并提交给国会，国会审议通过的预算案由总统正式签署生效。

为了便于对项目进行预算管理，政府会积极使用追溯数据、专家评议方式，以及包括定性分析、定量分析等在内的科技政策学工具箱，协助确定各项目预算[①]。其中，追溯数据主要用于对支出数据的追溯，如针对特定联邦机构或某一具体项目，收集国家科学基金会年度统计数据、专利数据等，进行跨部门、跨学科、跨类型的支出对比，从而为确定预算金额提供参考依据。为了便于统计 NITRD 计划不同领域的支出情况，该计划设立了项目组成领域（Program Component Area，PCA），通过跟踪 PCA 项目支出，对联邦政府投资进行分类汇总，可以方便地统计每个 PCA 及每个政府部门的预算比例，以便于各部门和 NITRD 小组委员会确定跨机构研发协同情况，以及各部门研发差距或重复投资问题。随着网络和信息技术的发展，PCA 类别也在发展变化。2021 年 PCAST 对 NITRD 小组的审查报告指出，应定期审查 PCA 并根据需要进行调整，频率为每 3 年一次。

PCA 与 IWG 并非一一对应的关系，甚至两者被刻意分离，以使它们能够独立发展，服务于各自不同的目的。以 2022 财年的情况来看，两者有时是完全对应的，如人工智能（AI），智能机器人和自主系统（IRAS），软件生产力、可持续性和质量（SPSQ）；有时是一一对应的，但名称略有不同，如大规模数据管理和分析（LSDMA）PCA 与大数据（BD）IWG；有时两个 IWG 对应一个PCA，如网络安全和信息保障（CSIA）IWG 与隐私（Privacy）IWG 对应网络安全和隐私（CSP）PCA，大规模网络（LSN）IWG 和无线频谱（WSRD）IWG 分别对应大规模网络（LSN）PCA 及其子 PCA 高级无线研发（AWRD）；有时一个 IWG 对应两个 PCA，如高端计算（HEC）IWG 对应高性能计算系统研发支持（EHCS）PCA、高性能计算基础设施和应用程序（HCIA）PCA；也有的不存在对应关系，如健康信息技术研发（HITRD）IWG 不隶属于单个 PCA，信息整合研发（IIRD）IWG 自 2021 年 8 月成立以来未隶属于任何 PCA，而支持计算的人类交互、通信和增强（CHuman）PCA，教育和劳动力（EdW）PCA，网络和信

---

① 曲洁，周小玲. 美国联邦政府研发预算中科技政策工具运用与发展趋势. 创新科技，2017，(2)：12-14.

息技术电子(ENIT)PCA，这三个 PCA 没有对应的 IWG，相关领域的研发机构接受其他 IWG 协调，如图 A-3 所示。

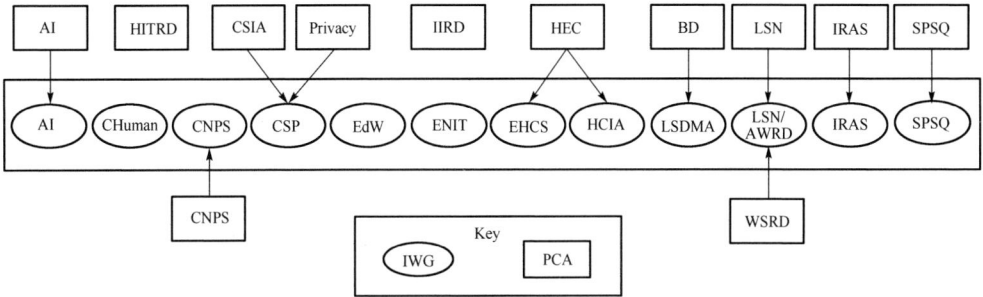

图 A-3　2022 财年 NITRD IWG 和 PCA 之间的关系

资料来源：National Science and Technology Council, Supplement to the President's FY2022 Budget.

附录 B

美国战略计算计划及其举国体制

一、美国战略计算计划的主要内容

根据 2012 年发布的美国网络与信息技术研发（NITRD）五年期战略计划，NITRD 计划的目标是利用先进的信息技术解决国家的优先事项，包括国家安全、国防、经济发展、科学发现、能源和环境、健康、个人隐私和生活质量[1]。实现这一目标需要三个方面的技术研发基础：扩展人机合作关系，设计和构建安全、可靠、可预测系统的能力，加强教育培训。显然，NITRD 计划的目标更为广泛，涉及的技术领域更多，高性能计算虽然仍是其中一个重要领域，但很难说是计划关注的核心技术。所以，在启动战略计算计划之前，几乎没有协调的联邦活动统筹国家安全和产业、科学发展所需的高性能计算问题[2]。但各界对高性能计算的需求有增无减，尤其是 2010 年之后，主要国家纷纷发布高性能计算计划，美国面临的外部竞争压力随之增大。在这样的背景下，美国制订了战略计算计划。

---

[1] National Science and Technology Council. The Networking and Information Technology Research and Develoment（NITRD）Program: 2012 Strategic Plan, 2012.07.

[2] STEPHEN J. EZELL, ROBERT D. ATKINSON. The Vital Importance of High Performance Computing to U.S. Competitiveness, 2016.04.

（一）战略计算计划的制订

2015 年，美国总统奥巴马签署 13702 号总统令，要求启动战略计算计划，对计算政策进行全面更新。2016 年，《国家战略计算计划》正式制定，旨在保持和加强美国在高性能计算领域的领先地位。[①]《国家战略计算计划》要求加速发展高性能计算系统，建设强大的 E 级计算；开发建模、仿真和数据分析的统一平台，加强两者间的动态交互；发展数字计算（基于冯·诺依曼）和替代计算（量子计算、神经计算及其他），形成超越摩尔定律的计算范式；开发和采用新的方法、技术和软件架构，扩展计算生态系统的容量和能力；通过公私合作促进发展。2019 年，美国发布《战略计算计划更新：引领未来的计算》，进一步聚焦未来的先进计算，希望实现未来计算技术的协作研发和部署，开辟数字和非数字计算新领域，建立异构计算系统（从超大规模到以边缘为中心的系统等）与网络、硬件、软件、数据等相结合的新型计算生态系统。[②]2020 年，美国发布《引领未来的先进计算生态系统：战略计划》，再次更新了相关计划，明确了对未来先进计算生态系统的设想和建设要求。根据该计划，未来先进计算生态系统由一组在架构（如经典和量子）、资源类型（如高性能计算、云计算、边缘计算等）和使用方式上不同的资源和服务组成，允许各种资源产品和用例（如数据和计算实验）之间无缝对接，具有可重构性、可编程性、可靠性、安全性等关键属性。《引领未来的先进计算生态系统：战略计划》要求将先进计算生态系统作为国家的战略资产，建立可持续的软件生态系统和数据生态系统，支持计算技术从基础研究到应用和产业化的全链条发展，联合各方培育多元化的技术队伍，以维护美国在科学和工程、经济竞争力和国家安全方面的持续领导地位。

（二）战略计算计划的重点

相较于高性能计算计划，战略计算计划更加聚焦于计算系统，且更

[①] The National Strategic Computing Initiative Executive Council.National Strategic Computing Initiative: Strategic Plan, 2016.07.

[②] The National Science and Technology Council. National Strategic Computing Initiative Update: Pioneering the Future of Computing, 2019.11.

为重视计划的长期性、系统性，强调满足应用端的需求，关注未来技术发展。

1. 强调计划的长期性和系统的均衡发展

虽然美国软件实力雄厚，但长期以来高性能软件发展仍落后于硬件。为此，咨询机构不断提出建议，而高性能计算机通信计划也不断改进优化。1999年，总统创新和技术咨询委员会(PITAC)强调，过去40年里，计算硬件的性能至少提高了8个数量级，而软件开发没有跟上硬件发展速度，成为影响计算性能的关键[①]。2004年，美国国家科技委员会高端计算振兴任务组在《联邦高端计算计划》中明确指出，要加强对高端计算的长期规划和研发投入，以往基于市售组件(COTS)的做法无法满足重要领域的高端计算需求，联邦政府必须投资具体组件的研发，制订10～15年的开发、测试和评估计划，以及软硬件和系统的详细路线图。[②]2005年，PITAC指出，联邦政府对计算科学研究的支持过于专注短期、低风险的活动，过度关注硬件性能峰值，在软件、数据基础设施和工具上的投资不足，从长期来看这是一种高风险的策略。PITAC再次强调软件不足以跟上不断发展的硬件和应用需求，建议政府建立国家软件可持续发展中心，负责强化、记录、支持和维护重要的计算软件。[③]

2007年，PITAC的继任者美国总统科技顾问委员会(PCAST)再次强调，高端计算仍是美国的战略重点，应制订相关战略计划，实现对高端计算架构、硬件、软件、数据、应用程序等的平衡投资。[④]13702号总统令要求战略计算计划必须制定全面的技术和科学方法，将硬件、系统软件、开发工具和应用方面的高性能计算研究高效地转化为开发，并最终转化为运营。显然，美国战略计算计划接受了咨询机构的建议，并将计算视为一个生态系统，对其发展进行了长期、系统的规划，均衡发展软硬件、数据、应用等方面。2022年NITRD计划的高端计算工作组与软件生产力、可持续性和质量协调小组联合

---

① PITAC. Information Technology Research: Investing Our Future, 1999.02.

② High-End Computing Revitalization Task Force(HETRTF). Federal Plan for High-End Computing, 2004.05.

③ PITAC. Computational Science: Ensuring America's Competitiveness, 2005.06.

④ President's Council of Advisors on Science and Technology. Leadership Under Challenge: Information Technology R&D in a Competitive World, 2007.08.

召开了"极端异构时代的软件"研讨会，共同探讨未来 5～10 年高性能计算极端异构软件的开发问题。

2．建设仿真与数据分析一体化平台以满足应用端需求

随着应用范围的扩展，各领域的计算需求迅速增加。尤其是 2008 年"再工业化"兴起后，高性能计算被视为美国制造业真正的游戏规则改变者，建模、仿真、分析被认为是美国创新的倍增器。[1]2010 年，《美国竞争力再授权法案 2010》建议，采取一切有效措施确保在制造业中运用计算仿真和模拟技术，重塑美国制造业的领导者地位，相关建议被美国制造业战略采纳。2012年，美国《先进制造业国家战略》要求发展数据和设计基础设施，加强产品和流程建模仿真、组件连接、系统集成。2018 年版和 2022 年版的制造业战略强调智能制造和数字制造，要求发展实时建模、仿真和数据分析技术，实现从设计到生产、从组件到平台的无缝集成。其中，智能制造的实现取决于数字孪生技术，该技术贯穿于产品设计、制造、运营、维护的整个流程和全生命周期，是对孪生对象动态的模拟仿真，需要实时交换大量的异质数据。

为适应仿真与数据分析一体化需求，2016 年，《国家战略计算计划》要求建立建模、仿真和数据分析的统一平台；2019 年，《战略计算计划更新：引领未来的计算》要求建立硬件与软件、数据和网络专业知识集成的计算生态系统；2020 年，《引领未来的先进计算生态系统：战略计划》强调了应用对计算的驱动作用：超大规模建模和仿真、数据密集型应用程序、端到端流程和数据驱动实时决策的广泛应用均对计算系统提出了新挑战，要求发展异构条件下的计算技术，建设可持续的软件和数据生态系统。

3．关注未来技术条件下的计算发展

美国一向具有开展前瞻技术研究的传统。桑迪亚国家实验室的专家认为，在每个主要的新计算领域产生前，政府均已经支持了 5～7 年的前瞻性研发，且至少可以往回追溯 5 个周期。[2]早在 1999 年，PITAC 就呼吁政府启动下一

---

[1] Council on Competitiveness. Modeling, Simulation and Analysis, and High Performance Computing: Force Multiplier for American Innovation, 2015.03.

[2] STEPHEN J. EZELL, ROBERT D. ATKINSON. The Vital Importance of High Performance Computing to U.S. Competitiveness, 2016.04.

代算法、软件和硬件项目研究，构建新型计算系统的先进原型，就像美国国防部高级研究计划局（DARPA）资助创建的互联网原型阿帕网一样。[1]2010年，PCAST 呼吁对下一代硬件、架构、算法和软件开展基础研究，以发展"真正具有变革性的下一代高性能计算系统"，并强调有必要采取全新的方法，在一些领域进行突破性的研究。[2]2013年，PCAST 指出，随着多核处理器芯片、图形处理工具、云计算等的技术创新，高性能计算应与快速发展的"计算生态"相协调。[3]

此后，云计算、大数据、人工智能/机器学习、边缘计算等新技术的不断发展，及登纳德缩放比例定律（Dennard Scaling）[4]终结、摩尔定律放缓等对芯片技术提出的挑战，推动着冯·诺依曼的计算架构向包含神经形态、量子、仿真、概率计算等的替代架构转变，推动集中的计算资源（如超级计算机）向分布式边缘计算、云计算和数据分析一体化转变，推动计算生态跨越多个维度快速发展。为顺应这一变化，2016年，《国家战略计算计划》要求发展超越摩尔定律（后摩尔定律时代）的计算范式；2019年，《战略计算计划更新：引领未来的计算》要求开辟数字和非数字计算的新领域，并建设新技术所需的试验台、实验原型、工厂和供应链等基础设施；2020年，《引领未来的先进计算生态系统：战略计划》强调加强未来技术研究、应用、推广，进行跨设备、系统、软件和应用程序的全域研究，确保美国在后摩尔时代的领导地位。

二、战略计算计划的协调管理机制

PITAC 认为，影响计算生态系统建设的障碍主要有两个：其一，学术界僵化的"学科竖井"，扼杀了多学科研究和教育；其二，联邦政府、学术界和工业界对计算科学的规划和协调不足，缺乏战略性和跨学科、

---

[1] President's Information Technology Advisory Committee. Information Technology Research: Investing in Our Future, 1999.02.

[2] President's Council of Advisors on Science and Technology. Designing a Digital Future: Federally Funded Research and Development in Networking and Information Technology, 2010.12.

[3] 同上.

[4] 登纳德缩放比例定律是指随着晶体管变小，其功率密度保持不变。

跨机构合作，计算科学生态系统发展不平衡，建议为计算科学制定未来数十年的路线图。[①]因此，美国战略计算计划在实施过程中，非常注重协调管理，建立了白宫统筹下的跨部门协调管理的机制，大力推动跨学科、跨领域协作。

（一）战略计算计划的协调管理机构

13702 号总统令要求成立一个执行委员会，负责战略计算计划的制订、协调。该委员会由白宫科技政策办公室主任与管理和预算办公室主任共同主持，每年至少召开两次协调会，成员包括国防部、能源部、国土安全部等机构负责人（各机构分工见表 B-1）。成员机构共有三类：领导机构、基础研发机构和应用机构。其中，领导机构包括国防部、能源部和国家科学基金会，它们均承担一定的软硬件研发和人才培养任务。能源部重点关注高级仿真，国防部专注于数据分析，国家科学基金会在科学发现、计算生态系统和劳动力发展中发挥核心作用。基础研发机构包括情报高级研究计划局、国家标准与技术研究院，前者专注于研究未来计算架构，后者则专注于计算技术计量和标准化。应用机构包括国土安全部、联邦调查局、国家航空航天局、国家卫生研究院、国家海洋和大气管理局，确保计算技术在其各自领域的有效应用并以应用推动计算发展。

在执行委员会的基础上，战略计算计划的统筹机构又经过一段时间的调整才相对固定下来。2019 年 6 月，美国国家科技委员会设立了临时性的战略计算快速通道行动委员会，其主要任务是更新战略计算计划；同年 11 月，该委员会发布《战略计算计划更新：引领未来的计算》，并要求在国家科技委员会设立一个固定的小组委员会，专门负责战略计算的跨机构协调事宜。随后，美国国家科技委员会在技术分委会设立了未来先进计算生态系统小组委员会（FACE），作为统筹未来计算的"执行委员会"，2020 年《引领未来的先进计算生态系统：战略计划》就是在该小组委员会的领导下制定的。不同的是，该小组在执行委员会的基础上增加了一个从事基础研发的新成员——国防部高级研究计划局。

---

① PITAC. Computational Science:Ensuring America's Competitiveness, 2005.06.

表 B-1　美国战略计算计划中联邦各机构分工

机构名称	领导机构	基础研发机构	应用机构
国防部（DoD）	X		
能源部（DoE）	X		
国土安全部（DHS）			X
联邦调查局（FBI）			X
ODNI/情报高级研究计划局（IARPA）		X	
国家航空航天局（NASA）			X
国家卫生研究院（NIH）			X
国家标准与技术研究院（NIST）		X	
国家海洋和大气管理局（NOAA）			X
国家科学基金会（NSF）	X		

资料来源：2016 年美国的《国家战略计算计划》.

（二）协调管理机构需要与其他跨部门机构协调

战略计算计划涉及很多领域，而不少领域有专门的计划和跨部门协调机构，所以战略计算计划也要与相关计划保持一致，这要求 FACE 小组委员会与其他相关协调机构加强协调。例如，在"超越摩尔定律的计算"方面，能源部、国防部、情报高级研究计划局、国家标准与技术研究院、国家科学基金会共同支持非 CMOS 技术发展。其中，国家卫生研究院、能源部、国防部和国家科学基金会支持神经形态计算研究；国家标准与技术研究院与国家科学基金会支持量子传感器和量子通信研究；国家标准与技术研究院、国家科学基金会和能源部支持量子物理研究；国防部和情报高级研究计划局资助量子计算基础研究；能源部、情报高级研究计划局和航空航天局在探索绝热量子系统研究；情报高级研究计划局提供后摩尔半导体计算技术方案[1]。显然，量子技术研究需要 FACE 小组与量子信息科学跨机构工作组（后改为小组委员会）协调，后摩尔半导体技术研究需要与微电子领导力小组委员会协调。

又如，在"持久的国家高性能计算生态系统"方面，国家科学基金会、

---

[1] The National Strategic Computing Initiative Executive Council.National Strategic Computing Initiative: Strategic Plan, 2016.07.

国家标准与技术研究院、情报高级研究计划局还需要在 NITRD 计划的协调下领导网络技术研发，以增加对 E 级计算系统的访问。此外，还有其他跨部门协调机构与 FACE 小组存在交叉关系，如图 B-1 所示，它们相互协作共同确保了战略计算计划的顺利推进了实施。

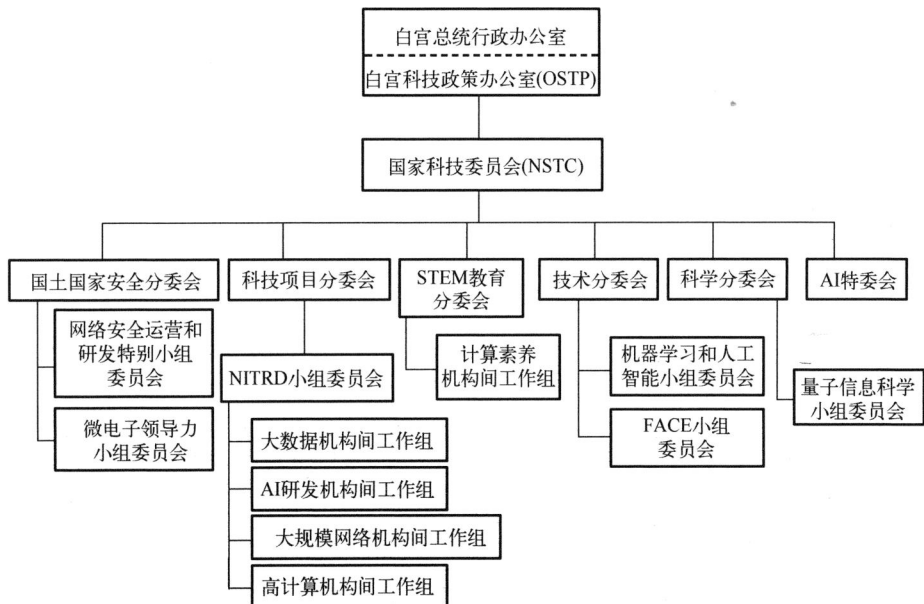

图 B-1　与战略计算计划相关的部分跨部门协调机构示意图
资料来源：根据美国国家科技委员会网站介绍及相关计算计划报告整理.

三、战略计算计划的实施特点

13702 号总统令给战略计算计划制订提出的原则中有两项与组织管理有关：采用"全政府方法"加强所有执行部门和机构合作；促进政府、行业和学术界公私合作，使高性能计算的利益最大化，这一原则在后续计划中被称为"举国方法"。这两个方法可以被视为算力协调管理的主要特点，在相关计划中被反复强调。2016 年，《国家战略计算计划》要求采用全政府方法加强公共部门合作，并将其扩展至举国方法；2019 年，《战略计算计划更新：引领未来的计算》将加强协调作为重要战略目标；2020 年，美国发布《引领未来的先进计算生态系统：战略计划》也强调运用举国方法构建未来的先进计算生态系统。

（一）全政府方法

"全政府"至少包含两层含义。其一，指政府部门不同计划之间的协作。美国一直强调，计算领域的领导地位本身并不是目的，更重要的是通过运用计算能力实现国家优先事项。所以，国家战略计算计划与先进制造计划、脑科学计划、材料基因组计划、大数据研发计划、纳米技术计划、精准医疗计划等始终保持密切的协同关系，通过提供计算和数据分析服务，促进相关领域发展。其二，多个，甚至所有政府部门、机构之间的协作。除了成员单位之间的合作，计划协调机构与其他协调机构、联邦团体之间也存在密切的合作关系。

合作可以采取多种形式。一种形式是相关人员共同参与某个跨部门小组委员会、定期会议或交叉领导，或者某些机构的业务需要同时接受两个以上跨部门机构协调。前者如FACE小组的一位联合主席还同时担任NITRD小组、人工智能研究资源工作组、气象服务机构间委员会、网络设施和基础设施委员会、量子信息科学小组委员会的联合主席等。[①]后者如前述 FACE 小组需要就战略计算相关工作与其他小组委员会加强协调。

另一种形式是在计划、方案或战略内容方面相互支持，具体又可分为两种，一种是跨部门计划与具体部门计划之间的协同。例如，1996 年能源部的"加速战略计算计划"被纳入高性能计算和通信计划，目前能源部正在实施的先进模拟和计算（Advanced Simulation and Computing，ASC）计划同样被纳入战略计算计划中。另一种是不同计划、法案之间的协同。2022 年，美国出台的《芯片和科学法案》要求建设量子网络基础设施，开发量子网络技术基础材料、测试平台、软件、计算架构等；要求实施量子用户拓展计划，促进量子硬件和云应用，从量子角度对未来先进计算提供支持。这种人事、活动、计划等的相互交织，确保了几乎所有联邦机构在计算问题上的协同。《芯片和科学法案》还要求为国家科学基金会的先进科学计算研究计划（Advanced Scientific Computing Research，ASCR）增加 40%的研发资金，从 2021 财年的

---

① National Science and Technology Council.Future Advanced Computing Ecosystem Strategic Plan FY2022 Implementation Roadmap, 2022.05.

10.3 亿美元增加到 2027 财年的 14.2 亿美元；该法案还要求对能源部 ASC 计划增加同样比例的经费，因为两者共同运营 E 级计算计划。但是，由于该计划是通过国防授权法案授权的，所以《芯片和科学法案》建议国会在下次审议国防授权法案时增加这一条款。显然，不同计划、不同法案，甚至国会和政府间都需要加强协同。

（二）举国方法

所谓"举国"，是指除了政府部门，学术界、工业界、社会团体等均以不同形式参与计算生态建设，促进计算价值充分发挥。事实上，战略计算计划将建立和扩大伙伴关系作为重要战略目标，努力推动联邦机构与产业界、非营利组织和学术界加强合作，共同分享技术进步的利益。更重要的是，以往的公私合作关系往往由某个联邦机构发起且大多局限于技术领域，如国家科学基金会的小企业创新研究和技术转移计划、产业/大学合作研究中心、创新伙伴关系等，但战略计算计划要求公私合作关系扩展至更多主体、更大范围。例如，鼓励各方通过课程设置和人才培训、再培训等进行人才培养合作。又如，有的公私合作伙伴关系直接在政府部门的主导下建立，服从于政府整体战略。《国家战略计算储备：一个蓝图》就建立了一个由政府、学术界、非营利组织、产业界的志愿者专家组成的战略计算储备联盟，通过与服务商合作提供先进的计算资源以应对可能出现的危机。这一联盟与民用后备航空队、商船队的角色类似，虽然不属于军队，但政府可以要求其在危机时期协助军队执行任务。[1]

---

[1] National Science and Technology Council.National Strategic Computing Reserve: A Blueprint, 2021.10.

附录 C

美国高性能计算计划的演进逻辑、管理机制与实施特点

美国很早就重视计算技术发展和算力建设，并制定了大量的相关政策。其中，高性能计算计划是美国联邦层面最早制订的跨部门计划，它对计算技术及其应用进行了全面的部署。高性能计算代表了一种战略性的、改变游戏规则的技术，与理论和实验一起构成了科学研究的"第三支柱"和科学发现的新途径，成为应对数据快速增长和摩尔定律接近极限的重要方法，对提高经济竞争力、科学领导地位和国家安全至关重要。从美国的政策文件看，高性能计算计划在实施过程中，"超级计算""高性能计算""高端计算"3 个概念经常混用。为了与原始文件保持一致，本文完全沿用原文表述。

一、高性能计算计划的演进逻辑

（一）高性能计算计划的演进情况

1. 高性能计算和通信计划

1991 年，美国科技政策办公室在 1992 财年预算补充报告《大挑战：高性能计算和通信》中提出了研发计划——高性能计算和通信计划（High Performance Computing and Communications Program, HPCC），指出 HPCC 能

够解决科学和工程面临的重大挑战，应扩大美国 HPCC 技术的领先地位。该计划的战略优先事项强调支持研发，加强政府、产业和大学间合作，支持相关基础研究、网络和计算基础设施发展，促进人力资源发展。该计划共包括四个组成部分：开发高性能计算系统、高级软件技术和算法、国家研究与教育网络、基础研究与人力资源。同年 12 月，国会通过了高性能计算法案，授权实施该计划。高性能计算法案认为，在计算科学领域的领先地位对国家繁荣昌盛、经济稳定和科学进步至关重要。

2．网络和信息技术研发计划

随着互联网和信息技术的发展，以及 1998 年《下一代互联网研究法案》、2007 年《竞争法案》的修订，高性能计算计划的内容逐步扩大。2009 年，《网络与信息技术研发法案》将该计划更名为网络和信息技术研发计划(Networking and Information Technology Research and Development, NITRD)。根据 2012 年发布的 NITRD 五年期战略计划，该计划的目标是利用先进的信息技术解决国家的优先事项，包括国家安全、国防、经济发展、科学发现、能源和环境、健康、个人隐私和生活质量[①]。实现这一目标需要三个方面的技术研发基础：扩展人机合作关系，设计和构建安全、可靠、可预测系统的能力，加强教育培训。显然，NITRD 计划的目标更为广泛，涉及的技术领域更多，高性能计算虽然仍是其中一个重要领域，但很难说是计划关注的核心技术。

3．战略计算计划

由于 NITRD 计划的调整，在启动战略计算计划之前，几乎没有协调的联邦活动统筹国家安全和产业、科学发展所需的高性能计算问题[②]。但各界对高性能计算的需求有增无减。同时，2010 年之后很多国家都加大了高性能计算的研发投入。我国的"天河二号"一度成为世界最快的超级计算机；欧盟委员会发布《高性能计算：欧洲在全球竞争中的地位》(High Performance Computing: Europe's Place in the Global Race)报告，提出"实现高性能计算领导地位"的目标；2011 年，韩国发布了《国家超级计算机利用和培育法》

---

① National Science and Technology Council.The Networking and Information Technology Research and Develoment(NITRD) Program:2012 Strategic Plan, 2012.07.

② STEPHEN J. EZELL, ROBERT D. ATKINSON. The Vital Importance of High Performance Computing to U.S. Competitiveness, 2016.04.

(the Act on Utilization and Fostering of National Supper-Computers)，旨在"到2017 年进入世界超级计算前七强之列"；此外，日本、俄罗斯、印度等国也做出了相关部署。对此，2015 年奥巴马总统签署 13702 号总统令，要求启动国家战略计算计划(National Strategic Computing Initiative：Strategic Plan)。次年，该计划正式发布，旨在维护美国在高性能计算领域的领导地位[①]。2019年的《战略计算计划更新：引领未来的计算》进一步聚焦于未来的先进计算生态系统[②]。2020 年的《引领未来的先进计算生态系统：战略计划》强调了未来先进的计算生态系统的建设要求[③]。

4．NITRD 计划与战略计算计划的关系

根据 13702 号总统令，战略计算计划执行委员会需要与国家科技委及其下属机构合作，以确保整个联邦政府的高性能计算工作与该计划保持一致。从 NITRD 计划开展的高性能计算研究情况看，该计划同样侧重应对算力进步所面临的紧迫挑战，如研究跨越整个硬件/软件堆栈的可扩展系统、极端异质性软件堆栈、人工智能和神经形态计算工具或算法、集成传统架构和非冯·诺依曼架构等，显然这些工作与战略计算计划高度一致。不同的是，NITRD 计划偏重软件、网络和设备，直到 2023 财年才将微电子学纳入协调内容。然而，战略计算计划自设立之初就强调运用全面的技术和方法，推动芯片等硬件、系统软件、开发工具、网络、数据、人才等构成的生态系统整体发展，将研究优势高效地转化为应用技术和运营优势。可以说，战略计算计划对高性能计算发展做出了系统部署，NITRD 则利用自身优势从事其中部分研究，二者协同促进相关技术发展。

（二）高性能计算计划不断演进的驱动因素

三十余年时间里，高性能计算计划的内容不断演进。除了其他国家的竞

---

① The National Strategic Computing Initiative Executive Council. National strategic Computing Initiative, 2016.07.

② National Science and Technology Council. Pioneering the Future Advanced Computing Ecosystem: A Strategic Plan, 2019.11.

③ National Science and Technology Council. National Strategic Computing Initiative Update: Pioneering the Future of Computing, 2020.11.

争带来的压力，更多源于纠正自身发展失衡及外在需求、技术的推动。

1. 自身不足：计划早期偏重于硬件

虽然美国软件实力雄厚，但长期以来高性能软件的发展一直落后于硬件。为此，咨询机构不断提出建议，HPCC 相关计划也不断改进优化。1999 年，美国总统创新和技术咨询委员会（President's Innovation and Technology Advisory Committee，PITAC）强调，过去 40 年里，计算硬件的性能至少提高了 8 个数量级，而软件开发没有跟上硬件的发展速度，成为影响计算性能的关键[①]。2005 年，PITAC 再次强调软件没有跟上不断发展的硬件和应用需求，建议政府建立国家软件可持续发展中心，负责强化、记录、支持和维护重要的计算软件[②]。2007 年，美国总统科技顾问委员会（President's Council of Advisors on Science and Technology, PCAST）建议制订战略计划，实现对高端计算架构、硬件、软件、数据、应用程序等的平衡投资[③]。相关建议被战略计算计划采纳，强调建设软件生态，开发和采用新架构。2022 年，NITRD 计划的高端计算工作组与软件生产力、可持续性和质量协调小组联合召开了"极端异构时代的软件"研讨会，共同探讨未来 5～10 年高性能计算极端异构软件的开发问题。

2. 客观需求：用户需求不断增加

高性能计算支持建模和仿真算法，通过缩短设计周期，降低开发成本，能够提高效率，减少浪费，在科学和国防、核能等国家安全以及制造业等民用领域都有广泛的应用。2005 年，美国国会众议院成立了国会建模与仿真小组，推动众议院于 2007 年通过第 487 号决议，明确建模和仿真是"国家核心技术"。2008 年"再工业化"兴起后，建模、仿真成为维系美国制造业竞争优势的关键。对于美国领先的制造商来说，超越竞争（out-compete）就是超越计算（out-compute）[④]。相关技术及数字制造、智能制造也成为先进制造业战略的重要内容，其中智能制造的实现取决于数字孪生技术，该技术贯穿于产

---

① PITAC.Information Technology Research:Investing Our Future, 1999.02.

② PITAC.Computational Science:Ensuring America's Competitiveness, 2005.06.

③ PCAST.Leadership Under Challenge: Information Technology R&D in a Competitive World, 2007.08.

④ Council on Competitiveness.Modeling, Simulation and Analysis, and High Performance Computing: Force Multiplier for American Innovation, 2015.03.

品设计、制造、运营、维护的整个流程和全生命周期，是对孪生对象动态的模拟仿真，需要实时交换大量的异质数据。因此，战略计算计划始终强调要建立建模、仿真和数据分析的统一平台，强调超大规模建模仿真、数据密集型计算和实时决策等因素对计算技术和相关计划的驱动作用。

3．技术推动：前沿技术不断发展

美国联邦政府对前沿技术的研发支持确保了美国信息通信业的领先地位。美国国家研究委员会指出，至少有 8 个 IT 部门源于联邦政府的科学资助，其中有 7 个已成为价值超过 100 亿美元的全球产业[①]。在计算领域同样如此，美国桑迪亚国家实验室的专家认为，在每个主要的新计算领域产生前，政府均已经支持了 5～7 年的前瞻性研发，且至少可以往回追溯 5 个周期[②]。1999年，PITAC 就建议政府针对摩尔定律的终结，资助光学、量子、生物和神经形态的计算研究[③]。此后，云计算、大数据、人工智能/机器学习、边缘计算等新技术的不断发展，以及摩尔定律放缓等对芯片技术提出的挑战均推动着计算政策不断调整。为适应这些变化，战略计算计划提出发展后摩尔时代的未来计算生态，开拓数字和非数字计算的新领域等要求。

二、高性能计算计划管理机制的演进

高性能计算计划是一个跨部门计划，为了确保计划的实施效果，美国政府设立了一系列制度，形成一套较为完善的管理机制，并被后续计划延续下来。

（一）高性能计算计划的管理机制

HPCC 计划包括由美国科技办公室设立的管理机构、协调办公室和咨询机构等管理部门。

---

① STEPHEN J. EZELL, ROBERT D. ATKINSON. The Vital Importance of High Performance Computing to U.S. Competitiveness, 2016.04.
② STEPHEN J. EZELL, ROBERT D. ATKINSON. The Vital Importance of High Performance Computing to U.S. Competitiveness, 2016.04.
③ PITAC.Information Technology Research:Investing Our Future, 1999.02.

1．管理机构和职责

1991 年 3 月，美国白宫科技政策办公室通过下设的联邦科学、工程和技术协调委员会物理、数学和工程分委员会设立了高性能计算、通信和信息技术小组委员会（High Performance Computing, Communications and Information Technology Subcommittee，HPCCIT）对 HPCC 计划进行管理。1993 年 11 月，美国总统行政令要求美国科技政策办公室成立美国国家科技委员会，充当协调联邦机构科研项目的"虚拟机构"，由美国总统担任主席，成员包括副总统和白宫各部官员。此后，HPCCIT 就置于科技委员会的统一管理之下。HPCCIT 小组委员会由最初的 8 个联邦成员各派一名代表组成，每月举行一次会议，交流信息、确立机构间项目及审查各机构的计划和预算。美国能源部代表担任 HPCCIT 主席，美国国防高级研究计划局、国家科学基金会、国家航空航天局的代表担任联合主席。1992 年，HPCCIT 设立了网络、研究、教育和应用四个机构间的工作组（见表 C-1），分别组织相关领域的研究规划。随着计划内容的变化，工作组也会相应调整。如 1993 年 2 月，国家信息基础设施计划提出后，HPCC 计划新增了一个工作领域：信息基础设施技术和应用。之后，HPCCIT 小组也相应进行了调整。

表 C-1　HPCCIT 小组委员会的成员构成和职责

组织	领导机构	职责	其他机构
应用组	国家航空航天局	开发所需的软件工具及软件开发相关的活动	国家海洋和大气管理局、标准和技术研究院、环境保护署
网络组	国家科学基金会	协调研究与教育网络建设，并与联邦网络委员会协调工作	
研究组	国防高级研究计划局	解决研究进展、技术趋势应对信息技术限制的替代方法	
教育组	国家卫生研究院	协调 HPCC 的教育和培训工作	

资料来源：Office of Science and Technology Policy. Grand Challenges 1993: High Performance Computing and Communications.1992.

2．协调办公室和咨询委员会

1992 年 9 月，美国科技政策办公室设立高性能计算和通信国家协调办公室，负责协调 HPCC 计划相关机构和活动，并担任与国会、产业界、学术界和公众的联络人。协调办公室主任向总统科技助理兼科技政策办公室主任汇报工作，同时担任 HPCCIT 小组委员会主席。另外，《高性能计算法案》要求设立高性能计算咨询委员会。直到 1997 年 2 月，美国总统成立了由教育科研界、产业界和网络供应商等代表组成的高性能计算、通信、信息技术和下一代互联网咨询委员会（Advisory Committee on High Performance Computing, and Communications, Information Technology, and Next Generation Internet），负责对 HPCC 进行独立评估，并给出建议。之后，1998 年的《下一代互联网研究法》对高性能计算计划实施情况进行评价的权力授权给 PITAC，2005 年 13385 号总统令又将 PITAC 的所有职能授权于 PCAST。

3. 成员机构的调整和内部组织设置

除了初始成员，美国国家协调办公室积极鼓励其他联邦机构以正式成员或观察员身份加入 HPCCIT。成员将身份申请提交至国家协调办公室，由 HPCCIT 小组委员会确定其是否符合评估标准。在这一机制下，参与 HPCC 的联邦机构数量不断增加。参与 HPCC 计划的每个机构都会设立一个 HPCC 计划联络机构或一名联络人。如美国国防高级研究计划局设立了计算系统技术办公室作为 HPCC 计划的联络机构，还创建了协调国防部内部技术开发及对外合作的高性能计算联合项目办公室；美国国家科学基金会建立了 HPCC 协调委员会，负责预算、规划和监督 HPCC 相关工作；美国能源部增加了负责 HPCC 计划的管理人员；美国航空航天局在技术办公室内设立了 HPCC 项目办公室。

（二）网络和信息技术研发计划的管理机制

高性能计算计划被更名为网络与信息技术研发计划（NITRD）后，管理机构和制度仍沿用 HPCC 计划，并相应更名为 NITRD 国家协调办公室和 NITRD 小组委员会，其中高端计算跨部门工作组负责协调高性能计算工作。PCAST 至少每三年独立审查一次 NITRD 计划。截至 2022 年，NITRD 计划已经从最初的 8 个成员发展到 26 个（参与机构超过 80 个），连同美国科技政策办公室、美国国家科技委员会和管理与预算办公室，共同组成了 NITRD 小组委员会，在协调办公室的协助下监督 NITRD 计划[①]。整个管理架构的设置如图 C-1 所示。

---

① National Science and Technology Council.NITRD and NAIIO Supplement to the President's FY 2023 Budget, 2022.12.

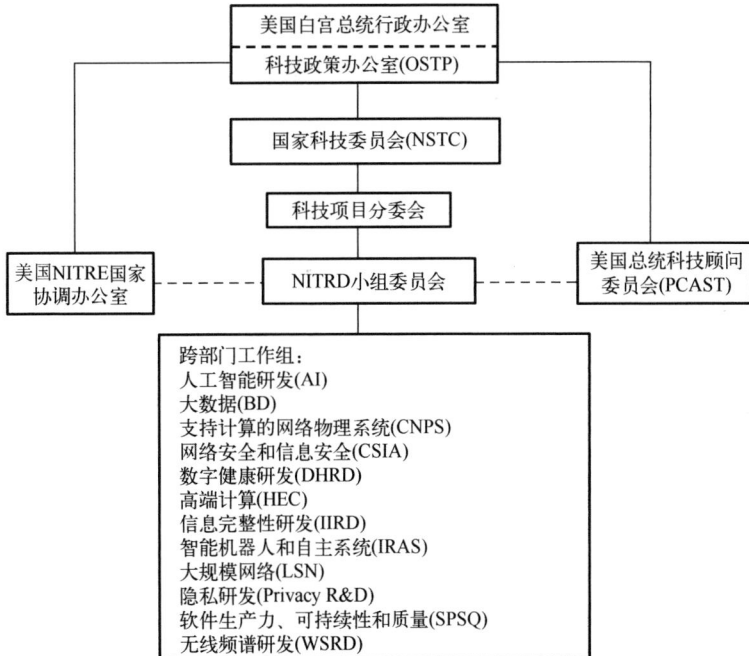

图 C-1 2023 财年美国 NITRD 计划管理架构

资料来源：National Science and Technology Council.NITRD and NAIIO Supplement to the President's FY 2023 Budget. 2022.12.

（三）战略计算计划的管理机制

2015 年，美国 13702 号总统令在要求制订战略计算计划的同时，就要求在科技政策办公室成立一个执行委员会，其组织情况见表 C-2 所示。该委员会经过最初的筹备和 2019 年战略计算快速通道行动委员会（Fast Track Action Committee,FTAC）的过渡，最终在美国国家科技委员会技术分委员会下设立了未来先进计算生态系统小组委员会（Subcommitte On Future Advanced Computing Ecosystem，FACE），全面统筹计算生态系统建设。该小组委员会的成员机构同样会根据需要进行调整，如 2020 年《引领未来的先进计算生态系统：战略计划》在基础研发机构中增加了国防高级研究计划局（DARPA）。虽然 NITRD 计划和战略计算计划分属两个不同的分委员会和小组委员会管理，但它们有一位共同的委员会主席（各有两位），且两个小组委员会定期举行会议，并联合开展工作，如共同制订 2022 财年战略计算计划实施路线图①。美国 13702 号总统令和战略计算计划均未要求设立相应的协调办公室和咨询办公室，也未要求 PCAST 对其评估考核，但由于其他计划必须与该计划保持一致，所以该计划的实施同样有保障。

表 C-2 战略计算计划执行委员会的成员组成及职责

分工	机构（人）	职责
联合主席	科技政策办公室主任、管理和预算办公室主任	主持工作，每年至少组织召开两次协调会
牵头机构	国防部（DOD）、能源部（DOE）和国家科学基金会（NSF）	DoD 专注于数据分析计算；DOE 开发和部署先进仿真技术；NSF 在更广泛的 HPC 生态系统和劳动力发展中发挥核心作用
基础研究机构	情报高级研究计划局（IARPA）、标准与技术研究院（NIST）	IARPA 专注于提供半导体替代方案的未来计算范例；NIST 专注于测量科学研究
应用机构	国土安全部（DHS）、联邦调查局（FBI）、国家航空航天局（NASA）、卫生研究院（NIH）、海洋和大气管理局（NOAA）	整合各自领域对高性能计算的需求，反馈给系统、软件和应用开发方；整合各自任务范围的先进计算需求；与基础研发机构合作，加速技术应用和集成；参与技术测试；支持劳动力发展等

三、高性能计算计划的实施特点

高性能计算相关计划均是多部门参与的，要求加强跨部门协同，且均强调政府与产学研各方的广泛协同，从而使得相关计划呈现出全政府和举国特点。

（一）全政府：政府不同部门之间实现跨部门协同

实践证明，美国联邦信息技术研发计划的多机构协调框架非常有效。1991 年的《高性能计算法案》要求 HPCC 计划必须加强联邦不同政府部门之间的协作，提高项目实施的有效性。NITRD 计划认为，NITRD 计划具有多样性、复杂性、相互依赖性且技术发展快速，没有一个机构能够掌握全部知识，各机构间的协调合作能够产生单个机构无法实现的效果②。战略计算计划也强

---

① National Science and Technology Council. Future Advanced Computing Ecosystem Strategic Plan FY2022 Implementation Roadmap, 2022.05

② National Science and Technology Council.The Networking and Information Technology Research and Develoment(NITRD) Program:2012 Strategic Plan, 2012.07.

调美国必须采用全政府的方法，加强各部门合作。

美国政府机构之间通过两种方式实现对高性能计算的协同。一种方式是通过机构组织和人事交叉等方式实现的。各联邦机构同时派人参加国家科技委员会不同的协调分委会，有助于实现不同领域之间的业务协同。同时，各相关小组委员会之间存在大量人员交叉现象。如 FACE 的一位主席同时担任 NITRD、人工智能研究资源工作组、气象服务委员会、网络设施和基础设施委员会、量子信息科学小组委员会的联合主席[①]，以确保相关领域与高性能计算计划协同。

另一种方式是不同计划之间的协同。这又包括两种类型，一种是跨部门计划与具体部门计划之间的协同。例如，1996 年美国能源部的"加速战略计算计划"（Accelerated Strategic Computing Initiative）被纳入 HPCC 计划，目前美国能源部正在实施的先进模拟和计算（Advanced Simulation and Computing，ASC）计划同样被纳入战略计算计划中。另一种是不同计划之间的协同。2022 年的《芯片和科学法案》要求美国为国家科学基金会的先进科学计算研究计划（Advanced Scientific Computing Research，ASCR）增加 40% 的研发资金，从 2021 财年的 10.3 亿美元增加到 2027 财年的 14.2 亿美元；该法案还要求对美国能源部 ASC 计划增加同样比例的经费，因为二者共同运营 E 级计算计划（Exascale Computing Initiative）。但是，由于该计划是通过美国国防授权法案授权的，所以《芯片和科学法案》建议国会在下次审议国防授权法案时增加这一条款。显然，不同计划、不同法案甚至国会和政府间都需要加强协同。

（二）举国：通过广泛的公私合作伙伴关系加强政产学研不同主体间的合作

自数字时代以来，美国的技术和经济创新就一直以创新生态的形式发展，涉及联邦研究机构、教育和学术机构主体、企业、用户等不同主体。高性能计算计划从设立伊始就将加强政府、产业和大学间的合作作为优先事项之一，且该计划接纳新成员的标准就是申请机构制定的政策、计划和活动是否促进

---

① National Science and Technology Council. Future Advanced Computing Ecosystem Strategic Plan FY2022 Implementation Roadmap, 2022.05.

了政府、产业和学术部门之间的联系。美国 97% 的企业是 500 人以下的中小企业，这些企业在使用高性能计算时存在明显障碍，如缺乏有效使用相关技术的人员；认为高性能计算硬件、软件和模型过于复杂或设计过度，难以使用[①]。针对这一问题，美国白宫 2011 年建立公私超级计算伙伴关系帮助中小企业提高对高性能计算的应用。而战略计算计划致力于建设整个高性能计算的生态系统，更是强调要使之成为一项全民努力，通过举国方法在联邦机构、产业界、非营利组织和学术界之间建立和扩大伙伴关系。

---

① Council on Competitiveness.Supercharging U. S. Innovation & Competitiveness, 2004.03.